« Le mode d'être artistique d'une œuvre peinte est celui qu'elle tient de l'artiste et de l'art auxquels elle doit d'exister.
Le mode d'être esthétique d'une peinture est celui qu'elle tient de l'expérience par laquelle et dans laquelle elle est appréhendée comme œuvre d'art ».

Étienne Gilson de l'Académie française
fondateur de la collection

dans la même collection

Éric ALLIEZ, avec la collaboration de Jean-Clet MARTIN, *L'œil-cerveau. Nouvelles histoires de la peinture moderne*, 480 pages, 2007.

Laure BLANC-BENON, *La question du réalisme en peinture. Approches contemporaines*, 384 pages, 2009.

Alain BONFAND, *Histoire de l'art et phénoménologie. Recueil de textes 1984-2008*, 448 pages, 2009.

Fabienne BRUGÈRE, *L'expérience de la beauté. Essai sur la banalisation du beau au XVIIIe siècle*, 208 pages, 2006.

Anne-Marie CHRISTIN, *Poétique du blanc. Vide et intervalle dans la civilisation de l'alphabet*, 208 pages, 2009.

Danielle COHEN-LEVINAS, *La voix au-delà du chant. Une fenêtre aux ombres*, 320 pages, 2006.

Thomas DOMMANGE, *Instruments de résurrection. Étude philosophique de* La Passion selon saint Matthieu *de J.-S. Bach*, 384 pages, 2010.

Roman INGARDEN, *Esthétique et ontologie de l'œuvre d'art*. Choix de textes (1937-1969), présentation, traduction et notes de P. Limido-Heulot, 288 pages, 2010.

G.E. LESSING, *Traités sur la fable*, précédés de la *Soixante-dixième lettre*, suivis des *Fables*, édition bilingue, avant-propos de N. Rialland, postface de J.-Fr. Groulier, 224 pages, 2008.

Frédéric POUILLAUDE, *Le désœuvrement chorégraphique. Étude sur la notion d'œuvre en danse*, 432 pages, 2009.

Roger POUIVET, *L'ontologie de l'œuvre d'art*, 272 pages, 2010.

Eugène VÉRON, *L'esthétique*, 448 pages, 2007.

l'ontologie de l'œuvre d'art

du même auteur

Esthétique et logique, « Philosophie & Langage », Sprimont, Mardaga, 1996.

Après Wittgenstein, saint Thomas, Paris, « Philosophies », Presses Universitaires de France, 1997, traduction anglaise.

Questions d'esthétique, « 1er Cycle », Paris, Presses Universitaires de France, 2000 (en collaboration avec J.-P. Cometti et J. Morizot), traductions grecque et italienne.

L'Œuvre d'art à l'âge de sa mondialisation, une ontologie de l'art de masse, « Essais », Bruxelles, La lettre volée, 2003.

Qu'est-ce que croire ?, « Chemins philosophiques », Paris, Vrin, 2003, 2e éd. 2006.

Le réalisme esthétique, « L'interrogation philosophique », Paris, Presses Universitaires de France, 2006.

Qu'est-ce qu'une œuvre d'art ?, « Chemins philosophiques », Paris, Vrin, 2007, traduction roumaine.

Philosophie contemporaine, « Licence », Paris, Presses Universitaires de France, 2008.

Philosophie du rock, une ontologie des artefacts et des enregistrements, « L'interrogation philosophique », Paris, Presses Universitaires de France, 2010.

essais d'art et de philosophie

Roger Pouivet

l'ontologie de l'œuvre d'art

Deuxième édition revue et corrigée

À Jan

Car inutile de se le dissimuler : toute théorie esthétique est liée, ne fût-ce qu'implicitement, à une certaine position métaphysique.

Boris de Schlœzer

La métaphysique a une longue et brillante histoire, et il est par conséquent peu probable qu'une métaphysique descriptive puisse découvrir de nouvelles vérités. Mais cela ne veut pas dire que la tâche de la métaphysique descriptive a été, ou puisse être, menée à bien une fois pour toutes. C'est une tâche qu'il faut constamment reprendre. S'il n'y a pas de nouvelles vérités à découvrir, du moins y a-t-il de vieilles vérités à redécouvrir.

Peter F. Strawson

directrice de collection :
Jacqueline Lichtenstein

conception graphique
malte martin, atelier graphique
avec laurent feneau

6, place de la Sorbonne, Paris V[e]
imprimé en Belgique
ISSN 0249-7913
ISBN 978-2-7116-2274-0

préface de la deuxième édition

En préfaçant la réédition d'un de ses livres, l'auteur peut se livrer à des rétractations, ou au contraire expliquer pourquoi il a toujours raison. Une rétractation générale ou trop de doutes sur le travail passé rendraient inutiles la réédition. Elle deviendrait un témoignage sur une divagation. Sauf à supposer que ce témoignage soit prophylactique ou édifiant, pourquoi proposer le même ratage à de nouveaux lecteurs ou encore aux anciens ? L'auteur n'est jamais le mieux placé pour se vanter de ses erreurs ou de ses fautes. Si ce livre est édité de nouveau, c'est que, à tort ou à raison, son contenu me semble toujours correct.

L'éditeur de cette deuxième version m'a généreusement accordé la possibilité d'y insérer des modifications. J'ai pu amender certaines formulations, éliminer ici ou là une affirmation ou ajouter une courte remarque, signaler des livres parus depuis, voire des critiques qui m'ont été faites. Cependant, les idées générales du livre, sa structure et les analyses principales sont inchangées.

Dans cette préface, j'entends réaffirmer la légitimité et l'utilité de l'ontologie de l'œuvre d'art, et cela indépendamment des thèses qu'on peut soutenir en ce domaine. Car ce livre a soulevé des doutes non pas tant au sujet de la thèse ontologique qu'il contient que sur le bien-fondé de l'ontologie de l'art. On m'a demandé : « Est-il réellement possible et souhaitable de se lancer dans un projet d'ontologie de l'œuvre d'art? », et plus rarement : « Ces deux thèses ontologiques que vous défendez – le réalisme modéré et la réalité des propriétés esthétiques survenantes – sont-elles correctes? ». Cette nouvelle préface ne défend ainsi pas les deux principales thèses métaphysiques du livre; elle réaffirme le projet d'une ontologie de l'œuvre d'art.

Pour expliquer ce projet, il est souhaitable d'indiquer quel est le sens donné ici aux termes d'*esthétique* et de *philosophie de l'art*.

Peut-on croire en l'existence d'une discipline philosophique autonome, l'esthétique, avec ses problématiques et ses méthodes propres? Une réponse positive consiste dans ce que j'appellerai la *Thèse de l'autonomie de l'esthétique.* Elle consiste à présupposer les affirmations suivantes :

a) Les objets de l'esthétique sont spécifiques. Ce sont des expériences particulières, irréductibles aux expériences quotidiennes, prosaïques ou scientifiques. L'esthétique décrit et commente ces expériences.
b) Comme il convient de saisir non pas des propriétés réelles des choses, comme le font les sciences, mais d'appréhender une certaine manière de les regarder ou d'entrer en sympathie avec des œuvres, des courants et des artistes, la méthode en esthétique revient à se laisser pénétrer par le *sens* de certaines expériences, de certains objets, de certains spectacles.
c) L'analyse conceptuelle et l'argumentation ne sont pas de mise en esthétique, car ses objets sont la sensibilité esthétique et l'œuvre d'art, qui justement leur échappent.
d) L'esthétique est une phénoménologie de l'expérience esthétique.
e) L'esthétique est une herméneutique des œuvres d'art.

En réalité, les philosophes qui adoptent cette Thèse de l'autonomie de l'esthétique peuvent ne soutenir, plus ou moins explicitement, qu'une de ces affirmations. Mais en général, ils entretiennent à la fois plusieurs de ces présupposés.

La thèse inverse revient à considérer que l'esthétique, au sens d'une discipline ayant sa spécificité de contenu et de méthode, n'existe pas. C'est la *Thèse de l'hétéronomie de l'esthétique*. Elle signifie que les normes, les exigences et les problématiques qui s'imposent en esthétique ne lui sont pas propres; elles lui viennent pour ainsi dire de l'extérieur.

Tout comme l'ingénieur des ponts et chaussées est susceptible de se spécialiser dans la construction des bretelles d'autoroute, mais aussi bien de viaducs ou de carrefours, le philosophe de métier peut s'intéresser à certaines questions, dites esthétiques. Le savoir de l'ingénieur, particulièrement dans le domaine de la physique, trouve à s'appliquer dans des circonstances variées, *tout en restant le même.* (Il n'y a pas une physique des ponts de chemins de fer et une physique des ponts autoroutiers, même si l'on peut comprendre qu'un ingénieur s'intéresse plus aux uns qu'aux autres, qu'il sache mieux comment on fait les uns que les autres...). De la même façon, le philosophe, même spécialisé, n'a pas un savoir et une méthode différents pour chacune des questions qu'il se propose d'examiner. Ainsi, il y a en philosophie des questions esthétiques, mais il n'y a pas d'esthétique ou de philosophie de l'art comme disciplines autonomes, avec leurs contenus et leur méthodologie spécifiques, distincts de ceux qui ont cours dans la philosophie en général. Dès lors, l'exigence méthodologique et la nature des problèmes traités en esthétique ne sont pas non plus différentes de celles qui prévalent ou devraient prévaloir dans le reste de la philosophie. L'esthétique n'a rien de spécial; surtout, elle n'a pas de régime méthodologique dérogatoire. Particulièrement, elle n'est pas plus proche de l'art, au sens où elle serait plus littéraire. Elle n'est pas la bohême de la philosophie. Ce sont les mêmes problématiques, avec les mêmes méthodes, que celles qu'on trouve par ailleurs en philosophie, mais à propos d'autres questions et objets.

La Thèse de l'autonomie de l'esthétique est fréquemment sous-jacente dans ce qui s'écrit en esthétique et en philosophie de l'art. Elle s'articule à l'une des trois attitudes dominantes dans l'esthétique et la philosophie de l'art aujourd'hui, en dehors du domaine étroit de la philosophie analytique [1]. Ces trois attitudes sont les suivantes :

1) *L'identification de l'esthétique et de la philosophie de l'art avec l'histoire de la philosophie.* Il n'est pas rare qu'on entende en effet par esthétique l'étude de certains textes de Kant, Hegel, Nietzsche et de leurs successeurs, jusqu'à, disons, Benjamin et Adorno. Dans la philosophie française contemporaine philosophie et histoire de la philosophie ont souvent été confondues, au détriment de la

1. Voir R. Pouivet, « L'esthétique en France aujourd'hui : un bilan sans perspective », *Pratiques*, n° 11, 2001; R. Pouivet, Review of P. Lamarque & S. Haugom Olsen, *Aesthetics and the Philosophy of Art. The Analytic Tradition*, *British Journal of Aesthetics*, vol. 45, N° 1, 2005; « Esthétique analytique », dans J. Morizot et R. Pouivet (dir.), *Dictionnaire d'esthétique et de philosophie de l'art*, Paris, Colin, 2007.

première et pas toujours au profit de la seconde[1]. Et cette confusion s'est appliquée aussi à l'esthétique devenue le commentaire de textes que des philosophes ont consacrés à des questions d'esthétique et de philosophie de l'art. Dans ce genre là, il est rare qu'on se demande si les auteurs ont raison ou tort. Si, par exemple, le jugement esthétique est réellement sans concept, ou si vraiment l'Art est l'Esprit dans le sensible. Car faire de l'esthétique ou de la philosophie de l'art revient à commenter des textes, pas à discuter des problèmes.

2) *L'identification de l'esthétique avec une histoire de l'art philosophante.* On se propose alors de donner un éclairage philosophique à l'histoire de l'art, généralement sous la forme d'un grand récit déroulant ses moments selon une raison, voire une nécessité, qu'on prétend expliciter. La finalité est d'indiquer le sens et la raison d'une succession de projets et de styles artistiques. Le modèle est inspiré de Hegel, même quand il ne reprend pas ses thèses. L'historicité de l'art est le principe de l'explication de ses productions. Faire de l'esthétique ou de la philosophie de l'art, ce serait penser la succession des écoles et des mouvements artistiques.

3) *L'identification de l'esthétique ou de la philosophie de l'art avec une critique d'art spéculative.* L'esthétique offre alors des *interprétations profondes*[2] des œuvres ou des groupes d'œuvres (c'est pourquoi on peut parler de critique d'art), avec la mission d'aller *au-delà* d'une aide pour appréhender l'œuvre ou même d'un jugement de valeur esthétique, jusqu'à des considérations philosophiques fondamentales (c'est pourquoi elle est spéculative). Le philosophe serait le prestataire de service d'une herméneutique de l'art; il se charge de manifester le sens des œuvres. En bref, il dit ce qu'elles sont supposées vouloir dire, même s'il prétend, généralement, en retenir la leçon. L'esthétique serait ce commentaire profond des œuvres d'art; elle les rend pensantes.

1. Voir R. Pouivet, *Philosophie contemporaine*, Paris, Presses Universitaires de France, 2008, chap. II.

2. Voir A. Danto, « L'Interprétation profonde », dans *L'assujettissement philosophique de l'art*, Paris, Seuil, 1993. L'interprétation profonde doit être distinguée d'une interprétation de surface (empirique). Comme le dit Danto, « il va de soi que la profondeur n'a pas grand-chose à voir avec la pénétration » (p. 79).

(1) et (2) appliquent à l'esthétique et à la philosophie de l'art des normes *externes*. Dans le premier cas, elles sont empruntées à l'histoire de la philosophie. Comme il existe plusieurs façons de la pratiquer, ses normes sont variables et les résultats contrastés. Parfois, l'étude d'un texte de l'histoire de la philosophie est une voie, certes indirecte, mais pour telle ou telle raison jugée par l'auteur utile pour aborder des questions d'esthétique et de philosophie de l'art – et cela peut donner d'excellents résultats. Dans le second cas, les normes sont empruntées à une conception historique de la philosophie, voire plus généralement de toute la réalité. À cet égard, l'esthétique de Hegel est un paradigme d'hétéronomie en esthétique. (3) est le lieu d'élection de la Thèse de l'autonomie de l'esthétique. Car les normes ne sont plus alors externes. Certes, on recourt aussi à des emprunts, par exemple aux doctrines phénoménologiques ou psychanalytiques. Cependant, il s'agit non pas d'appliquer mais de *révéler* la spécificité des expériences esthétiques et des œuvres d'art, souvent en inventant un discours spécifique, autant que le sont les objets à examiner, et en sympathie avec eux.

En revanche, dans l'approche que j'ai adoptée, l'esthétique et la philosophie de l'art ne sont rien d'autre que certaines disciplines philosophiques, qui chacune ont des normes méthodologiques et des problématiques déterminées : la métaphysique, l'épistémologie, la logique et l'éthique, mais également la philosophie de l'esprit ou la philosophie politique. Elle sont appliquées à certaines questions, dites esthétiques, et à certains objets, les œuvres d'art, ou à certaines productions et activités humaines, artistiques. Mais cela ne requiert aucune invention. C'est la poursuite d'un projet philosophique d'analyse conceptuelle et de défense ou de critique de thèses déjà connues dans l'histoire de la philosophie. L'esthétique et la philosophie appliquent ainsi des problématiques philosophiques élaborées par ailleurs à des questions et des objets particuliers. En retour, ces problématiques peuvent en être modifiées et surtout éclairées. Mais il n'y a rien d'inédit ou d'irréductible. Dès lors, l'esthétique ou la philosophie de l'art n'ont rien de spécial.
Prenons un exemple particulièrement réussi d'application de problématiques à la fois logiques et épistémologiques à l'esthétique : *Langages de*

l'art de Nelson Goodman[1]. Goodman se sert en effet d'une théorie sémiologique et d'une théorie de la référence, toutes les deux originales, rigoureuses et précises, auxquelles s'ajoutent des considérations épistémologiques, pour résoudre des questions d'esthétiques et de philosophie de l'art. Il propose une théorie de la représentation, de l'image, de l'authenticité, du fonctionnement des systèmes symboliques, et de l'expérience que nous faisons des œuvres d'art. Par exemple, expliquer l'expression par une œuvre d'un sentiment, ce n'est pas commenter des œuvres, se livrer à une enquête sur la phénoménologie des sentiments que nous éprouvons face à des œuvres. C'est indiquer comment fonctionne une certaine relation logique entre une œuvre (une chose) et ce qu'elle exprime (un prédicat). Contester la thèse de Goodman, cela devrait moins consister à faire une moue de dégoût face aux exigences de rigueur et de précision que cette démarche impose qu'à montrer qu'une autre théorie de la relation d'expression est possible ou que celle de Goodman s'applique mal ou pas du tout dans certains cas, et à expliquer alors pourquoi. Que Goodman ait raison ou tort en l'occurrence, cela importe moins ici que sa méthode, qui je crois est la bonne. C'est aussi celle que suivirent les philosophes de la tradition quand ils se posaient une question particulière. Par exemple, quand il s'agit de défendre la doctrine de la Trinité, saint Augustin recourt à la logique des relations. C'est finalement, à un autre sujet, une entreprise du même ordre, au sujet de l'expression comme catégorie esthétique, qu'on trouve chez Goodman. Je choisis cette comparaison avec Augustin, car ce n'est pas un penseur qu'on accuse fréquemment de défendre une forme de rationalisme étroit.

Voici alors les principales questions esthétiques :
– Comment une chose peut-elle en représenter une autre ?
– Comment une chose peut-elle en symboliser une autre ?
– Peut-on attribuer certaines propriétés, dites esthétiques, s'il en existe, à certaines choses, naturelles ou artefactuelles ?
– Existe-t-il une sorte d'expérience particulière, esthétique ? (Et une réponse positive n'impliquerait encore nullement qu'il y ait une

1. N. Goodman, *Langages de l'art*, trad. fr. J. Morizot, Nîmes, J. Chambon, 1990 ; rééd. Paris, Hachette, 2005.

discipline particulière qui lui soit consacrée, pas plus que pour une expérience disons sportive ou culinaire.)
– Par quelles sortes d'opérations cognitives en venons-nous à comprendre des œuvres d'art et à attribuer des propriétés esthétiques, par exemple quand nous comprenons une métaphore ou reconnaissons un style ?
– Existe-t-il un plaisir spécifiquement esthétique ?
– Existe-t-il une émotion spécifiquement esthétique ?
– En quoi consistent les fictions et pourquoi sommes-nous émus par des fictions tout en sachant que ce qu'elles racontent n'est pas vrai ?

De la même façon la philosophie de l'art est aussi partie intégrante de la philosophie et non une discipline autonome. Voici les principales questions qu'elle pose :
– Qu'est-ce que l'art, comme activité humaine ou phénomène humain ?
– Qu'est-ce qu'une œuvre d'art ?
– Quelle relation l'art entretient-il avec les autres activités humaines, science, religion, politique, jeu, etc. ?
– Quelle est l'importance de l'histoire dans la caractérisation de ce qu'est l'art ?
– L'art nous apprend-il quelque chose ? [1]
– L'art résulte-t-il de l'évolution de l'espèce humaine ?

Pour ce qui va nous concerner dans ce livre, on peut ajouter que la métaphysique et l'ontologie deviennent ontologie *de l'art* et ontologie *esthétique* quand elles sont appliquées à l'art et aux propriétés esthétiques. Voici une liste de questions en ontologie de l'art :
– Existe-t-il des œuvres d'art singulières, uniques, et des œuvres d'art multiples, avec plusieurs instances ? Ceux qui répondent positivement sont dualistes en ontologie de l'art, ceux qui répondent négativement sont monistes. La distinction entre œuvres autographiques, dont l'authenticité suppose un lien historique avec leur auteur, et œuvres allographiques, dont l'authenticité est liée au respect d'une partition ou tout autre moyen sémiotique d'authentification, joue ici un rôle à la fois important et problématique.

1. Voir S. Darsel et R. Pouivet (dir.), *Ce que l'art nous apprend*, Rennes, Presses Universitaires de Rennes, 2008.

– Quelles relations entretiennent les œuvres avec leurs multiples occurrences ou réalisations ? Poser cette question suppose qu'il existe des œuvres multiples. Dès lors, le moniste en ontologie de l'art défend la thèse que les œuvres d'art sont toutes des types ayant de multiples occurrences, possibles même si elles ne sont pas actuelles – qu'il n'existe donc en droit aucune œuvre singulière.
– Les œuvres sont-elles des universaux (des entités abstraites, dépourvues de propriétés spatiales et temporelles), des concepts (des pensées, des intentions), des choses concrètes, ou autre chose encore ?
– Les œuvres d'art sont-elles des objets, des événements ou des actes (voire des types d'actes) ?
– Quel rapport entretiennent les œuvres avec l'histoire de leur production, avec leur contexte (dont le contexte culturel : sont-elles alors des entités qui « émergent » d'une culture ?), avec les personnes qui les considèrent comme des œuvres d'art ?
– Quel rapport entretiennent certaines œuvres avec leurs exécutions ?
– Les œuvres d'art transcendent-elles les choses matérielles qu'elles « habitent » ?

– Quel rapport entretiennent les œuvres avec leurs reproductions, leurs enregistrements, leurs traductions ? Une œuvre peut-elle avoir plusieurs versions et quel rapport entretiennent-elles ?
– Qu'est-ce qui fait la spécificité des œuvres picturales, photographiques, des gravures, des œuvres musicales, des ballets, des œuvres architecturales, des films, etc. ?
– Qu'est-ce qu'une copie ? Qu'est-ce qu'un faux ? En quoi consiste l'authenticité d'une œuvre ?
– Une œuvre est-elle unique avec plusieurs sens, ou multiple autant qu'elle a de sens ?

En « ontologie esthétique », voici les questions principales :
– Existe-t-il des propriétés esthétiques ? Qu'est-ce qui caractérise les propriétés esthétiques ?
– Les propriétés esthétiques sont-elles réelles ou projetées sur les choses auxquelles nous les attribuons ?
– Les propriétés esthétiques sont-elles relatives et comment ?
– En quoi consiste pour une œuvre d'exprimer quelque chose ?
– Qu'est-ce qu'une représentation ?
– Qu'est-ce qu'un symbole et comment une chose peut-elle en symboliser une autre ?

– Qu'est-ce qu'une fiction? Pourquoi des personnages fictionnels peuvent-ils nous émouvoir?
– Quel rôle les émotions jouent-elles dans et pour l'appréhension des propriétés esthétiques, la compréhension des œuvres, leur interprétation?

L'esthétique et la philosophie de l'art sont ainsi, pour une part au moins – celle qui dans ce livre et habituellement m'intéresse le plus – de l'ontologie appliquée à certains objets désignés comme œuvres d'art[1], ou à certaines propriétés, esthétiques, attribuées aux choses qui nous entourent. Dès lors, c'est tout naturellement qu'on utilise les instruments conceptuels et les problématiques de la métaphysique et de l'ontologie – dans mon cas, telles qu'elles se pratiquent aujourd'hui dans le courant analytique – pour examiner des questions relatives au mode d'existence des œuvres d'art et à l'attribution des propriétés esthétiques. On fait alors de la métaphysique et de l'ontologie. Mais on n'en fait pas moins de l'esthétique et de la philosophie de l'art, puisqu'elles ne sont en rien autre chose.

Cependant, défendre la pertinence et la valeur explicative d'une ontologie de l'art n'implique rien au sujet de son contenu, c'est-à-dire des thèses ontologiques soutenues. Ces thèses vont du platonisme, affirmant l'existence d'entités abstraites, au nominalisme qui n'accepte que des individus[2], en passant par le « performantisme »[3], qui fait de toute œuvre d'art un événement ou un processus, ou le « tropisme » pour lequel il existe des propriétés et des relations exemplifiées (particuliers abstraits) dont la somme (méréologique) constitue un individu.
On pourrait maintenant demander pourquoi ce livre adopte une conception analytique des problématiques philosophiques appliquées aux questions d'ontologie de l'œuvre d'art. Pourquoi pas une autre, phénoménologique ou postmoderne? Dans le premier cas, on irait chercher les outils et les instruments conceptuels chez Husserl,

1. Ce qui n'empêche évidemment pas de se poser la question de savoir ce qu'est une œuvre d'art. Voir R. Pouivet, *Qu'est-ce qu'une œuvre d'art?*, Paris, Vrin, 2007.
2. Voir N. Goodman, *Langages de l'art*, trad. fr. J. Morizot, Nîmes, Jacqueline Chambon, 1990, rééd. Paris, Hachette, 2005.
3. Voir D. Davies, *Art as Performance*, Blackwell, Oxford, 2004.

Heidegger, Merleau-Ponty, Michel Henry ou d'autres. Dans le second cas, les références seraient plutôt Foucault, Deleuze, Derrida ou d'autres. Une réponse complète au sujet de mes réticences à l'égard des penseurs postmodernes excède ce qu'il est possible de se permettre dans une préface. Pour une part, elle se trouve dans mon livre *Philosophie contemporaine*[1]. Elle tient surtout à l'idée que la philosophie analytique est étroitement liée à la tradition philosophique, dans sa façon de poser les problèmes et son respect des principales solutions apparues dans la philosophie de la connaissance et la métaphysique; elle en est à coup sûr plus proche que les doctrines phénoménologiques et postmodernes, qui prétendent dépasser les conceptions « classiques ». Or, à tort ou à raison, je ne crois pas que la philosophie ait particulièrement à se renouveler. Il me semble, qu'en philosophie, presque immédiatement après qu'elle soit apparue, toute tentative de renouvellement radical a surtout conduit à la confusion et à l'obscurité. Le nombre de possibilités doctrinales est limité, comme celui des arguments; la philosophie est essentiellement répétitive. Mais nous avons besoin à chaque génération de régénérer notre appréhension des possibilités principales[2]. Ainsi, ce caractère conservateur de la philosophie analytique, respectueuse des grandes doctrines, se proposant surtout des reformulations, n'est pas pour me déplaire. De plus, et le lecteur en jugera, la philosophie analytique possède des mérites méthodologiques notables, en termes de clarté, de rigueur, de caractère direct et de ce que je décrirais comme une sorte de franchise dans les problématiques. Je ne crois pas que les pensées postmodernes aient les mêmes mérites. Parfois, elles contestent même le bien-fondé du type d'exigences méthodologiques courantes dans la philosophie analytique, jugeant qu'il s'agit là d'une fausse clarté et d'une fausse précision. On dit aussi que la philosophie est l'invention d'une écriture. En bref, mieux vaudrait parler comme Nietzsche du chameau, du lion et de l'enfant, que d'enrégimenter la philosophie dans la logique. Ce n'est pas le lieu de justifier mon jugement favorable à l'égard de la philosophie analytique et défavorable aux écritures littéraires en philosophie. Il reste que la pratique de la philosophie ici privilégiée est argumentative et non interprétative. Je ne peux

1. R. Pouivet, *Philosophie contemporaine*, *op. cit.*, particulièrement le chapitre premier.

2. Je renvoie à cet égard à l'exergue empruntée à P. Strawson, par laquelle le livre commence.

qu'engager le lecteur à lire le présent livre pour déterminer s'il est justifié de penser que la philosophie analytique fait mieux que d'autres, ne serait-ce qu'au sujet sur lequel il porte. Les penseurs postmodernes adoptent le plus souvent la conception que j'ai désignée sous l'appellation de « critique d'art spéculative », consistant à donner une interprétation philosophique des œuvres d'art. Or, ce n'est pas du tout l'intention de ce livre.

Pour l'autre option, la phénoménologie, mes réticences à son égard sont justifiées dans un passage de *Qu'est-ce qu'une œuvre d'art?*[1]. C'est la phénoménologie de Roman Ingarden qui y est examinée, parce qu'elle est méthodologiquement plus proche de l'esthétique analytique, ce qui permet plus aisément de la discuter. En bref, je rejette l'idée que l'esthétique doive porter sur un type d'expérience supposé particulier, l'expérience esthétique, constitutive d'objets intentionnels[2]. Cette approche, un héritage de la théorie des idées des philosophes britanniques du XVIIIe siècle, et également un legs de Kant, me semble discutable; je ne crois pas que la phénoménologie ait tant que cela renouvelé et surtout amélioré cette conception.

Une deuxième édition laisse espérer à l'auteur de nouveaux lecteurs, voire de nouveau l'attention des anciens. Mais la fermeté des adhésions et des rejets qui viennent d'être énoncés risque aussi de rebuter certains. Il me semble pourtant préférable de ne pas avancer masqué. Les engagements de ce livre, à défaut d'être œcuméniques, sont du moins explicites[3].

1. Voir *op. cit.*, p. 69-95.
2. Cependant, les analyses d'Ingarden dans le domaine de l'ontologie de l'art sont souvent fort instructives. Voir R. Ingarden, *Esthétique et ontologie de l'œuvre d'art*, trad. fr. P. Limido-Heulot, Paris Vrin, 2010.
3. Le livre de Sandrine Darsel, *De la musique aux émotions : une exploration philosophique*, (Rennes, Presses Universitaires de Rennes, 2010) va dans le même sens.

avant-propos (de la première édition)

En langue française, peu de livres ont été intégralement ou même partiellement consacrés à l'ontologie de l'œuvre d'art, c'est-à-dire à des questions comme celles de savoir ce que sont les œuvres d'art, si elles possèdent réellement des propriétés esthétiques ou encore comment nous pouvons les réidentifer. Parmi les exceptions, citons l'*Introduction à Jean-Sébastien Bach* de Boris de Schlœzer[1], *Peinture et réalité* d'Étienne Gilson, et plus récemment le premier tome de *L'Œuvre de l'art* de Gérard Genette. Le livre qui suit est différent de ceux-là et ne prétend certainement pas les surpasser ou même les égaler. Mais il a en commun avec eux de prendre au sérieux les questions ontologiques.

Il n'est pas invraisemblable qu'un certain discrédit jeté sur l'idée même de prétendre dire ce que sont les choses en elles-mêmes ait conduit les philosophes à se détourner de l'interrogation ontologique et métaphysique en général. Ce discrédit résulte, semble-t-il, de l'importance prise par des courants philosophiques qui mettent l'accent sur le sujet connaissant ou moral plutôt que sur l'objet connu ou des vérités morales indépendantes de lui. On a beaucoup insisté sur l'emprise des modèles

1. Boris de Schlœzer, *Introduction à Jean-Sébastien Bach*, Rennes, Presses Universitaires de Rennes, 2009.

sociaux sur ce sujet trop sûr de son indépendance. Parfois, on a exalté la puissance du Concept comme produisant par lui-même les choses de ce monde, alors faussement considérées comme indépendantes de la Pensée. L'idée que nous pourrions essayer de savoir ce qui existe et, par exemple, nous proposer de caractériser le mode d'existence des œuvres d'art, a paru trop naïve au regard des désillusions auxquelles a conduit la critique moderne de la métaphysique.

Cet ouvrage se propose pourtant une enquête ontologique et métaphysique. Il répond à la question de savoir ce que *sont* les œuvres d'art, si elles possèdent certaines propriétés, comment nous réidentifions les œuvres d'art. Ce serait prendre un chemin trop détourné de d'abord justifier la possibilité de répondre à une telle question. On tâchera de prouver le mouvement en marchant. Le lecteur jugera si les présupposés affichés et les thèses examinées lui paraissent déraisonnables ou mal orientés. Cependant, quand nous discuterons la question du relativisme esthétique – la thèse selon laquelle l'attribution de propriétés esthétiques ne repose aucunement sur des propriétés objectives des choses auxquelles on les attribue – nous serons conduits à tenter de justifier l'idée même d'une ontologie de l'œuvre d'art.

Cet ouvrage est une introduction à l'ontologie de l'œuvre d'art. Dès lors, il ne présuppose aucune familiarité préalable avec les questions qu'il aborde; il ne prétend pas traiter de tous les sujets qui peuvent être abordés dans ce domaine. Nous cherchons à proposer au novice une sorte de carte grâce à laquelle il pourra avancer avec moins de risque de se perdre, du moins on l'espère. C'est cependant une introduction dont l'orientation est nette. Tout en présentant les thèses les plus importantes au sujet de l'ontologie de l'œuvre d'art, celles de philosophes du passé ou de philosophes contemporains, on s'est aussi risqué à indiquer des préférences théoriques, voire à formuler des thèses. Si l'espoir d'un auteur est toujours de convaincre son lecteur de la justesse de ses thèses, l'ouvrage vise avant tout à le persuader de la pertinence philosophique d'une réflexion sur l'ontologie de l'œuvre d'art. Au moins j'espère que les difficultés de ce domaine, comme celles de la métaphysique en général, sont des casse-tête qui procureront au lecteur un certain plaisir intellectuel.

Une dernière remarque. Même s'il s'agit d'un ouvrage d'ontologie, et peut-être à cause de cela, ce livre ne cherche pas à être profond. Comme le plaisir selon Aristote, la profondeur est donnée de surcroît, la rechercher pour elle-même fait courir le risque de ne rencontrer que l'obscurité. Sans prétendre y être parvenu, je me suis surtout efforcé d'être clair dans des matières parfois difficiles.

Je remercie André Brisard, Jean-Pierre Cometti, Pascal Engel, Gérard Genette, Arnaud Guilloux, Mikael Karlsson, Jacqueline Lagrée, Jerrold Levinson, Yves Michaud, Jean-Maurice Monnoyer, Jacques Morizot, Frédéric Nef, Rainer Rochlitz, Israel Scheffler, Jean-Michel Vienne, qui ont lu le manuscrit, tout ou partie, ou ont échangé avec moi sur certaines des idées présentées dans cette étude.
Merci bien sûr aux particuliers concrets que sont Dośka, Hélène, Clément, Tomek et Janek, d'avoir supporté une entité parfois totalement abstraite.

introduction

la question ontologique de l'œuvre d'art

Dans la vie quotidienne, quand nous décrivons et expliquons ce que les gens pensent, ressentent, croient, et leurs comportements, nous faisons ce qu'on peut appeler de la *psychologie populaire.* Par analogie, notre *ontologie populaire*, celle dans laquelle nous décrivons et expliquons ordinairement les choses autour de nous, comprend non seulement des choses qui perdurent, des individus, personnes, fleurs, maisons, etc., mais aussi des entités dont l'identité n'est pas moins problématique, des événements, des moments, des endroits. Elle comprend aussi peut-être des propriétés, des collections, des surfaces, des angles, des ombres et des trous.

Dans cette liste, qui compte tant de casse-tête ontologiques, ces derniers, les trous, sont particulièrement significatifs[1]. Un trou ce n'est rien, apparemment, mais on peut en dire beaucoup de choses. On peut penser que deux trous peuvent n'en faire finalement qu'un seul, qu'il doit y en avoir dans l'emmenthal, qu'il convient de cacher certains trous,

1. Pour une ontologie des trous, voir R. Casati and A.C. Varzi, *Holes and other Superficialities*, Cambridge, Mass., The MIT Press, 1994.

qu'un trou a des bords, qu'il peut s'agrandir, etc. Comme nous affirmons beaucoup de choses des trous, nous faisons référence aux œuvres d'art, nous leur attribuons des propriétés non physiques, nous reconnaissons leur identité sous des apparences un peu ou très différentes, nous affirmons ou nions leur authenticité. De même que nous faisons comme si nous étions au point sur la nature des trous, nous faisons donc comme si la question de savoir *en quoi cela consiste d'être une œuvre d'art* était résolue, ou du moins comme si elle n'était pas difficile à résoudre.

quel est le problème?

C'est souvent par le biais d'une réflexion sur le jugement esthétique qu'on aborde la question de savoir ce que sont les œuvres d'art. On s'inquiète de ce qui justifie l'attribution de propriétés esthétiques à certains objets, tout particulièrement des propriétés esthétiques évaluatives, comme *beau*, *laid*, *médiocre*. Quand il s'agit d'artefacts, nous soupçonnons que ces objets ont pu être produits pour que l'attribution de propriétés esthétiques soit justifiée par ce qu'ils sont. Nous supposons que les artistes font des œuvres d'art et qu'elles sont réussies ou non. Nous nous comportons comme si dans le monde, il y avait non seulement des arbres, des chiens, des chaises, des voitures, etc., mais aussi des œuvres d'art[1].

S'il existe des œuvres d'art, quel est leur mode d'existence, qu'est-ce qui fait d'elles ce qu'elles sont? Nous pouvons être tentés de répondre que les œuvres d'art n'en sont pas en elles-mêmes, mais seulement en fonction de ce que nous faisons de certains objets. On dira qu'un tableau qui bouche une fenêtre n'est plus une œuvre d'art, un roman qui cale un meuble branlant n'est plus roman. Une œuvre d'art est un objet utilisé d'une certaine façon. Certes, mais laquelle? La réponse qu'on l'utilise comme œuvre d'art n'est-elle pas une pétition de principe? Nous devons bien déjà savoir ce que c'est qu'une œuvre d'art pour l'utiliser ainsi! Comment et pourquoi certains objets qui ne semblaient pas initialement avoir été produits en tant qu'œuvres d'art peuvent-ils le devenir? Suffit-il de les utiliser « en tant que tels », comme on dit parfois? Est-ce parce

1. Voir L. Baker Rudder, *The Metaphysics of Everyday Life: An Essay in Practical Realism*, Cambridge, Cambridge University Press, 2007. Pour une mise en question de cette façon de raisonner voir aussi P. Van Inwagen, *Material Beings*, Ithaca, Cornell University Press, 1990.

que nous utilisons une chose comme œuvre d'art qu'elle en devient une, ou est-ce parce qu'elle en est une que nous devons l'utiliser ainsi ?

Remarquons que nous attribuons des propriétés esthétiques non seulement à des œuvres d'art mais aussi à des objets qui les reproduisent. Quel est le statut exact d'un Matisse punaisé sur un mur ? Rares sont ceux qui pensent que cette image *est* un Matisse. D'un autre côté, on peut posséder *Madame Bovary* de Flaubert. On n'a pas besoin d'avoir chez soi le manuscrit de Flaubert pour posséder le roman. Il y a ainsi vraisemblablement une différence de statut ontologique entre un tableau et un roman, les arts picturaux et la littérature. Peut-être y a-t-il alors différents modes d'existence des œuvres d'art. Une œuvre musicale semble douée du don d'ubiquité. Elle est à la fois à Paris, à Moscou, à Los Angeles. N'est-elle pas également chez vous, lorsque vous l'écoutez sur une chaîne haute-fidélité ? À moins que s'agissant d'un enregistrement, il ne s'agisse plus de l'œuvre elle-même ? Mais que dire alors d'un enregistrement d'une session de jazz, de ce qu'a joué Stan Getz tel jour à telle heure à tel endroit ? Ce que l'on écoute alors n'a-t-il pas le même mode d'existence que la reproduction d'un tableau ?

Autant de questions qui concernent l'ontologie de l'œuvre d'art. Elle ne porte pas seulement sur la question de savoir ce que *sont* les œuvres d'art, si elles ont une nature spécifique. Elle s'interroge aussi sur les différents statuts d'existence des œuvres, de leurs reproductions, enregistrements, traductions, etc.

D'un tableau, dira-t-on qu'il est un objet physique aucunement identique à ses reproductions, un type instancié par de multiples occurrences (le tableau de Matisse lui-même ou une image qui reproduit ce tableau) ? D'une œuvre musicale, faut-il penser qu'elle est une structure abstraite instanciée (de façon sonore) en de multiples endroits au même moment, un événement sonore particulier dont il est possible de s'assurer qu'il s'agit bien toujours du même, l'ensemble de toutes les exécutions de l'œuvre, exécutions authentifiées par le respect scrupuleux de la partition ? Lire la traduction d'un roman, est-ce lire l'œuvre du romancier, celle du traducteur ou une œuvre qui aurait deux auteurs ?

Nous avons déjà dit que l'esthétique a mis l'accent sur une question : comment justifier l'attribution de propriétés esthétiques ? Cette question est souvent traitée par une analyse de l'expérience esthétique. L'ontologie de l'œuvre d'art pose plutôt la question de savoir ce que sont les propriétés esthétiques elles-mêmes : sont-elles des propriétés réelles des objets auxquels on les attribue ou non? Pour répondre à cette question, il s'agit moins alors d'examiner une expérience que la nature même de ses propriétés. Qu'est-ce qui dans la beauté peut justifier son attribution *réelle* à des objets? Ne serait-elle pas qu'une projection par un individu qui ressent un sentiment particulier, par exemple un sentiment de plaisir?

Je pose ces questions dans l'espoir qu'elles puissent trouver des réponses sensées à l'intérieur d'une problématique ontologique portant sur le mode d'existence des choses. D'une certaine façon, je veux montrer l'intérêt d'une telle problématique et justifier un slogan qui pourrait être : *Pas d'esthétique sans ontologie*[1].

ontologie de l'œuvre d'art et définition de l'art

esthétique et philosophie de l'art

L'esthétique est la discipline philosophique qui traite des questions du goût, de la beauté, de l'imagination, de la représentation, de l'expression et de l'expressivité, et parfois encore d'autres questions. Son domaine propre est donc fort indéterminé. Presque chaque auteur employant le terme semble lui donner une signification particulière. Baumgarten pense l'esthétique comme une branche de l'étude de la connaissance, de ce que nous appellerions aujourd'hui l'épistémologie[2] – la branche qui porte sur la connaissance sensible[3]. En revanche, pour Kant, l'esthétique n'existe pas; il peut seulement y avoir une critique de la faculté de juger esthétique et non pas un savoir esthétique[4]. Hegel semble penser l'esthétique comme une annexe de sa propre métaphysique générale.

1. Que l'esthétique conduise à un questionnement ontologique est une thèse déjà proposée dans mon livre, *Esthétique et logique*, 1996 et poursuivie dans *L'œuvre d'art à l'âge de sa mondialisation*, 2003, et dans *Philosophie du rock*, 2010.

2. A.G. Baumgarten, *Esthétique*, trad. fr. J-Y. Pranchère, Paris, L'Herne, 1988.

3. La thèse que l'esthétique relève d'une spécialisation de l'épistémologie est développée par C.Z. Elgin, « Relocating Aesthetics, Goodman's Epistemic Turn », *Revue internationale de philosophie*, n° 2-3.1993.

4. Voir G. Lebrun, *Kant et la fin de la métaphysique*, Paris, Colin, 1970, p. 298. Pour Kant, l'esthétique est une *fausse science*.

Sous le terme d'esthétique, on peut trouver aujourd'hui une histoire de l'art philosophante ou une critique d'art spéculative[1]. La première examine le devenir des différentes formes artistiques et tente de donner un sens à leur succession, aux rejets et aux engouements, aux oppositions qui s'y font jour. Chaque œuvre est examinée en fonction d'une nécessité esthétique finalisant les bouleversements esthétiques : les œuvres particulières en seraient des manifestations. La théorie de l'art moderne prend souvent cet aspect. Quand elle repose sur cette idée d'un devenir interne de l'art, la critique d'art spéculative rejoint alors l'histoire de l'art philosophante. Si elle se détourne de la thèse si tentante pour les Modernes d'une nécessité historique dans le devenir de l'art, elle suppose encore volontiers que les œuvres manifestent des pensées philosophiques, au moins pour qui sait les interpréter. Le critique d'art révélerait ainsi « l'impensé de l'art », son inconscient philosophique. Parfois, des philosophes se sont donnés une fonction de critique spéculatif d'œuvres particulières[2], de groupes d'œuvres ou d'artistes particuliers[3]. Ils deviennent alors les voix autorisées de l'art, même quand ils prennent la précaution de s'en dire les obligés[4].

Le contenu de la philosophie de l'art est moins indéterminé que celui de l'esthétique. Il revient à se poser les quatre questions suivantes[5] : Qu'est-ce que l'art ?[6] En quoi consiste de comprendre une œuvre d'art ? Quelle est la valeur de l'art ? Quelles sortes d'entités sont les œuvres d'art ? Telles sont ses questions fondamentales.

ontologie de l'œuvre d'art et définition de l'art

Dans ce livre nous poserons uniquement la dernière question : quelles sortes d'entités sont les œuvres d'art ? Cela revient à dire que l'ontologie de l'œuvre d'art relève plus de la philosophie de l'art que de l'esthétique. Quelle différence y a-t-il alors entre la question de savoir quelles sortes

1. Voir R. Pouivet, « Review : P. Lamarque & S. Haugom Olsen, *Aesthetics and the Philosophy of Art. The Analytic Tradition. An Anthology* », *British Journal of Aesthetics*, vol. 45, N° 1, 2005.

2. Heidegger avec *Les vieilles chaussures* de Van Gogh ou des poèmes de Hölderlin ; Foucault avec *Les Ménines* de Vélasquez.

3. Adorno écrivant sur Stravinski, Deleuze écrivant sur Proust ou Bacon, etc.

4. Voir le texte discutable, mais suggestif, de Danto, *L'Assujettissement philosophique de l'art*, Paris, Seuil, 1993, chap. 1.

5. Voir R. Stecker, *Artworks, Definition, Meaning and Value*, University Park, Penn., The Pennsylvania State UP, 1997, p. 1.

6. Voir R. Pouivet, *Qu'est-ce qu'une œuvre d'art ?*, Paris, Vrin, 2007.

d'entités sont les œuvres d'art et la question de savoir ce qu'est l'art, celle de sa définition ?

Une définition dit quelle est la signification ou le contenu conceptuel d'un terme ou d'une expression. Elle peut être implicite, ostensive, contextuelle, nominale, récursive, stipulative. Une définition ne se prononce donc pas nécessairement sur le *statut ontologique* d'une chose. Les philosophes ont tendance à préférer les définitions essentielles, celles qui distinguent les conditions nécessaires et suffisantes pour qu'une chose X soit de la sorte que désigne le terme ou l'expression définie. Même dans ce cas, si nous indiquons par une définition à quelles conditions une chose est bien de telle sorte, avons-nous répondu à la question de savoir en quoi elle consiste ? Jerrold Levinson semble penser que non :

> Une œuvre d'art est-elle une chose physique, une chose mentale ou, peut-être, ni l'une ni l'autre ? Une œuvre d'art est-elle un particulier concret, lié à une place et un moment uniques, ou est-ce un universel ou un type, existant de manière abstraite ? Y a-t-il un lien nécessaire entre l'identité d'une œuvre d'art et l'identité de son producteur ? Comment identifions-nous une œuvre d'art donnée en tant que chose qu'elle est, et comment la distinguons-nous des autres œuvres d'art de la même espèce ? Ces questions tournent autour d'un problème distinct de celui qui concerne l'*essence* de l'art, celui qu'une définition de l'art a pour fin de mettre en évidence. Leur projet est plutôt d'indiquer le *statut ontologique* des produits finaux familiers de l'activité artistique et non ce qui en fait des œuvres d'art[1].

Cependant, même si on peut accorder à Levinson la distinction entre la question ontologique en philosophie de l'art (en quoi consiste une œuvre d'art ?) et la question de la définition de l'œuvre d'art (qu'est-ce que l'art ?), en répondant à la première il paraît difficile de ne pas poser la question de ce qu'est une œuvre d'art. Il ne s'agira pas alors de définir l'art en général, ce qui fait que quelque chose peut être considéré comme appartenant au domaine de l'art. Il ne s'agira pas du type de questions qui se posent face à des entités dont on se demande : « Est-ce de l'art ou non ? », c'est-à-dire : « Puis-je classer cet objet dans l'ensemble des œuvres d'art ? ». Pour autant, le statut ontologique d'une œuvre d'art

1. J. Levinson, *The Pleasures of Aesthetic*, Ithaca, Cornell UP, 1996, p. 129.

n'est-il pas corrélatif de ce qu'une définition essentialiste de l'œuvre d'art cherche à cerner : ce qui fait d'une chose la chose qu'elle est ?
La question de la définition de l'œuvre d'art et celle du statut de l'œuvre d'art ne sont toutefois pas les mêmes, puisque toute définition de l'œuvre d'art ne se prononce pas nécessairement sur le statut ontologique de l'œuvre d'art. Une définition institutionnelle de l'œuvre d'art affirme qu'est une œuvre d'art tout ce qu'une personne autorisée à conférer le statut d'œuvre d'art dit être une œuvre d'art[1]. Elle ne dit pas ontologiquement ce qu'est une œuvre d'art. Mais il est possible qu'un autre type de définition puisse le faire. C'est ce que nous montrerons surtout dans le chapitre III avec la définition suivante : une œuvre d'art est un artefact dont le fonctionnement esthétique détermine la nature spécifique. Cette définition ne s'accorde pas avec deux conceptions ontologiques du statut ontologique de l'œuvre d'art : la conception platoniste et la conception nominaliste. Pour la première, au moins certaines œuvres (les œuvres musicales) sont des entités abstraites et non des entités concrètes, comme des artefacts. Pour la seconde, les œuvres d'art n'ont pas de nature propre. On voit ainsi que la définition proposée est corrélative d'un statut ontologique des œuvres d'art.

l'ontologie appliquée

L'ontologie en général pose la question de savoir ce qui existe. L'ontologie de l'œuvre d'art relève de l'ontologie appliquée qui, par exemple, demande si les œuvres d'art existent et si oui quelle est leur nature. On pourrait objecter immédiatement que l'ontologie porte sur des catégories générales d'objets, abstraits, particuliers, singuliers, possibles, impossibles, vagues, complets, incomplets, arbitraires, etc., et non sur des catégories comme celles de choses naturelles, d'artefacts, d'œuvres d'art[2]. Pourquoi ne se proposerait-on pas d'élaborer une ontologie des boîtes de chaussures ou des belles matinées de printemps ? Si l'ontologie porte sur *l'être en tant qu'être*, selon une certaine traduction d'une célèbre formule d'Aristote, « ontologie de l'œuvre d'art » en devient presque absurde.

1. Voir G. Dickie, « Définir l'art », dans G. Genette (éd.), *Esthétique et poétique*, Paris, Seuil, 1992.
2. Voir F. Nef (*L'objet quelconque*, Paris, Vrin, 1998) qui se propose de faire une ontologie de l'objet *quelconque*.

Cependant, en suivant Frédéric Nef[1], on peut distinguer l'ontologie formelle, l'ontologie matérielle et l'ontologie existentielle. La première examine « les formes d'objet, *a priori*, indépendamment du type d'objectivité réalisée dans la structure ontique particulière du monde actuel »[2]. La seconde étudie des aspects qualitatifs des objets. La troisième recherche les modes d'existence des objets suivant leurs espèces : objets naturels, artificiels, esthétiques[3], etc. Nous pratiquerons dans ce livre cette troisième sorte d'enquête ontologique : une ontologie existentielle[4].

« Ontologie appliquée » ne signifie pas seulement poser la question ontologique au sujet d'un type spécialisé de choses. Cela signifie aussi que les concepts généraux de l'ontologie sont utilisés à propos d'un type déterminé de choses. Ainsi, nous utiliserons les distinctions traditionnelles entre universaux et particuliers, platonisme et nominalisme, idéalisme ou mentalisme et matérialisme, réalisme et antiréalisme. Nous discuterons les notions de substance, d'identité, d'authenticité, d'intention.

De telles distinctions et de telles notions relèvent aussi de la métaphysique, comprise comme l'étude des caractéristiques générales et nécessaires qu'une chose doit avoir pour compter comme une entité (un *étant* ou un *existant*)[5]. La métaphysique englobe également des questions relatives à l'existence d'entités non physiques (l'âme, les anges, Dieu), et à partir des modernes (en gros Descartes), elle examine les questions de la nature de l'espace et du temps, celle de la causalité et de la

1. Ces distinctions sont elles-mêmes issues de Ingarden, comme l'indique Nef (*L'objet quelconque*, p. 16).

2. F. Nef, *L'objet quelconque*, p. 16.

3. La question d'une ontologie des sciences est différente. Elle engage une prise de position dans un clivage entre réalistes (pour lesquels les théories scientifiques décrivent une réalité indépendante des théories) et antiréalistes (pour lesquels les théories sont des instruments et non des descriptions vraies de la réalité – certains vont, comme Goodman, 1978, jusqu'à refuser de distinguer entre monde et version du monde).

4. Nous laissons de côté ici la question de la possibilité de ces trois sortes. La possibilité de l'ontologie formelle, science *a priori* de l'objectivité, portant sur des possibles, paraît la moins sûre, même si le livre de Nef, dans la lignée de Meinong, montre la fécondité métaphysique de ce projet. La possibilité d'une ontologie existentielle paraît intuitivement moins problématique. Nous parlons de certaines sortes d'objets en supposant qu'ils possèdent des caractéristiques propres à la sorte d'objets qu'ils sont. C'est pourquoi nous ne commençons pas par justifier notre projet d'ontologie de l'œuvre d'art. Nous espérons que le lecteur sera convaincu de sa pertinence par l'intérêt qu'il prendra aux problèmes qu'une telle ontologie (existentielle) permet de traiter, voire de résoudre.

5. Cette conception remonte à Aristote (*Métaphysique*, Γ, 1, trad. fr. J. Tricot, Paris, Vrin, 1981).

détermination des événements dans le monde, de l'existence d'un seul monde ou de plusieurs – autant de questions que nous ne poserons évidemment pas ici. L'ontologie, du moins non formelle, peut être comprise comme une branche de la métaphysique, celle qui concerne l'existence, et l'ontologie de l'œuvre d'art en est alors une application à des sortes de choses déjà identifiées dans le discours ordinaire, et dont on se demande quel est leur mode d'existence[1].

Que peut nous apprendre l'ontologie de l'œuvre d'art? Autrement dit, est-elle de l'ontologie ou de la philosophie de l'art, voire de l'esthétique? Si on conçoit l'esthétique comme une histoire de l'art philosophante ou une critique d'art spéculative, l'ontologie de l'œuvre d'art ne nous apprendra rien sur les œuvres. Elle n'est nullement destinée à nous permettre de saisir la nature de l'expérience esthétique, ni l'importance symbolique que les œuvres d'art peuvent avoir, ni ce qu'elles peuvent signifier pour le devenir de l'humanité – des problématiques dont nous sommes bien loin de nier cependant la valeur. L'ontologie de l'œuvre d'art serait plutôt de l'ontologie que de l'esthétique. Cependant il serait excessif de considérer que l'ontologie de l'œuvre d'art n'a aucune signification pour l'expérience esthétique et la question de la valeur des œuvres d'art. Nous pouvons aisément en donner la raison.

Un platoniste radical n'entend jamais l'œuvre musicale qu'il écoute. Il n'entend qu'une instanciation sensible de l'œuvre dont le statut est, en quelque manière, celui d'un nombre ou d'une structure abstraite non sensible. Un nominaliste radical pense qu'il n'existe que des entités concrètes particulières. Dès lors, il entend une œuvre musicale qu'il n'entendra ensuite plus jamais, même s'il entendra une œuvre qui ressemble suffisamment à la précédente pour être considérée comme la même. On verra que d'autres positions sont possibles entre ces deux extrêmes. N'est-ce pas clair qu'une ontologie, implicite ou explicite, détermine, au moins en partie, le contenu de l'expérience que nous avons des œuvres d'art, et la signification qu'on pourra leur donner?[2]

1. Il s'agit en ce sens d'un projet qui correspond à la perspective adoptée par Strawson dans *Les individus, essai de métaphysique descriptive*. Dans le langage ordinaire, il est possible de mettre en évidence l'usage de « catégories ou des concepts qui, en ce qui concerne leur nature fondamentale, ne changent pas du tout » (P.F. Strawson, *Les individus, Essai de métaphysique descriptive*, trad. fr. A. Shalom et P. Drong, Paris, Seuil, 1973, p. 10).

2. Certains le nient, comme Aaron Ridley dans *The Philosophy of Music*, Edinburgh, Edinburgh University Press, 2004, chap. 4. À ce sujet voir plus haut la préface de 2010 de mon livre.

Certes, le nominaliste peut être bousculé dans ses convictions par son expérience de l'identité d'une œuvre à travers le temps. Le platoniste peut être gêné de considérer l'œuvre d'art musicale comme une entité abstraite et, d'une certaine façon, comme ne possédant pas *vraiment* de propriétés esthétiques. Cependant, ce dont nous faisons l'expérience est différent si les œuvres d'art sont les instanciations d'entités abstraites non sensibles, ou au contraire si elles sont des entités particulières parmi d'autres, avec une signification immanente au monde où nous sommes.

Traitant de questions parfois on le voit quelque peu abstraites, cet ouvrage pourrait apparaître comme manifestant un rapport anesthésié, voire anesthétique, aux œuvres d'art. Il ne contient aucune interprétation d'œuvres ou de courants artistiques, aucune tentative pour expliciter la signification générale de l'art et de son devenir. Il cite peu d'œuvres, n'en commente aucune et ne témoigne pas du rapport intime, existentiel, que l'auteur ne manque pourtant pas d'entretenir avec certaines. Si ce livre ne laisse pas libre cours à l'émotion esthétique et à l'inspiration spéculative, il n'en est pas l'ennemi. Il porte sur tout autre chose : le mode d'existence du type d'entités que sont les œuvres d'art et des propriétés esthétiques. Aussi respectable et parfois nécessaire qu'il soit, l'enthousiasme n'a pas grand-chose à faire dans le traitement d'un tel sujet.

le parcours de ce livre

Les quatre premiers chapitres de ce livre portent sur la nature de l'œuvre d'art. Le chapitre I propose un cadre général pour le traitement de cette question et explique les principales notions (platonisme, nominalisme, immanentisme) utilisées. Le chapitre II examine des ontologies platonistes en matière d'œuvre d'art. Le chapitre III propose une thèse, celle de l'œuvre d'art comme substance artefactuelle dont le fonctionnement esthétique détermine la nature spécifique. Selon cette thèse, il y a des œuvres d'art, c'est-à-dire des objets d'une espèce particulière, mais l'œuvre d'art, comme entité abstraite instanciée dans des œuvres particulières, n'existe pas vraiment. Les œuvres d'art sont des artefacts. Les artefacts n'existent pas indépendamment de croyances de personnes appartenant à des communautés culturelles dont ces œuvres sont corrélatives. Les œuvres d'art sont constituées par ces croyances. Rien n'est donc *intrinsèquement* une œuvre d'art. En cela, les œuvres d'art, en tant qu'artefacts, diffèrent des émeraudes ou des lapins, qui sont des choses naturelles. Cette thèse sera défendue dans le chapitre IV, contre des thèses nominalistes.

Mais si les œuvres sont corrélatives de nos croyances, de nos pratiques et de nos traditions, n'est-il pas raisonnable de penser que leurs propriétés esthétiques ne sont que nos projections sur elles ? Elles ne seraient pas belles ou équilibrées en elles-mêmes, mais selon notre façon de les apprécier. Les propriétés esthétiques ne seraient pas des qualités propres des œuvres d'art. Le chapitre V, qui examine cette possibilité, entend montrer qu'elle est au moins discutable et même défendre la réalité des propriétés esthétiques. Cependant, dans la mesure où l'adhésion intuitive au subjectivisme des propriétés esthétiques est forte, qu'elle va souvent jusqu'à l'affirmation du relativisme esthétique, il faut à la fois justifier notre thèse et rendre compte des raisons pour lesquelles elle est souvent contestée. C'est l'objet du chapitre VI qui propose aussi une explication de la façon dont les propriétés esthétiques, évaluatives (beau, laid) ou non (classificatoires, affectives), sont reliées aux propriétés physiques et phénoménales des objets, et à nos propres croyances les concernant[1]. Le chapitre VII examine le lien entre les propriétés esthétiques et les pratiques culturelles, constitutives des œuvres d'art.

Le chapitre VIII pose la question de savoir comment nous identifions une œuvre d'art particulière et non plus simplement une œuvre d'art considérée de façon générique. Autrement dit, comment nous distinguons *telle* œuvre d'art d'autres œuvres d'art de la même espèce. Nous serons alors conduits à discuter les notions d'auteur, d'interprétation, d'identification et d'authenticité.

Même s'il prétend être plus qu'un simple tour d'horizon pédagogique, ce livre examine des thèses courantes dans l'ontologie de l'œuvre d'art telle qu'elle est pratiquée aujourd'hui dans ce qu'on appelle la philosophie analytique. Il propose aussi une conception particulière du mode d'existence de l'œuvre d'art ; son titre aurait peut-être dû être : *une* ontologie de l'œuvre d'art.

1. Je suis revenu sur la question du réalisme esthétique dans *Le réalisme esthétique* (2006).

chapitre premier
options ontologiques

œuvre d'art et multiplicité ontologique

une opposition fondamentale

La nature des œuvres d'art est fonction de l'ontologie qu'on accepte – ce qui ne veut pas dire que toutes les ontologies soient acceptables. Une façon traditionnelle d'indiquer les possibilités ontologiques consiste à aller du platonisme le plus fort au nominalisme le plus strict. Pour le premier, il existe des entités abstraites universelles et purement idéales, même si le platoniste peut aussi admettre qu'il existe des entités particulières concrètes. Cependant, rien n'empêche un platoniste de soutenir qu'il n'existe que des entités abstraites universelles; elles pourraient bien être les seules choses authentiquement réelles, les autres ne sont alors qu'un *reflet*, une *copie*, un *simulacre* des entités réelles. Pour le nominaliste, il n'existe que des entités concrètes particulières. Tout le reste n'est que façon de se les représenter ou d'en parler à certains égards, pour en indiquer des propriétés ou des groupements, par exemple. Certes, un platoniste pourrait soutenir avec un nominaliste que les œuvres d'art sont, quelles qu'elles soient, des entités particulières concrètes; ils divergeraient pourtant au sujet des entités universelles. En ce sens, les œuvres d'art auraient une même nature, alors même qu'on aurait deux ontologies, l'une platoniste, l'autre nominaliste. On doit remarquer les deux choses suivantes.

1) Il n'est pas étonnant qu'un nominaliste puisse accepter l'existence de choses dont un platoniste accepte l'existence, alors que l'inverse n'est pas vrai. Qui accepte le plus de types d'entités, le platoniste, acceptera aussi vraisemblablement le type d'entités de celui qui en accepte moins, voire n'en accepte qu'un seul type.

2) Dans une ontologie des œuvres d'art n'importe pas seulement ce qu'on dit être des œuvres d'art. Le contexte ontologique général permettant de comprendre ce que l'on veut dire en attribuant un statut ontologique aux œuvres d'art est fondamental. Supposons l'affirmation que les œuvres d'art sont des entités particulières concrètes. Cela a deux sens très différents si l'on dit que seules existent ces entités, ou si l'on ajoute que de telles entités sont *nécessairement* des instances d'une entité universelle. Un nominaliste et un platoniste peuvent dire tous les deux que les œuvres d'art sont des entités particulières concrètes; dans chaque conception ontologique, ils désignent alors deux entités différentes et simplement homonymes.

platonisme

À la question de savoir quelle sorte d'entités sont les œuvres d'art, un platoniste répondra : l'œuvre d'art qu'on voit ou qu'on entend est *essentiellement* l'instanciation d'une œuvre qu'on ne voit ni n'entend, mais qui constitue *réellement* l'œuvre. On ne trouvera évidemment pas cette thèse formulée dans les textes de Platon. C'est pourquoi on parlera plutôt de platonisme que d'une thèse platonicienne. Il s'agit de tirer une conséquence en esthétique d'une conception qu'on appelle « La Théorie des Formes ». Son attribution à Platon est une question controversée parmi les spécialistes, depuis près de deux mille cinq cents ans. Pour la Théorie des Formes, toute chose et toute propriété d'une chose est l'exemplification d'une entité idéale, une Forme non concrète. C'est ce qui fait : a) de la chose (par exemple, Socrate) ce qu'elle est, par sa participation à la Forme (Humanité), ou b) ce qui fait qu'une chose a une certaine propriété (sage) par participation de cette propriété à une

Forme (Sagesse). La nature exacte de la relation de participation est aussi controversée que l'attribution de cette théorie à Platon[1].

nominalisme

À l'opposé, un nominalisme strict consiste à dire que Socrate, cette table ou ce cheval existent, et il n'existe rien d'autre sinon des entités qui, comme eux, sont concrètes et particulières[2]. Toutefois, si le platonisme est une doctrine relativement aisée à décrire, tel n'est pas le cas du nominalisme. Car un nominaliste d'une autre obédience peut aussi dire que n'existent que des *propriétés particulières*, et non pas des entités substantielles (cet homme, ce cheval). Ces propriétés, certains les appellent des *tropes*. Il s'agit par exemple de *la sagesse de Socrate*, de *la localisation de Socrate*, de *tel moment de la vie de Socrate*, etc. Le tout constitue une somme méréologique (une collection de parties), qui est Socrate. Ce qui existe, ce sont les éléments de cette somme, les tropes. Nous pourrions alors être tentés de dire que les entités concrètes sont des sommes d'entités abstraites[3].

Il y aurait encore d'autres formes de nominalisme. On voit cependant qu'elles ont en commun de limiter le plus possible le nombre de types d'entités existantes. Dans la plupart des cas, on se limite à un seul type. Tout le reste est *construit* à partir de ce seul type. Dès lors la notion même de type disparaît. Car s'il n'y a qu'un seul type, il n'y en a pas. On pourrait risquer la définition suivante : le nominalisme est la thèse selon laquelle il n'y a pas de type d'entités. Il y a des entités, qui sont toutes du même ordre ontologique. Les différences apparemment ontologiques ne sont en réalité que différentes *descriptions*. Si je dis qu'une entité est blanche, qu'une autre est blanche aussi, je ne dis pas qu'elles participent à la

1. Voir D. Armstrong, *Universals and Scientific Realism*, Cambridge, Cambridge UP, 1978, vol. 1, chap. 7.

2. Une entité concrète peut être matérielle et particulière (telle table) ou non matérielle et particulière (Dieu). Certains pensent que toutes les entités particulières ne sont pas nécessairement concrètes. Par exemple, on pourrait considérer que *tel rouge particulier* est une entité abstraite qui n'est exemplifié par aucune entité particulière. L'existence de telles entités particulières abstraites est controversée.

3. Voir D.C. Williams, « On the Elements of Being » (1953), *in* D.H. Mellor and A. Oliver, *Properties*, Oxford, Oxford UP, 1997; K. Campbell, « The Metaphysic of Abstract Particulars », *in* D.H. Mellor and A. Oliver, *Properties*; N. Goodman, *The Structure of Appearance*, Dordrecht, Reidel, 1977; R. Pouivet, « Goodman dans les années 30 : reconstruire l'*Aufbau* », dans F. Nef et D. Vernant (éd.), *Le formalisme dans les années trente*, Paris, Vrin, 1998.

Blancheur, qui est une entité distincte des choses blanches[1]. Je dis simplement que les choses blanches se ressemblent à un certain égard. Ou bien je dis que deux tropes, la blancheur de X et la blancheur de Y se ressemblent.

Ce qu'un nominaliste tient pour une entité peut varier. Les instruments de la construction le peuvent aussi. Généralement, il s'agit d'instruments logiques (logique prédicative chez Ockham, méréologie chez Leśniewski, calcul des individus chez Goodman, logique de la « substance » chez Zemach, etc.). Ce qu'ont en commun les nominalismes est l'affirmation d'une unité ontologique de ce qui existe, et le rôle dévolu aux constructions logiques ou linguistiques pour assurer la concordance avec notre intuition, ontologiquement discutable, de la multiplicité des manières d'être des choses.

l'éventail ontologique en esthétique

Les philosophes qui se sont posés la question de savoir quelle sorte de choses sont les œuvres d'art ont proposé des solutions plutôt platonistes ou plutôt nominalistes. On peut ainsi proposer un registre des possibilités en ontologie de l'œuvre d'art. Il ne s'agira pourtant pas d'indiquer toutes les thèses qui ont été soutenues, mais celles qui ont valeur de paradigme. Voici l'éventail ontologique :

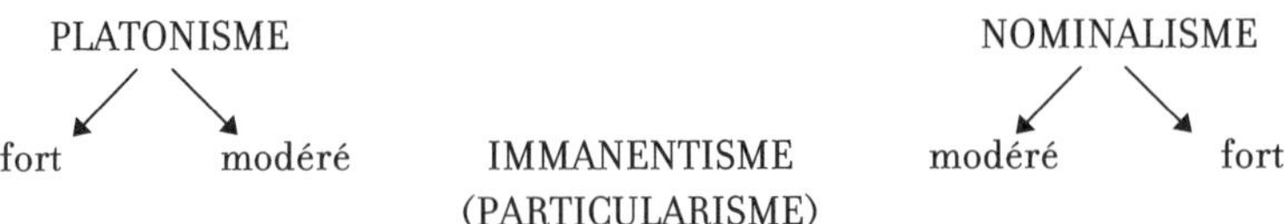

Plusieurs remarques sont indispensables à la bonne compréhension de ce schéma :

a) Entre chaque thèse examinée, d'autres sont possibles. Elles sont moins platonistes que la thèse ou les thèses à gauche et moins nominalistes que la ou les thèses à droite.

1. Sur cette question chez Ockham et Goodman, *cf.* R. Pouivet, « La reconstruction du nominalisme chez Nelson Goodman », dans J.-M. Vienne (éd.), *Philosophie analytique et histoire de la philosophie*, Paris, Vrin, 1997.

b) Les thèses qui seront discutées sont les suivantes. Dans le chapitre II, on examinera l'essentialisme fort tel qu'on le trouve chez Wolterstorff[1] et Currie[2]. On examinera aussi l'essentialisme modéré proposé par Margolis[3] et par Levinson[4]. Dans le chapitre IV, c'est le nominalisme modéré de Goodman[5] et le nominalisme fort de Zemach[6] qui seront analysés.

c) Dans le chapitre III la conception présentée n'est ni l'essentialisme modéré (Levinson) ni le nominalisme modéré (Goodman), mais le *réalisme immanent*. Cette thèse rejette l'idée que les œuvres d'art, en tant qu'entités particulières concrètes, sont des instances d'entités abstraites ayant une existence indépendante, que ces entités soient particulières ou non. Cette thèse s'oppose également à l'anti-essentialisme de Goodman, pour lequel les œuvres d'art n'ont finalement pas de nature propre. Selon Goodman, les œuvres seraient simplement des symboles dans un système constructionnel dont la projection sur une réalité permet de comprendre le fonctionnement référentiel du système. Goodman adopte donc une solution à la fois constructionniste et *conventionnaliste* dans laquelle les choses n'ont pas de nature propre, mais seulement un statut dans un système de reconstruction des apparences. On rejettera aussi la solution fonctionnaliste extrême de Zemach.

Ici, la préférence ira à une solution *descriptiviste* pour laquelle il y a bien une nature des choses, en l'occurrence une nature des œuvres d'art. Une exécution de la *Neuvième Symphonie* n'est pas l'instanciation d'un type universel ou particulier à tel moment et à tel endroit, contrairement à ce que suggère un platoniste. *Les Tournesols* ne sont pas l'instanciation d'un type qui pourrait le cas échéant avoir d'autres instanciations, et n'en a pas pour de simples raisons techniques d'insuffisance des modes de reproduction, ce que dit pourtant un nominaliste extrême comme Zemach. L'objet physique qu'est une exécution musicale ou un tableau

1. N. Wolterstorff, « Towards an Ontology of Art » (1975), *in* J.W. Bender and H.G. Blocker, *Contemporary Philosophy of Art, Readings in Analytic Aesthetics*, Englewood Cliff, Prentice Hall, 1993.

2. G. Currie, *An Ontology of Art*, London, Macmillan, 1989.

3. J. Margolis, « La spécificité ontologique des œuvres d'art », dans D. Lories, *Philosophie analytique et esthétique*, textes rassemblés et traduits par D. Lories, Paris, Méridiens Klincksieck, 1988.

4. J. Levinson, *L'art, la musique et l'histoire*, trad. fr. J.-P. Cometti et R. Pouivet, Paris, Édition de l'éclat, 1998.

5. N. Goodman, *Langages de l'art*, trad. fr. J. Morizot, Nîmes, J. Chambon, 1990.

6. E. Zemach, *Types, Essays in Metaphysics*, Leiden, E.J. Brill, 1992 ; *La beauté réelle. Une défense du réalisme esthétique*, trad. fr. S. Réhault, Rennes, Presses Universitaires de Rennes, 2005.

est une entité possédant une certaine *manière d'être* propre à cet objet, une manière d'être d'œuvre d'art. Dans le cas de l'œuvre musicale, cette manière d'être est partageable avec d'autres objets. On a alors différentes exécutions de la *même* œuvre. Dans le cas d'un tableau, cette manière d'être est *singulière*. L'immanentisme rejette l'existence de types, d'entités abstraites, d'essences *per se*. Pour autant, il rejette aussi les solutions nominalistes (ou super-nominalistes) mettant en question l'idée d'une nature propre des œuvres d'art.

L'immanentisme proposé est aussi un monisme ontologique en esthétique. Les œuvres musicales (multiplement instanciables) et les œuvres picturales (singulières) n'appartiennent pas à deux catégories ontologiques distinctes.

d) Pourquoi exposer la thèse immanentiste dans le chapitre III, flanqué d'un chapitre sur le platonisme esthétique et d'un autre sur le nominalisme esthétique ? Pour deux raisons principales. Premièrement, la thèse immanentiste ne se trouve pas couramment défendue pour elle-même en ontologie de l'œuvre d'art. Or, elle apparaît comme une solution médiane qu'il convient, semble-t-il, de présenter pour elle-même et non simplement comme un instrument critique des thèses platonistes et nominalistes. Deuxièmement, les mérites et les limites de la thèse immanentiste ne peuvent bien sûr apparaître que comparés à ceux des autres thèses. Pour l'instant, mettons l'accent sur les limites. La thèse de Levinson résout aisément le problème des œuvres musicales non encore exécutées. C'est certes moins aisé si vous soutenez que l'œuvre musicale est une exécution particulière et non une structure sonore abstraite à laquelle on adjoint des conditions d'instanciation. Autre exemple, Zemach résout fort bien le problème de savoir pourquoi les reproductions de tableaux nous sont devenues indispensables, à tel point qu'elles constituent notre mode de rapport habituel à ces œuvres. Pour résoudre ce problème, Zemach propose une ontologie dans laquelle les reproductions *sont* l'œuvre. En ce sens, un tableau a de multiples occurrences. Le particularisme ne peut accepter cette affirmation, mais il doit alors rendre compte autrement du statut des reproductions. Le peut-il ?

Ainsi, on cherchera moins à affirmer la supériorité de la thèse immanentiste qu'à présenter les mérites et les limites de chacune des positions ontologiques présentées.

contre le mentalisme

Avant de développer l'analyse des différentes positions ontologiques sur la nature des œuvres d'art, il est nécessaire d'écarter une thèse dont il n'a pas été question dans les remarques précédentes. C'est celle de la nature *mentale* de l'œuvre d'art. Les œuvres seraient des entités mentales existant d'abord dans les esprits ou les imaginations des artistes. Cette thèse a été soutenue par Croce[1] ou Collingwood[2] et c'est aussi, pour autant qu'elle soit intelligible, celle de Sartre[3]. Qu'on ait pu soutenir une telle thèse est vraisemblablement une conséquence de l'idéalisme de la philosophie moderne depuis Descartes, et de l'usage qu'elle a fait des notions d'idée et de représentation mentale. On peut se contenter ici de montrer que cette thèse, en tant que telle, est difficilement acceptable, sans entrer dans la question de savoir quelle est exactement son origine philosophique[4].

La théorie mentaliste consiste à soutenir que l'œuvre d'art est un objet idéal existant (au moins initialement, mais même aussi définitivement) dans l'esprit de l'artiste[5].

> Quand un homme fait un air, il peut en même temps le fredonner, le chanter ou le jouer sur un instrument, et souvent il le fait. Il peut ne faire rien de cela, mais l'écrire sur du papier. Ou bien, il peut à la fois le fredonner ou faire quelque chose de ce genre, et aussi l'écrire sur du papier, en même temps ou par la suite. Cela peut se passer en public, de telle façon que l'air, dès son origine, devienne une propriété publique [...]. Mais toutes ces choses sont des à-côtés de l'œuvre réelle, même si certaines d'entre elles sont des à-côtés très vraisemblablement utiles. La fabrication réelle de l'air est quelque chose qui se passe dans sa tête et nulle part ailleurs[6].

1. B. Croce, *Aesthetic : As Science of Expression and General Linguistic*, trad. D. Ainslie, New York, Noonday Press, 1956.
2. R.G. Collingwood, *The Principles of Art*, Oxford, Oxford UP, 1938.
3. J.-P. Sartre, *L'imaginaire*, Paris, Gallimard, 1940.
4. Dans un livre consacré à saint Thomas et Wittgenstein (R. Pouivet, *Après Wittgenstein, saint Thomas*, Paris, P.U.F., 1997), j'ai essayé de montrer pourquoi le mentalisme, la thèse selon laquelle la signification de nos pensées consiste en états mentaux individuels et privés auxquels chaque individu a accès, est une *mauvaise* philosophie de l'esprit. Ici, la critique ne porte que sur les aspects ontologiques d'une telle thèse, dans le domaine de l'esthétique.
5. Voir H. Khatchadourian, *Music, Film, and Art*, New York, Gordon and Breach, 1985, chap. 1.
6. R.G. Collingwood, *The Principles of Art*, p. 134.

> Les bruits faits par les exécutants, et entendus par le public, ne sont pas du tout la musique; ce sont seulement les moyens grâce auxquels le public, s'il écoute intelligemment (et pas autrement), peut reconstruire pour lui-même l'air imaginaire qui a existé dans la tête du compositeur[1].

Cet objet est reconstruit par le public à partir de l'*enregistrement* sensible de cet objet idéal. Cet *enregistrement* n'est jamais que partial et imparfait. L'œuvre d'art est donc bien mentale, car l'objet auquel on a affaire dans une expérience esthétique n'est qu'un médium de l'œuvre. L'œuvre d'art est une entité purement idéale qui, dans le meilleur des cas, est transmise d'un esprit à l'autre *via* autre chose. « L'image peinte n'est pas l'œuvre d'art au sens propre de cette phrase »[2], dit Collingwood.

Si cette thèse est correcte, la nature d'une œuvre d'art est d'être un objet *privé*. La reconstruction dans l'esprit d'une autre personne que l'artiste ne peut garantir son identité. Ainsi, à prendre au sérieux la thèse mentaliste, nous ne pourrions pas vraiment entendre une œuvre de Mozart ou voir un tableau de Cézanne. Les œuvres disparaîtraient avec leur créateur, voire avec l'attention que leur créateur leur porte. L'œuvre est finalement une entité mentale pour une expérience introspective. À supposer qu'il y ait un moyen de s'assurer de leur identité en tant que choses mentales privées, les œuvres auraient une existence intermittente : la *Cinquième Symphonie* aurait existé chaque fois que Beethoven y aurait pensé. La thèse mentaliste fait finalement des œuvres des entités quasiment inaccessibles à tout autre que leur créateur, puisqu'elles sont strictement mentales[3].

Une autre difficulté ne concerne plus la relation d'accessibilité à l'œuvre, mais son statut ontologique au sens strict, *ce qu'elle est*. Si l'œuvre d'art est chose mentale, rien dans l'œuvre n'en fait une œuvre musicale, plastique, littéraire ou autre. Le medium est à ce point extérieur qu'il en devient inessentiel. Une œuvre d'art n'est pas une œuvre d'un art.

Cependant, il ne faut pas confondre la thèse mentaliste avec celle selon laquelle les œuvres d'art ont un contenu intentionnel, la thèse qu'elles « veulent dire quelque chose ». Cette dernière thèse ne présuppose ni n'entraîne la thèse mentaliste. Dire que les œuvres d'art ont un contenu

1. R.G. Collingwood, *The Principles of Art*, p. 139.

2. *Ibid*., p. 305.

3. Voir R. Ingarden (*Qu'est-ce qu'une œuvre musicale?*, trad. fr. D. Smoje, Paris, Bourgois, 1989, chap. II) pour une critique phénoménologique de la thèse mentaliste dans le domaine de l'esthétique musicale.

intentionnel, qu'on accepte ou non de considérer ce contenu comme détachable de l'œuvre et comme possédant une certaine indépendance à son égard, ne signifie pas que l'œuvre d'art soit mentale. Elle repose seulement sur l'idée que les œuvres d'art ont un sens. Ce sens doit être appréhendé dans une compréhension correcte des œuvres. Cette thèse peut prendre des formes très variées, par exemple celle, hégélienne, selon laquelle l'art est la manifestation sensible de l'Idée[1]. C'est une thèse qui ne relève pas de l'ontologie de l'œuvre d'art, mais de la théorie de la signification ou de l'interprétation. Même si elle est discutable, ce n'est pas pour les mêmes raisons que la thèse mentaliste, mais vraisemblablement parce qu'elle suppose une métaphysique elle-même discutable[2].

Notons également que la thèse mentaliste serait finalement très largement réfractaire à l'idée d'une *ontologie* de l'œuvre d'art. En effet, si toute œuvre d'art est chose mentale, il n'est plus nécessaire de s'interroger sur son statut ontologique propre. Ce statut est emprunté. C'est celui des pensées, des sentiments ou des affects, c'est-à-dire des états mentaux. L'ontologie de l'œuvre d'art est l'investigation du statut ontologique propre des œuvres d'art. Elle ne saurait partir du principe que ce statut est commun à toutes les œuvres d'art; si ce statut s'avérait commun, d'autres différences ontologiques entre les arts pourraient avoir une pertinence ontologique. Dans la perspective mentaliste, l'ontologie de l'œuvre d'art, comprise de cette façon, n'a plus aucune raison d'être. De la même façon que l'idéalisme métaphysique de la philosophie moderne aura systématiquement contesté l'idée que les objets du monde sont réellement indépendants de l'esprit qui les pense, le mentalisme esthétique conduit à un résultat comparable. Les œuvres d'art ne sont plus des artefacts qu'une ou des personnes produisent, ce sont des entités mentales, en soi *inséparables* des personnes qui les pensent. Si les mentalistes ont raison, alors une ontologie de l'œuvre d'art serait vaine. C'est parce qu'ils ont tort qu'on ne saurait invalider sur des bases idéalistes l'idée d'une ontologie de l'œuvre d'art. Au moins les arguments précédents encouragent cette conclusion.

1. Hegel, *Esthétique*, trad. fr. S. Jankélévitch, Paris, Aubier-Montaigne, 1964.
2. Voir sa discussion par J.-M. Schaeffer, *L'art de l'âge moderne*, Paris, Gallimard, 1992, chap. III.

chapitre 2
le platonisme esthétique

l'instanciation

Nicholas Wolterstorff pose deux questions fondamentales pour l'ontologie de l'œuvre d'art : « Quelle sorte d'entité est une symphonie ? Un ballet ? Une impression graphique artistique ? Une sculpture ? Un poème ? Un film ? Une peinture ? Les œuvres d'art ont-elles fondamentalement toutes le même statut ontologique ? ». L'œuvre musicale et son exécution ne partagent pas toutes leurs propriétés (esthétiques ou non). Deux exécutions sont deux choses différentes et ne peuvent pas être identiques à une seule chose. « La plupart des œuvres exécutables, si ce n'est toutes, sont des universaux, en ce qu'elles peuvent être multiplement exécutées »[1]. Les exécutions sont des occurrences ou des événements. Elles ont des propriétés spatio-temporelles, des parties temporelles. Les œuvres exécutables ne sont pas des occurrences (événements).

1. N. Wolterstorff, « Towards an Ontology of Art » (1975), *in* J. W. Bender and H. G. Glocker (ed.), *Contemporary Philosophy of Art*, Englewood Cliffs, Prentice Hall, 1993, p. 322 et 323.

Le modèle ontologique proposé par Wolterstorff semble surtout adapté aux œuvres musicales. Mais il l'exporte à des œuvres qui ne supposent pas une exécution. Il l'applique ainsi aux arts d'impressions graphiques (gravure), à la sculpture par moulage, aux constructions à partir d'un ensemble de spécifications architecturales. Les impressions, moulages ou les exemplaires sont des objets d'œuvres-objets. On obtient ainsi l'analogie suivante : les exécutions sont aux œuvres exécutables (musicales, par exemple) ce que les impressions, les moulages ou les exemplaires sont aux œuvres-objets (des gravures ou des sculptures moulées, par exemple). Le problème crucial est celui du statut ontologique des œuvres-objets, car celui des objets de ces œuvres est clair : ce sont des objets *physiques.*

Qu'en est-il des œuvres littéraires, films et peintures ? L'œuvre littéraire est une œuvre-objet si on fait la distinction entre l'exemplaire imprimé et ce dont c'est un exemplaire. C'est une œuvre exécutable si on distingue l'événement qu'est sa lecture (ou simplement son énonciation) et l'œuvre exécutée. Pour autant, la simple lecture à haute voix ou une récitation du script d'une pièce (de théâtre) n'est pas une exécution de cette pièce. « Un exemplaire imprimé du texte d'une pièce de théâtre n'est pas un exemplaire de la pièce, mais un ensemble d'instructions pour des exécutions correctes de cette pièce »[1]. Comme une œuvre littéraire, un film peut être considéré comme une œuvre-objet ou comme une œuvre exécutable[2].

« Pour les peintures, il semble que ni la distinction objet/œuvre-objet, ni la distinction exécution/œuvre exécutée ne s'applique »[3]. Une peinture est un objet physique. Sa reproduction n'a pas le statut d'impression, c'est-à-dire d'objet de l'œuvre-objet. Ainsi, les distinctions exécution/œuvre exécutable et objet/œuvre d'art ne s'appliquent pas à tous les arts. La peinture semble mise à part, tout comme les improvisations musicales *totales*.

Le modèle choisi par Wolterstorff est celui de la *multiplicité des instances.* Certes, Wolterstorff accepte la thèse de la dualité entre des genres d'œuvres, instanciables ou non (multiples ou singulières). Mais toute

1. N. Wolterstorff, « Towards an Ontology of Art » (1975), p. 325.

2. Je laisse ici de côté des remarques de Wolterstorff qui commentent, voire nuancent, certaines de ces affirmations. Mon but est de donner les indications fondamentales grâce auxquelles peut apparaître le plus clairement possible la doctrine ontologique qu'il propose.

3. N. Wolterstorff, « Towards an Ontology of Art » (1975), p. 325.

son ontologie de l'œuvre d'art est dominée par le modèle de la multiplicité des instances. Il tend ainsi vers un monisme ontologique, même s'il en voit les limites quand il s'agit de la peinture. Dès lors, le statut ontologique de la peinture (et de la singularité) est négatif : une peinture est *non* instanciable, elle n'est pas *positivement* unique. D'autres philosophes préféreront adopter la thèse que *même* la peinture est instanciable, préservant ainsi le monisme ontologique. Ce sera le cas d'un platoniste comme Currie[1] ou de Zemach[2]. Le maintien du dualisme dans « Towards an Ontology of Art Works » (Wolterstorff) est un compromis avec le sens commun. Mais un tel compromis est-il vraiment compatible avec l'esprit de l'ontologie que l'article défend ?

les œuvres d'art comme espèces

« La proposition que je veux faire, c'est que les œuvres exécutables et les œuvres-objets sont des *espèces* (*types*, *sortes*) – des espèces dont les exemplaires sont les exécutions ou les objets de ces œuvres », dit Wolterstorff[3]. Comme l'espèce Homme, l'espèce qu'est une œuvre peut avoir d'autres instances. De même que l'espèce Licorne et l'espèce Hippogriffe sont bien distinctes ; deux œuvres non instanciées le sont aussi. Ainsi, les œuvres d'art, comprises comme des espèces, sont *étroitement similaires* à des espèces *naturelles*[4]. L'espèce est une norme de ce que c'est d'être un exemplaire de l'espèce. L'espèce Grizzli dit ce que c'est d'être un Grizzli, quand bien même il pourrait y avoir un grizzli mal formé (par exemple, un grizzli muet n'émettant aucun grognement). Comme espèce, l'œuvre d'art est alors une norme de ce qui fait d'une chose un exemplaire de l'espèce en question.

La notion d'espèce dépend de celle de norme (de ce qu'une chose doit être pour être d'une espèce), et ainsi de celle d'exemplaire *correct* de cette espèce. Cependant, cette notion de correction n'est pas si simple. Un

1. G. Currie, *An Ontology of Art*.
2. E. Zemach, *Types, Essays in Metaphysics*, chap. 10.
3. N. Wolterstorff, « Towards an Ontology of Art » (1975), p. 329. Voir J. Dodd (*Works of Music : An Essay in Ontology*, Oxford, Clarendon Press, 2007), qui repend cette thèse, sans beaucoup lui ajouter à part des complications inutiles.
4. Cette thèse ne doit pas être confondue avec celle selon laquelle il y a une espèce des œuvres d'art, c'est-à-dire une *sorte* d'objets artefactuels artistiques (défendue dans le chap. III). La première n'implique pas l'autre, ni ne l'interdit.

exemplaire incorrect d'une œuvre musicale *O* ne doit-il pas pour en être *un* exemplaire *incorrect* en être un *exemplaire* ? On peut bien être tenté par une formule comme : « Une œuvre musicale *O* est identique à une espèce dont les exemplaires sont des occurrences des membres de l'ensemble des séquences sonores dont les exécutions de *O* sont des occurrences »[1]. Mais qu'en est-il si la séquence sonore a été produite de façon non intentionnelle par un singe tapant sur les touches d'un piano ? Une exécution n'est pas seulement l'occurrence d'une certaine séquence sonore, mais c'est une occurrence produite par une activité d'exécution.

Exécuter une (occurrence d') œuvre musicale est un acte intentionnel. Selon Wolterstorff, le simple respect de la partition, s'il y en a une, n'est que rarement une condition suffisante de l'exécution d'une œuvre. La partition, dit-il, fournit des *spécifications* pour produire des exemplaires de l'œuvre, mais pas toutes. Certaines sont suggérées par le style de l'œuvre et la tradition dans laquelle elle s'insère. L'exécutant doit donc *vouloir* produire un exemplaire correct de l'œuvre ; il ne peut pour cela se contenter de suivre les spécifications de la partition. C'est aussi pourquoi il est possible que l'œuvre soit correctement exemplifiée avant même d'être écrite. C'est encore pourquoi il peut y avoir une exécution correcte indépendamment de toute partition. Il y a donc une *connaissance* requise pour une exécution correcte (voire incorrecte jusqu'à une limite indéfinie) d'une œuvre.

Une œuvre musicale est-elle alors 1) une sorte déterminée d'occurrences de séquence sonore ou 2) une certaine sorte d'exécutions ? (1) semble rendre possible d'étranges situations ; qu'on écoute une œuvre alors que personne ne l'exécute ou qu'on exécute une autre œuvre *O'* ; qu'on entende de multiples œuvres en écoutant l'exécution d'une seule. (2) nous évite ces difficultés. Pour autant, Wolterstorff ne juge pas cela décisif pour préférer (2) à (1). Il reste indécis. Car (2) rend possible que les œuvres musicales existent avant d'être composées, c'est-à-dire avant que soit défini ce qui détermine leurs conditions d'exécution correcte. Composer une œuvre ne pourrait alors être considéré à coup sûr comme l'acte par lequel elle existe.

Si les œuvres consistaient uniquement en séquences sonores déterminées, elles seraient *intermittentes*. Gilson dit qu'« il est normal

1. N. Wolterstorff, « Towards an Ontology of Art » (1975), p. 331.

qu'entre deux de ses exécutions une œuvre musicale cesse d'exister »[1]. Pourtant, comment peut-on exister par intermittence ? Si l'identité est conservée, c'est que, d'une façon ou d'une autre, la chose existe *encore*. L'œuvre musicale *existe* entre ses exécutions puisque chaque exécution n'est pas celle d'une *nouvelle* œuvre.

Si maintenant, on accepte l'idée qu'il puisse y avoir des œuvres non exemplifiées, on aura la conséquence indésirable que les œuvres seront, en quelque sorte, « immortelles ». Aucune activité, ni de composition, puisque l'œuvre peut exister avant d'être composée, ni d'exécution, puisque l'œuvre peut n'être qu'exemplifiable, sans n'avoir jamais été exécutée ou ne l'être jamais, aucune activité donc ne sera à l'origine de l'œuvre. La création serait *seulement* la production d'une occurrence de l'œuvre (la première par exemple, mais même pas nécessairement). Créer, ce serait simplement sélectionner l'œuvre parmi des possibles.

On voit que les difficultés de la thèse des espèces-normes ne manquent pas.

le platonisme extrême

Wolterstorff recule devant les conséquences de sa propre thèse de l'œuvre comme espèce, c'est-à-dire, finalement, comme Forme, instanciée ou non, et ne dépendant pas vraiment, pour son existence, de cette instanciation (exemplification intentionnelle ou composition). Peter Kivy[2] n'a pas les mêmes réticences. Pour lui, « les avantages du platonisme en musique semblent être évidents, et les désavantages largement exagérés »[3]. Que les œuvres musicales soient éternelles n'est pas un problème pour Kivy. Créer et découvrir ne sont pas différentes activités. Après tout, une conception instrumentaliste des mathéma-tiques conduiraient à dire du théorème de Pythagore qu'il est une création. Elle ferait de ce théorème un simple instrument efficace de notre connaissance de l'espace. Et d'un autre côté, on pourrait dire de l'invention d'Edison que ce fut la *découverte* d'une façon pratique d'obtenir de la lumière à partir de l'électricité. Cette *façon* existait de

1. É. Gilson, *Peinture et réalité*, Paris, Vrin, 1972, p. 17.
2. P. Kivy, « Platonism in Music : A Kind of Defense », *Grazer Philosophische Studien*, 19, 1993.
3. P. Kivy, « Platonism in music : Another Kind of Defense », *American Philosophical Quarterly*, 24, 1987, p. 245.

toute éternité, c'était une entité platonicienne, bien avant qu'Edison ne l'exemplifie pour la première fois[1].

Kivy va fort loin dans la conception de l'œuvre d'art comme entité platonicienne. Cela ne lui semble pas incompatible avec l'idée que les œuvres, comme les théories scientifiques, dépendent d'un schème conceptuel. Ainsi, il n'est pas pas question de dire qu'un contemporain de Platon aurait pu découvrir les lois de Newton (qui au IVe siècle av. J.-C. n'étaient pas impossibles à découvrir, mais impossibles à penser), et pas plus d'affirmer que Beethoven aurait pu composer *L'Art de la fugue*. Kivy n'est pas troublé par l'argument de la découverte simultanée, selon lequel si les œuvres musicales étaient des découvertes, deux compositeurs pourraient découvrir la même au même moment. Il y a des découvertes partageables, alors que d'autres ne le sont pas. Ce dernier cas est celui des œuvres musicales. Le caractère foncièrement unique d'une œuvre encourage même à penser que seule une personnalité unique peut la découvrir.

La thèse de Wolterstorff, en faisant des œuvres des espèces-normes, laisse peu de moyens de mettre en question le platonisme outré en ontologie des œuvres d'art, celui que développe Peter Kivy. Dans la mesure où l'on conçoit les œuvres, non pas comme des entités singulières concrètes, mais comme des normes, grâce auxquelles on peut déterminer que telle occurrence est bien une occurrence de telle œuvre, leur statut ontologique devient relativement similaire à celui des Formes platoniciennes.

monisme

monisme abstrait

Pour Kivy, les œuvres de Picasso peuvent elles aussi être considérées comme des « découvertes » : « certains objets sont si uniques qu'ils ne peuvent seulement être découverts que par un unique individu »[2]. Il

1. Il y a eu une grande excitation autour de cette problématique dans les dernières années. Voir S. Predelli, « Against Musical Platonism », *British Journal of Aesthetics*, vol. 35, n° 4, 1995 ; « Musical Ontology and the Argument from Creation », *British Journal of Aesthetics*, vol. 41, n° 3, 2001) ; R. Howell, « Types, Initiated and Indicated », *British Journal of Aesthetics*, vol. 42, n° 2, 2000 ; B. Caplan and C. Matheson, « Can a Musical Work be Created ? », *British Journal of Aesthetics*, vol. 44, n° 2, 2004.

2. P. Kivy, « Platonism in music : Another Kind of Defense », p. 251.

suffirait de contester le dualisme en ontologie de l'œuvre d'art, c'est-à-dire la thèse selon laquelle il y a deux types d'œuvres, des œuvres multiplement instanciées et des œuvres singulières, pour que le modèle platonicien devienne général. C'est la thèse qu'on trouve chez Currie[1]. Elle avait déjà été suggérée par Strawson. Posant la question de savoir si les peintures et les sculptures sont ou non des particuliers, il répond :

> En un sens superficiel, oui : ces choses qu'achètent et vendent les marchands sont, en fait, des particuliers. Mais nous identifions ces choses avec les œuvres d'art elles-mêmes uniquement à cause des défauts empiriques de nos techniques de reproduction. Si ces défauts n'existaient pas, l'original d'une peinture n'aurait d'autre intérêt que celui possédé par le manuscrit original d'un poème. Différentes personnes pourraient voir exactement la même peinture à différents endroits au même moment, tout à fait comme différentes personnes peuvent entendre exactement le même quatuor à différents moments au même endroit[2].

Les raisons pour lesquelles spontanément nous tenons les œuvres picturales pour des entités particulières concrètes sont contingentes : nos capacités de reproduction *correcte*. Même si Strawson ne le dit pas de cette façon, ne doit-on pas comprendre qu'une peinture est une *entité universelle abstraite* ? Dès lors, il conviendrait de reconnaître la possibilité, suggérée par Kivy, inquiétante pour Wolterstorff, d'œuvres non instanciées, voire non instanciables (sans occurrence actuelle ni possible)[3]. Le monde esthétique est moins celui, sensible et concret, des occurrences, que celui abstrait et immatériel d'entités platoniciennes. Si Wolterstorff recule devant cette thèse, c'est qu'« il n'y a simplement aucun réquisit pour que quelque chose soit un exemplaire correct d'une certaine espèce dont *L'Odalisque* est le premier exemplaire »[4]. Les œuvres picturales ne seraient donc pas vraiment des espèces-normes. Mais Wolterstorff semble alors lui aussi tenir cette difficulté comme contingente. Dès lors, la nature des œuvres d'art est bien celle

1. G. Currie, *An Ontology of Art*.
2. P.F. Strawson, *Les individus, Essai de métaphysique descriptive*, p. 259.
3. Par bien des aspects, le platonisme *fort* (à la différence du platonisme *modéré*) consiste à soutenir qu'il y a des entités abstraites non actuellement exemplifiées (voire non exemplifiables). Pour une défense contemporaine de cette thèse, voir R. Chisholm, *A Realistic Theory of Categories, An Essay in Ontology*, Cambridge, Cambridge UP, 1997, particulièrement chap. 3.
4. N. Wolterstorff, « Towards an Ontology of Art » (1975), p. 336.

d'*universaux*, c'est-à-dire d'entités abstraites, instanciées ou non. Rien n'est moins nécessairement doté de propriétés sensibles que les œuvres d'art. Elles sont plutôt du même ordre que les nombres pour un platonicien, de pures entités intelligibles.

monisme heuristique

Currie pour sa part renonce complètement au dualisme en ontologie de l'œuvre d'art. Il considère qu'une œuvre d'art est un type d'action, c'est-à-dire d'actions particulières exécutées par des personnes particulières en des occasions particulières. Une œuvre n'est *jamais* un objet physique. Elle comprend deux éléments : une structure et une heuristique. « En littérature, la structure est une séquence de types de mots ; en musique, c'est une séquence de types de sons »[1], dit Currie. Dans le cas du peintre, la structure est un modèle (*pattern*) de formes colorées. L'heuristique est l'activité même du peintre, celle par laquelle il parvient à son résultat, une occurrence de la structure. Currie parvient ainsi, avec la notion d'heuristique, à changer le platonisme ontologique en esthétique. L'heuristique de l'œuvre « est déterminée par ces facteurs qui influencent l'artiste dans sa sélection de la structure de l'œuvre »[2]. Currie maintient le monisme, mais la notion d'heuristique particularise suffisamment l'œuvre d'art, comprise comme type d'action, pour que l'idée même d'une œuvre non instanciée, voire non instanciable, soit mise hors jeu.

Dans l'ontologie de Currie, les œuvres sont des entités universelles, du fait de leur structure, mais elles ne sont pas des entités abstraites, parce qu'on intègre à leur définition l'acte de la personne qui fait l'œuvre et un moment donné auquel elle le fait. Ainsi, l'universel en question correspond à un type d'événement[3], qu'on peut noter [x, *S*, *H*, D, t], avec *S* pour structure, *H* pour heuristique et D pour la relation (à trois places) *x découvre y via le chemin heuristique z*[4]. On peut remplacer x par le nom

1. G. Currie, *An Ontology of Art*, p. 78.

2. *Ibid.*, p. 71.

3. Currie s'inspire de la théorie des événements de Kim (*Supervenience and Mind*, Cambridge, Cambridge UP, 1993, chap. 3). Cependant, la distinction entre type d'événement et occurrence d'événement ne joue nullement chez Kim le rôle qu'elle joue chez Currie.

4. Le chemin heuristique d'une théorie scientifique, c'est la façon dont elle a été produite. Ainsi, l'illumination soudaine n'est pas un chemin heuristique couramment accepté pour une théorie scientifique. Deux théories empiriquement équivalentes (qui ont les mêmes conséquences observation-

d'un compositeur, d'un peintre, d'un sculpteur et t par celui d'un moment particulier.

L'intérêt de ce que propose Currie, c'est d'avoir une conception de l'œuvre d'art en termes d'événement instanciable et non d'entité universelle abstraite instanciable. Il évite ainsi les difficultés liées à la création possible de la même œuvre par deux artistes, contemporains ou non. En effet, « nous rendons possible qu'une œuvre soit multiplement composée, mais nous ne sommes pas excessivement libéraux s'agissant de ce qui comptera comme une composition de la même œuvre »[1]. Dans la mesure où le *chemin heuristique* est pris en compte, deux œuvres apparemment similaires seront en fait fort différentes si le chemin heuristique diffère. Il y a là une *contextualisation* qui permet d'éviter le caractère souvent très abstrait des ontologies platonistes. « Quand nous spécifions le chemin heuristique d'un compositeur pour parvenir à une structure sonore, nous spécifions les faits esthétiquement pertinents au sujet de ses actions quand il en vient à cette structure sonore »[2] – par exemple, l'influence de Liszt sur Brahms. Les conventions stylistiques, les genres, tout cela appartiendrait au chemin heuristique. Et cela vaudrait pour les arts plastiques – pensons à l'influence de Vélasquez sur Picasso dans le même modèle d'une ontologie des événements.

La théorie de Currie suppose cependant l'existence de types d'événements[3]. C'est ce qui en fait une théorie d'esprit platoniste. Mais, il accorde à l'instanciation (un artiste x au moment t) un rôle décisif. On évite ainsi les difficultés posées par les œuvres non instanciées et le recours à une sorte de monde « esthétique intelligible » où elles se trouveraient. Il reste à savoir si une ontologie correcte de l'œuvre d'art doit *nécessairement* postuler l'existence de types d'événements dont les œuvres produites sont des occurrences événementielles. On remarque en effet que si Currie a raison, jouer telle sonate de Bach revient à instancier une occurrence. On aura ainsi des occurrences d'occurrence.

nelles) peuvent pourtant être distinguées en termes de leur chemin heuristique (la façon dont on y est parvenu).

1. G. Currie, *An Ontology of Art*, p. 71.

2. *Ibid.*, p. 68.

3. Tout en acceptant une conception des œuvres d'art comme événement, David Davies rejette la notion de type d'événement. Voir Davies, *Art as Performance*, Oxford, Blackwell, 2004. Pour de multiples raisons (R. Pouivet, « Le statut de l'œuvre d'art comme événement chez David Davies », *Philosophiques*, vol. 32, n°1, 2005), cette théorie ne me semble pas acceptable.

Que dire encore du cas plus complexe de l'enregistrement dans lequel on aurait une occurrence (l'enregistrement) d'occurrence (l'exécution) d'occurrence (l'œuvre exécutée) ? L'enregistrement diffusé à la radio, par exemple, serait une occurrence supplémentaire placée en quatrième position. Ne devrait-on pas aussi considérer les occurrences comme des types, puisqu'il peut y en avoir des occurrences multiples (de multiples exécutions, de multiples enregistrements, de multiples diffusions) ?

On peut se demander si on ne se heurte pas à la principale difficulté des théories platonistes en ontologie de l'œuvre d'art (voire en ontologie générale). Si nous admettons le modèle platoniste de l'instanciation, celui que la tradition métaphysique a hérité de la Théorie des Formes, nous sommes inévitablement conduits à une stratification ontologique et à une multiplication des types. Tout objet sera toujours une instance d'un type d'objets et s'il est instancié il devient lui-même un type, etc.

Ces remarques n'invalident évidemment pas la remarquable théorie de Currie, ni même les ontologies d'esprit platoniste en général. On peut simplement se demander s'il est judicieux de s'engager dans des ontologies verticales qui conduisent finalement à hypostasier une entité instanciée par d'autres ? À supposer qu'on accepte un tel modèle métaphysique, est-il plausible que ce soit justement une ontologie de l'œuvre d'art, c'est-à-dire d'objets artefactuels, qui l'encourage ? Car, justement, dans le cas des artefacts, la notion d'une entité modèle instanciable, d'une structure entrant à titre de composante dans un type d'événements, comme chez Currie, semble particulièrement problématique. Au moins, la postulation de son existence ne doit-elle pas être différée tant que nous sommes pas assurés qu'il existe des solutions métaphysiques moins dispendieuses au problème du statut ontologique des artefacts en général et des œuvres d'art en particulier ? Le respect d'un principe d'économie ontologique encourage à chercher une autre solution.

dualisme

On peut caractériser la position ontologique de Levinson en disant qu'il développe un platonisme modéré. Qu'est-ce qui justifie une telle caractérisation ? 1) Il accepte l'idée selon laquelle certaines œuvres d'art sont des objets abstraits[1]. 2) Il accorde de l'importance à la notion de *création* et tend ainsi à éviter le défaut d'un platonisme fort : faire des œuvres des découvertes, et non des créations artistiques. 3) Il accepte le dualisme ontologique en matière d'esthétique, c'est-à-dire la thèse selon laquelle certaines œuvres d'art, les œuvres musicales par exemple, sont des objets abstraits, alors que d'autres (les peintures, principalement) sont des entités singulières (et donc non abstraites)[2].

Pour Levinson, certains arts plastiques sont manifestement *singuliers*, et d'autres sont *multiples.* « La singularité ou la multiplicité tient au fait qu'un seul objet physique individuel, ou au contraire plus d'un, compte ou peut compter comme exemplaire de l'œuvre d'art en question »[3]. La peinture est singulière; la gravure est multiple. Une peinture « n'est pas l'incorporation de quelque chose de plus abstrait »[4]. Cependant une gravure doit être distinguée d'un poème ou d'une sonate. La structure visuelle instanciée, dans le cas de la gravure, doit être elle-même physiquement réalisée, être une matrice. C'est une structure contenue dans une certaine forme première. Cette structure n'est pas *digitalisée*, ni digitalisable; elle ne peut être donnée dans une notation (du type de la notation musicale standard). On pourrait en dire autant de la photographie avant la numérisation et du rôle qu'y joue (jouait) le négatif. Les sculptures moulées, les gravures, les photographies, et toutes les œuvres assimilables à ce genre de production, ne sont donc pas des Formes platoniciennes. Elles n'en ont ni l'intemporalité, ni le caractère incréable, ni l'indestructibilité.

Une peinture n'est pas simplement un agglomérat de ses composants, mais de ses composants *en tant que* conditionnés et configurés de façon spécifique. Cela préserve l'idée même d'une structure de l'œuvre. La statue n'existe plus si elle est réduite à l'état de puzzle. Une statue ou une peinture n'est pas une somme de composants (somme méréologique). Mais pour autant, la structure n'est pas indépendante de l'objet physique, puisqu'elle ne survit pas à la destruction de l'objet. « Une peinture ou une sculpture qui est une œuvre d'art est un objet physique *intentionnel* ou *projeté*, un objet physique en tant qu'intentionnel ou

1. J. Levinson, *Music, Art and Metaphysics*, Ithaca, Cornell UP, 1990, p. 64.
2. Voir aussi Gilson (*Peinture et réalité*, p. 20) qui défend un dualisme de cet ordre.
3. J. Levinson, *The Pleasures of Aesthetic*, p. 131.
4. *Ibid.*

projeté pour une certaine considération ou un certain traitement »[1]. La nature de l'objet est tributaire de ce pourquoi il est fait. Levinson insiste à la fois sur le caractère physique des objets dont il est ici question, et sur le fait qu'ils possèdent des propriétés non physiques, comme d'avoir un titre (une composante verbale) ou des propriétés intentionnelles spécifiques.

les œuvres d'art comme types

types structurels

Levinson accepte la thèse dualiste de Wollheim[2]. Ainsi, ce qui vaut pour les peintures ou les sculptures ne vaut plus pour la musique ou la littérature. Comme lui, il utilise la distinction entre type et occurrence.

> Les objets physiques que l'on peut [...] considérer en désespoir de cause comme des œuvres d'art, lorsqu'il n'y a pas d'objets physiques pouvant de manière plausible être tenus pour tels, sont des *occurrences*. Autrement dit, *Ulysse* et *Le Chevalier à la rose* sont des types, et mon exemplaire d'*Ulysse* et la représentation de ce soir du *Chevalier à la rose* sont des occurrences de ces types. La question maintenant surgit : « Qu'est-ce qu'un type ? »[3].

À cette question, Levinson donne une réponse platoniste. Les œuvres musicales sont des types structurels. Mais, son platonisme est non seulement modéré par un dualisme qui accorde à certaines œuvres d'art le statut d'objets physiques, mais aussi par la satisfaction d'exigences comme la création des œuvres non physiques, et non leur découverte, et l'importance du contexte. Sa stratégie argumentative consiste à accepter la non physicalité des œuvres musicales, sans pour autant sous-estimer leur objectivité, c'est-à-dire leur inscription dans un contexte musico-esthétique, leurs propriétés sensibles, leur existence temporelle en tant qu'événements sonores. Le type, même s'il existe indépendamment de ses instances, ne sera jamais appréhendé que par ses instances.

1. J. Levinson, *The Pleasures of Aesthetic*, p. 135.
2. R. Wollheim, *L'Art et ses objets*, trad. fr. R. Crevier, Paris, Aubier, 1994, § 5.
3. *Ibid.*, p. 76.

contextes

Les œuvres d'art ne préexistent pas à l'activité compositionnelle[1]. Elles ne sont pas éternelles. Levinson est en cela fort éloigné des positions de Boèce qui par « musique » entendait la science mathématique des lois musicales dans le cadre d'une esthétique des proportions[2]. Au contraire, la composition est sensible aux contextes musico-historiques. Dès lors, même si deux compositeurs produisaient la même structure sonore, ils n'en composeraient pas moins deux œuvres musicales distinctes. C'est une application à la musique de l'argument de Borges dans son « Pierre Ménard, auteur du Quichotte »[3]. Borges imagine un certain Pierre Ménard qui, au début du XXe siècle, écrit une partie du *Quichotte*. Si le texte est le même, c'est une autre œuvre. Ménard, par exemple, possède un style archaïsant, pas Cervantès. La nouvelle de Borges finit par les mots suivants :

> Attribuer l'*Imitation de Jésus-Christ* à Louis-Ferdinand Céline ou à James Joyce, n'est-ce pas renouveler suffisamment les minces conseils spirituels de cet ouvrage[4].

Le contexte musico-historique dont parle Levinson comprend toute l'histoire culturelle, sociale et politique avant le moment où un compositeur crée une œuvre, c'est-à-dire toute l'histoire de la musique, les styles musicaux qui prévalent au moment de la création, les influences musicales dominantes à ce moment, les activités musicales des contemporains du compositeur lors de la création, le style apparent du compositeur, son répertoire musical, ce qu'il a déjà composé auparavant, les influences musicales qui opèrent sur lui. On peut alors imaginer un monde possible Q dans lequel un compositeur P a composé une œuvre O. Un autre compositeur P' a composé une œuvre O'. Même si les deux œuvres ont la même structure sonore S, il n'est pas vrai que $O = O'$. Pourquoi? Parce que $O \neq S$ et $O' \neq S$. En effet, O comprend S en tant qu'instanciée par P dans un contexte musico-historique, tandis que O' comprend S en tant qu'instanciée par P' dans un contexte musico-historique. Or $P \neq P'$. Si $O \neq S$ dans Q, alors quelle que soit l'œuvre dont il

1. J. Levinson, *L'art, la musique et l'histoire*, p. 46-50.
2. Voir U. Eco, *Art et beauté dans l'esthétique médiévale*, Paris, Le Livre de Poche, 2002, chap. III.
3. « Le problème de Borges » n'est ici qu'effleuré. Pour une réflexion développée voir Morizot, 1999.
4. J.L. Borges, *Fictions*, trad. fr. P. Verdoye, Ibarra et R. Caillois, Paris, Gallimard, 1965, p. 52.

s'agit, elle sera différente de sa structure sonore dans le monde actuel. Autrement dit « *O* » désigne *rigidement*, c'est-à-dire désigne la même chose dans tous les mondes possibles[1]. Donc, $O \neq S$ est *nécessairement* vrai puisque vrai dans *Q*. La conséquence de ce raisonnement est que l'instanciation de la même structure par deux compositeurs différents ne produit pas la même œuvre. Il n'existe pas de monde, actuel ou possible, dans lequel *P* et *P'* ont composé la même œuvre en instanciant la même structure sonore[2].

L'argument qui précède peut cependant être compris de deux façons. La première consisterait simplement à dire qu'une œuvre est sociologiquement fonction de son époque et de l'ancrage historique de son compositeur. Ce serait une thèse relativiste selon laquelle un objet *x* est défini par les relations externes qu'il entretient avec tous les objets qui l'environnent, et jamais indépendamment de cet environnement. Deux choses identiques (ici la même structure) dans deux environnements différents (ici les contextes de composition) ne sont pas la *même* chose, parce que leurs relations externes sont différentes. La formule suivante de Levinson encourage à comprendre ainsi l'argument :

> Les attributs esthétiques et artistiques d'une œuvre musicale sont en partie fonction du contexte musico-historique dans lequel le compositeur est situé quand il compose son œuvre, et ils doivent être appréciés en fonction de ce contexte[3].

Remarquons que même en ce cas, les propriétés relationnelles contextuelles sont des propriétés de la relation qu'entretient la structure sonore avec le compositeur.

La seconde façon de comprendre l'argument n'est pas relativiste. Le contexte musico-historique ne serait pas une contrainte externe qui s'exerce sur la composition de l'œuvre ; il en constituerait un élément individuant. L'œuvre n'est alors pas relative à son contexte, *dans* un contexte, mais le contexte est *dans* l'œuvre, qui le contient. Comme le

1. Voir Kripke, *La logique des noms propres (Naming and Necessity)*, trad. fr. P. Jacob et F. Récanati, Paris, Minuit, 1982, p. 36. La notion de désignateur rigide a été introduite dans une théorie de la signification pour laquelle la référence d'un nom propre (logique) n'est pas déterminée par une condition descriptive mais par une chaîne causale qui lie le nom et ce qu'il désigne.

2. Cet argument est proposé par Levinson dans *L'art, la musique et l'histoire*, p. 53, n. 17.

3. J. Levinson, *L'art, la musique et l'histoire*, p. 51.

remarque Levinson lui-même[1], l'argument suppose que les œuvres d'art possèdent *réellement* les attributs qu'elles semblent avoir quand elles sont correctement perçues ou considérées. Même si Levinson ne le dit pas ainsi, on pourrait considérer que la relation entre la structure sonore et le contexte musico-historique est *interne*; la relation entre la structure sonore et le contexte n'est pas accidentelle, mais essentielle. De même que ma main ne serait plus le même objet si elle n'était plus une partie de mon corps, l'œuvre ne serait plus la même si elle avait un autre contexte musico-historique. (Ou encore : une autre personne, similaire à moi mais avec d'autres parents, ne serait pas réellement moi.) L'argument de Levinson ne serait donc pas du tout relativiste même s'il est contextualiste.

Cette seconde façon de comprendre l'argument (me) paraît préférable, parce qu'il est alors indemne de tout relativisme socio-historique[2]. C'est alors un argument *strictement* ontologique.

En revanche, il n'y a pas d'hésitation possible au sujet du statut ontologique des moyens d'exécution de l'œuvre musicale, les instruments sur lesquels elle est jouée et les propriétés sonores de tels instruments que cela suppose. « L'instrumentation des œuvres musicales est une partie intégrante de ces œuvres », dit Levinson[3]. Rien dans les partitions ne suggère que les indications d'instrumentation sont facultatives, à la différence de celles de hauteur, de rythme ou de dynamique.

> Nous ne pouvons considérer quelque chose comme une exécution du *Quintette* op. 16 de Beethoven que si cela comporte la participation d'instruments pour lesquels l'œuvre a été écrite – ou, encore mieux, des instruments qui ont été écrits dans l'œuvre[4].

Levinson introduit la notion de « contenu esthétique d'une œuvre musicale » déterminé par sa structure sonore, son contexte musico-historique et « aussi en partie par les moyens réels de production choisis pour rendre la structure audible »[5].

1. J. Levinson, *L'art, la musique et l'histoire*, p. 52, n. 51.
2. Critiqué dans R. Pouivet, *Philosophie du rock : une ontologie des artefacts et des enregistrements*, Paris, P.U.F., 2010, chap. IV.
3. J. Levinson, *L'art, la musique et l'histoire*, p. 56.
4. *Ibid.*, p. 59.
5. *Ibid.*, p. 60.

types implicites et types initiés

Qu'est-ce alors qu'une œuvre musicale? Pour Levinson, c'est une structure comprenant la structure sonore proprement dite et les moyens d'exécution (S/ME), telle qu'un compositeur *X* indique cette structure (la fixe, la détermine) au moment *t*. L'œuvre est bien un type, mais un type non pas implicite mais initié. Un type *implicite* est une structure abstraite consistante (non contradictoire) : figures géométriques, séries de mouvements aux échecs, relations de parenté. Figures, séries ou relations entrent dans une structure générale de possibilités. S/ME est un type implicite. Une phrase est aussi une structure implicite. Un type *initié* suppose un acte intentionnel d'une espèce déterminée. L'énonciation d'une phrase est un type initié par *X* au moment *t*. La Skoda Octavia, la pièce de 2 euros bicolore, le hérisson sont des types initiés. Le type implicite de la Skoda Octavia existe depuis qu'on construit des voitures. Le type implicite de la pièce de monnaie existe depuis belle lurette, mais le type initié de la pièce de 2 euros bicolore est indiqué par l'autorité monétaire en charge dans les années 2000 en Europe. Le hérisson est lui-même initié par l'évolution naturelle à un certain moment, quand bien même le type implicite aurait préexisté[1]. Pour Levinson, « cela est vrai des poèmes, des pièces de théâtre, des romans – dont chacun est une entité plus individuelle et liée temporellement que la pure structure verbale qu'il incorpore »[2].

Remarquons que la formule selon laquelle l'œuvre musicale est une structure S/ME telle qu'elle est indiquée par *X* au moment *t* ne permet pas que quelqu'un d'autre que *X* ait composé l'œuvre. En revanche, une formule dans laquelle la structure S/ME serait indiquée par le contexte musico-historique lui-même ne l'empêcherait pas; cela rendrait le contexte non pas seulement *pertinent* mais *essentiel* pour la détermination ontologique de l'œuvre. On aboutit alors à la définition suivante :

> Une instance d'une œuvre musicale *O* est un événement sonore qui se conforme complètement aux moyens d'exécution de *O* et qui manifeste la

1. Dans ce dernier cas, certains pensent qu'il n'y a pas d'acte intentionnel à proprement parler. Un créationniste pense qu'il y a un acte intentionnel (divin).
2. J. Levinson, *L'art, la musique et l'histoire*, p. 67.

> connexion requise [principalement intentionnelle] avec l'activité indicative par laquelle le créateur *A* crée *O*[1].

Les instances forment un sous-ensemble de l'ensemble des exécutions d'une œuvre. Une exécution est un événement qui vise à instancier une œuvre et y réussit à un degré raisonnable. Mais toutes les exécutions de *O* ne sont pas des instances de *O*. Une exécution incorrecte (même si elle peut avoir des mérites esthétiques) n'est pas une instance de *O*, tout en étant une exécution (incorrecte pour une part) de *O*. Il y a donc des exécutions incorrectes de *O*, mais pas d'*instances* incorrectes de *O*. Cette distinction a le grand intérêt qu'une exécution esthétiquement réussie mais dans laquelle il y a une infime déviation par rapport à la partition, tout en n'étant pas au sens strict une instance de l'œuvre, n'en est pas moins une exécution de l'œuvre, voire une bonne exécution de l'œuvre.

platonisme et sens commun

Jerrold Levinson, dans son article « Ce qu'est une œuvre musicale »[2], ainsi que dans l'article « What a Musical Work is, Again »[3], a fourni une excellente formulation d'un platonisme modéré en ontologie de l'œuvre d'art. Son attention à l'égard des questions de contexte, d'exécution et de rapport entre instanciation et exécution permet d'éviter les conséquences pour le moins contre-intuitives (opposées au sens commun) que sont l'impossibilité de *créer* au sens strict des œuvres musicales et l'existence sempiternelle des œuvres. On pourrait certes répliquer que ce genre de conséquences n'aurait pas spécialement inquiété Boèce, que le sens commun ici en cause est celui du public romantique attaché à l'idée de création. C'est sans doute là que réside la différence entre le platonisme fort et le platonisme modéré. La modération de Levinson consiste à adapter subtilement le modèle platoniste aux exigences du sens commun plutôt qu'à proposer une ontologie réformiste (voire révolutionnaire) qui mette en question nos intuitions et vise à les rectifier.

1. J. Levinson, *L'art, la musique et l'histoire*, p. 72.
2. J. Levinson, *L'art, la musique et l'histoire*.
3. J. Levinson, *Music, Art and Metaphysics*.

l'incorporation

Grâce à l'importance qu'il accorde au contexte et aux moyens d'exécution, Levinson désamorce bien des critiques qu'on peut faire au platonisme extrême de Kivy ou au platonisme sophistiqué de Currie. Mais il reste que l'œuvre musicale est pour lui une entité abstraite. On trouverait une démarche équivalente à celle de Levinson chez Margolis[1]. Pour lui, les œuvres d'art sont des *particuliers*, certes, mais des particuliers *abstraits*. Il est possible d'instancier des particuliers (d'une certaine sorte ou de certaines sortes) aussi bien que d'instancier des universaux ou des propriétés. Mais la référence à une œuvre comme type n'est possible que moyennant une référence à une occurrence. Levinson dit que « les œuvres musicales [...] *peuvent* être entendues dans ou par l'intermédiaire de leurs exécutions »[2]. Margolis soutient une thèse similaire en utilisant le couple type/occurrence.

Les œuvres d'art (occurrentes) sont *incorporées* dans des objets physiques, mais ne sont pas (n'y sont pas) identiques à eux. Un particulier peut incorporer un particulier (être une occurrence d'un particulier abstrait) ou être incorporé dans un particulier (être un type instancié). Mais les deux particuliers, incorporant et incorporé, ne sont pas identiques à des objets physiques. Cette thèse est développée par Margolis à propos de la gravure, alors que Levinson considère la gravure comme un objet physique, même si elle est un art à réalisation multiple à partir d'une matrice (qui est un objet physique). Mais il n'est pas sûr que le désaccord sur le statut ontologique de la gravure soit ici décisif.

L'idée de particulier abstrait incorporé et celle de l'œuvre d'art comme structure et moyens d'exécution tels qu'ils sont indiqués par *X* en *t* sont apparentées. N'est-il pas possible alors d'opposer à Levinson et à Margolis les deux critiques suivantes ? La première met en question, à partir de Margolis, le dualisme de Levinson. La seconde met en question la thèse de Margolis.

1) Pourquoi ne pas considérer les peintures comme des particuliers abstraits ? Certes, il n'y a pas de moyens d'exécution dans le cas d'un art à une seule étape, comme la peinture, et à la différence de la musique. Mais il y a un contexte picturo-historique, comme il y a un contexte

1. J. Margolis, « La spécificité ontologique des œuvres d'art ».

2. J. Levinson, *L'art, la musique et l'histoire*, p. 73.

musico-historique. On pourrait alors tenir tel tableau comme l'incorporation dans un particulier (occurrence) d'un autre particulier (type). Le particulier incorporé a bien dans ce cas des propriétés que le particulier incorporant ne peut pas avoir, par exemple toutes les propriétés intentionnelles de ce que signifie la peinture. Il y aurait encore des différences entre la musique et la peinture, sans aucun doute, mais ce serait plutôt celles entre des arts à une étape et sans notation (peinture) et des arts à deux étapes avec notation standard (musique). Il reste qu'on ne pourrait plus parler de dualisme ontologique (esthétique, bien sûr), mais seulement d'une différence de mode de présentation de l'occurrence (par exposition ou par exécution) et de fonctionnement (analogique ou digital) des systèmes symboliques sous-jacents[1]. Ainsi, en réinterprétant Levinson dans le vocabulaire de Margolis, ne peut-on pas mettre en question le dualisme de Levinson en esthétique ?

2) Margolis dit que « l'existence des particuliers incorporés suppose celle des particuliers incorporants »[2]. Si c'est vraiment le cas, nous n'avons plus vraiment de raison de considérer qu'il y a deux entités *distinctes* (l'œuvre musicale et son exécution, l'œuvre picturale et son instanciation) dont l'une peut avoir des propriétés que l'autre n'a pas (d'être non physique, par exemple). Si ce qui est incorporé n'a pas une existence indépendante de ce qui l'incorpore, alors il en est soit une propriété (à la condition d'avoir une conception non réaliste des propriétés), soit une partie insécable (ma main n'est plus *ma* main si elle est détachée de moi et n'est *ma* main qu'au bout de *mon* bras). On peut même se demander s'il est vraiment acceptable de dire que ce qui est incorporé ne peut exister indépendamment de ce qui est incorporant, si la relation d'incorporation doit être prise au sérieux. Car, en général, si X incorpore Y, il existe indépendamment de Y et n'en suppose pas l'existence.

Il est alors tentant de renoncer à la thèse Margolis, c'est-à-dire à l'idée selon laquelle les œuvres d'art sont incorporées dans des objets physiques. Elle paraît même inutile à ce que Margolis semble vouloir soutenir. Si ce qui est incorporé n'a pas d'existence indépendante de ce qui l'incorpore, n'est-il pas plus simple de dire que les œuvres *sont* des

1. N. Goodman, *Langages de l'art*, chap. IV et « L'art en action » trad. fr. J.-P. Cometti dans *Esthétique contemporaine*, J.-P. Cometti, J. Morizot, R. Pouivet (dir.), Paris, Vrin, 2005.

2. J. Margolis, « La spécificité ontologique des œuvres d'art », p. 216.

objets physiques, des particuliers concrets, et non des particuliers abstraits. Ce que Margolis prend pour l'œuvre, distincte mais ontologiquement dépendante de l'objet physique, ne serait-ce pas plutôt le mode d'existence de l'objet, et non un particulier abstrait incorporé dans une occurrence ? D'une façon générale, pourquoi traiter le *mode d'existence* de l'objet comme séparable de l'objet, pourquoi en faire une entité *incorporée* dans l'objet ? On peut dire d'un objet qu'il est une œuvre d'art, mais cela ne veut pas dire que l'œuvre d'art est *dans* un objet au sens où il l'incorporerait. L'objet existe *en tant qu'*œuvre d'art, mais l'objet ne l'incorpore pas. Cette possibilité est sous-estimée par Margolis, et les platonistes en général. Ne vaut-elle pas la peine d'être considérée ?

chapitre 3
une conception immanentiste des œuvres d'art

Les universaux n'ont pas d'existence réelle. Quand nous leur accordons l'existence, ce n'est pas une existence à un moment ou en un lieu, mais l'existence en un certain sujet, et cette existence ne signifie rien de plus que, pour eux, d'être vraiment des attributs d'un tel sujet. Leur existence n'est rien d'autre que la prédicabilité, ou la capacité d'être attribué à un sujet. Le nom de prédicables, qu'on leur a donné dans l'ancienne philosophie, est ce qui exprime le plus correctement leur nature.

Thomas Reid (1785)[1]

1. T. Reid, *Inquiry and Essays*, Indianapolis, Hackett, 1983, p. 245.

l'œuvre d'art comme manière d'être

manière d'être et mode de fonctionnement

Dans les *Catégories*[1], Aristote montre que la substance première – l'étant individuel concret, ceci – seul existe. Tout autre chose est soit dans la substance, au sens où la substance le réalise, soit dite d'elle. Elle seule existe au sens strict, car elle seule n'est ni dans quelque chose d'autre, ni dite de quelque chose d'autre. Homme est dit de Socrate, blanc est dit de Socrate, la grammaire est dans Socrate, mais Socrate n'est dit de rien et n'est dans (ou n'est réalisé par) rien.

Dans son ontologie de l'œuvre d'art, Levinson insiste sur l'importance des modes d'instanciation (indication par *X* au moment *t*, contexte musico-historique et moyens d'exécution). Pour lui, il y a quelque chose d'instancié et une certaine indépendance de cette chose instanciée à l'égard de son instanciation. À le suivre, la thèse selon laquelle l'œuvre musicale est un objet abstrait serait correcte. Son platonisme est modéré. Il ne dit pas qu'il y a deux mondes, intelligible et sensible, mais que les œuvres sont des entités abstraites instanciées[2]. Ce qu'un aristotélicien ne saurait admettre. Rien n'existe en tant qu'universel. Les universaux sont toujours des entités dites de choses qui, elles, existent. En quelque manière, l'existence des universaux est empruntée aux choses particulières. Au sens strict, les particuliers sont les seuls étants. Les universaux sont des substances secondaires (ou secondes), des *manières d'être* des étants[3].

Dans cet esprit aristotélicien, Armstrong refuse de *substantialiser* les universaux, quand bien même il accepte de les considérer comme existants[4]. On évitera ainsi de considérer les types comme des choses à

1. Aristote, *Des Catégories*, chap. 2, trad. fr. Y. Pelletier sous le titre *Les Attributions*, Montréal, Bellarmin, 1983.

2. Pour une caractérisation en ontologie générale de cette position, voir M.J. Loux, *Metaphysics, A Contemporary Introduction*, Londres, Routledge, 1998, p. 48.

3. Cette notion de manière d'être se trouve cependant dans un article de Levinson, « Properties and Related Entities », *Philosophy and Phenomenological Research*, vol. 39, sept., 1978. Il dit ainsi : « Il est naturel de penser les propriétés ou les étants-d'une certaine façon comme contenant des manières d'être (*ways of being*) comme composants : la différence entre un étant-d'une certaine façon et un autre, ce sont les différentes manières d'être qu'ils comprennent » (p. 1). Si je dis que les universaux sont des manières d'être des étants, je ne souscris pas à l'idée que les manières d'être sont des composants des propriétés.

4. D. Amstrong, *A World of State of Affairs*, Cambridge, Cambridge UP, 1997, p. 30

part dont le mode d'instanciation serait problématique. N'a-t-on pas alors contourné le problème de Margolis, avec sa solution de l'incorporation, ou celui de Levinson, avec sa solution de l'indication par *X* au moment *t* de la structure S/ME ? Car incorporer ou indiquer revient à introduire une *relation* entre ce qui est instancié (type, universel) et ce qui instancie. Qu'un particulier concret instancie un particulier abstrait éviterait certes la postulation d'universaux en tant que tels, mais ne change rien à l'affaire. Il doit encore y avoir une *relation* si les deux ont des existences *distinctes* (comme semble le penser Margolis). Or, pour Armstrong, cette relation devrait elle-même être conçue comme substantielle. Cela conduirait inévitablement à une régression à l'infini puisque la relation, substantialisée, doit elle-même être une instance d'un universel, etc.[1]. C'est exactement ce que la solution aristotélicienne cherche à éviter. Les universaux sont des manières d'être des choses (ou des manières dont les choses sont les unes à l'égard des autres, s'il s'agit de relations). Les manières d'être n'entretiennent aucune *relation* avec les choses dont elles sont les manières d'être. Armstrong parle alors d'un « lien non relationnel »[2] entre les choses et leurs manières d'être.

On pourrait objecter que parler de *lien non relationnel*, c'est résoudre la difficulté à bon compte. La suite de ce chapitre tente de justifier cette position ontologique, au moins dans le cas des œuvres d'art. Un lien non relationnel est un *nexus*, une connexion plus étroite qu'une relation, comme le suggère Armstrong[3]. Ce lien non relationnel encourage à parler d'une conception immanentiste de l'œuvre d'art (i). On montrera aussi que cette conception immanentiste est moniste (ii).

(i) L'immanentisme est la thèse selon laquelle ce qui fait d'une chose ce qu'elle est, sa manière d'être, n'est pas quelque chose de séparé de la chose elle-même.

Ce qui fait de la *Neuvième Symphonie* une œuvre musicale n'est pas une structure dont il conviendrait de se demander comment elle peut être incorporée ou indiquée. C'est ce *en fonction de quoi* on la reconnaît à chacune de ses exécutions comme œuvre musicale. Dans le cas d'un tableau, c'est ce *en fonction de quoi* on dira qu'il s'agit d'un tableau. Dans

1. Sur ce point, voir Armstrong, *Universals and Scientific Realism*, chap. 7. Il s'agit là d'une version du célèbre argument dit du Troisième homme que l'on trouve aussi bien chez Platon que chez Aristote.

2. D. Amstrong, *A World of State of Affairs*, p. 30.

3. D. Amstrong, *Universals*, Boulder, Westview Press, 1989, p. 97.

les deux cas, on reconnaît la manière d'être des choses à un certain mode de fonctionnement.

Pour expliquer la notion de fonction dont il s'agit alors, on peut emprunter à Armstrong l'interprétation (discutable)[1] qu'il donne de cette notion de *fonction* chez Frege. Citons d'abord le passage de Frege sur lequel il s'appuie :

> On peut imaginer décomposer des propositions en général, tout comme les équations, les inéquations ou les expressions dans l'Analyse, en deux parties ; l'une est en soi complète, et l'autre réclame un complément ou est « insaturée ». Ainsi, par exemple, nous décomposons la proposition « César conquit la Gaule » en « César » et « conquit la Gaule ». La seconde partie est « insaturée » – elle contient une place vide ; c'est seulement quand cette place est remplie avec un nom propre, ou avec une expression qui remplace un nom propre, qu'un sens complet apparaît. Ici aussi je donne le nom de « fonction » à ce qui est signifié par cette partie « insaturée ». Dans ce cas, l'argument est César[2].

Armstrong donne une interprétation ontologique de la thèse de Frege en parlant, au sujet des fonctions, d'*entités* insaturées[3]. Il ajoute :

> Une entité insaturée est naturellement considérée comme une simple abstraction à partir des états de choses réels ; si elle n'est pas une abstraction vicieuse, c'est seulement qu'il y a toujours des particuliers saturants[4].

Les états de choses sont des particuliers (au moins, ceux qui nous concernent ici, les œuvres d'art). Ils ne sont pas répétables, alors que, par principe, les manières d'être de ces particuliers, celle des œuvres d'art en l'occurrence, sont répétables.

Cela revient à dire qu'une œuvre musicale est un particulier possédant une certaine manière d'être[5], celle d'une œuvre d'art. « Œuvre d'art » est comme une fonction saturée par une exécution. En ce sens, le tableau de Van Gogh *Les Tournesols* et la *Neuvième Symphonie* de Beethoven

1. Cette interprétation ne retient pas le contexte de philosophie des mathématiques dans lequel se place la réflexion de Frege.

2. G. Frege, *Écrits logiques et philosophiques*, trad. fr. C. Imbert, Paris, Seuil, 1971, p. 90. Traduction modifiée.

3. D. Amstrong, *A World of State of Affairs*, p. 30.

4. *Ibid.*, p. 38

5. Voir R. Pouivet, « Manières d'être », *Cahiers de philosophie de l'Université de Caen*, n° 38/39, 2003.

saturent la *même* fonction. Les manières d'être des choses ne subsistent pas en elles-mêmes en dehors des particuliers et pour en être leurs modèles, sous quelque forme que ce soit[1]. On peut les appeler des « universaux » ou des « types », pour peu qu'on n'oublie pas qu'il ne s'agit pas de substances. L'immanentisme est exactement cette thèse : il faut reconnaître les choses pour ce qu'elles sont, c'est-à-dire par leur manière d'être. Mais pour autant ce qu'elles sont n'est pas séparable des choses qu'elles sont. La difficulté est que si les *Tournesols* et la *Neuvième Symphonie* ont la même manière d'être, comment faire alors la différence entre une œuvre musicale et un tableau ?

On parlera de *manière d'être* ou de *mode d'existence* pour caractériser ce qui fait d'une œuvre d'art ce qu'elle est. On parlera de *mode de fonctionnement* (ou de *fonction spécifique*) pour caractériser une manière d'être des œuvres d'art en tant qu'œuvres musicales, œuvres plastiques, œuvres littéraires, etc. Une œuvre musicale et un tableau ont la même manière d'être ou le même mode d'existence, mais leur fonctionnement diffère. Le fonctionnement spécifique d'une œuvre musicale suppose qu'elle soit en même temps en plusieurs endroits, que ce soit par l'exécution ou même la diffusion phonographique ou radiodiffusée. Le fonctionnement spécifique des tableaux n'autorise pas cela. Le mode de fonctionnement d'un tableau implique qu'il soit unique. Notons aussi que le mode de fonctionnement d'une œuvre musicale suppose, au moins s'il ne s'agit pas d'une œuvre-enregistrement[2], une exécution; rien de tel dans le cas des tableaux. Le mode de fonctionnement d'un roman suppose un texte diffusé, même de façon minimale; celui d'une pièce de théâtre suppose qu'elle soit montée; le mode d'existence d'une gravure suppose des tirages.

Il faut insister sur le fait que les fonctionnements spécifiques des différentes œuvres ne supposent pas une relation de ces modes de fonctionnement à la manière d'exister des œuvres. La manière d'exister est comme une fonction que les œuvres saturent en ayant aussi un certain mode de fonctionnement. Le mode de fonctionnement d'une œuvre n'est pas un intermédiaire, un schème particularisant, entre la manière d'être (être une œuvre d'art) et l'œuvre singulière (telle œuvre

1. Voir saint Thomas, *L'être et l'essence*, trad. fr. C. Michon, Paris, Seuil, 1996, chap. 3; *Somme Théologique*, trad. fr. A.-M. Roguet, Paris, Cerf, 1984, Ia, 44, 3, 4.

2. Sur cette notion, voir R. Pouivet, *Philosophie du rock : une ontologie des artefacts et des enregistrements*.

musicale, tel tableau, tel roman). Être une œuvre d'art, c'est avoir une manière d'être, mais c'est aussi fonctionner d'une façon spécifique, distincte de celles d'autres œuvres d'art (et partagée avec d'autres). « Œuvre d'art » n'est pas un genre dont les différents modes de fonctionnement seraient des espèces. On est proche du cas d'une espèce (chien) avec des sous-espèces (caniche, berger allemand, fox, etc.). Ces sous-espèces sont encore elles-mêmes divisibles. Être un caniche, c'est être un chien. Si nous ne possédions pas le concept de chien, mais seulement les concepts secondaires de caniche, berger allemand, fox, etc., nous pourrions encore penser la spécificité canine en pensant celle de chacune des sous-espèces. C'est pourquoi, par analogie[1], on peut considérer que les fonctionnements des différentes œuvres d'art, musicales, plastiques, littéraires, sont des fonctionnements intra-spécifiques. Ces modes de fonctionnement introduisent des différences de fonctionnement, mais non pas une fonction différente.

l'objection de l'œuvre non exécutée

Dans les cas des œuvres musicales, l'immanentisme semble cependant poser un problème insoluble. Quel sera le statut des œuvres *non exécutées* ?[2] Par exemple, quand le compositeur achève son œuvre et qu'il n'existe encore qu'une partition. Elle n'a encore jamais été exécutée. Si l'on dit que l'existence d'une œuvre musicale dépend de celle de son exécution, quel peut bien être le statut ontologique de l'œuvre non exécutée ?

Une solution mentaliste consisterait à dire qu'une œuvre est exécutée par le compositeur, dans son esprit, pendant qu'il la compose. Cela suppose d'identifier une œuvre à un *contenu* mental passant du compositeur aux auditeurs par l'intermédiaire d'une réalisation matérielle qui en devient presque facultative. Dans le chapitre I (section 3), nous avons déjà critiqué cette thèse[3]. Le platonisme modéré de Levinson fournit en

1. Sur cette analogie et ce qui peut la justifier, voir p. 71 et suivantes de ce chapitre.

2. Cette question correspondrait en ontologie de l'œuvre d'art à celle, en ontologie générale, du statut des universaux non instanciés. Un platoniste acceptera aisément l'existence de ces universaux – on pourrait presque dire qu'accepter des universaux non instanciés définit le platonisme. Un aristotélicien ne l'acceptera pas. Voir M.J. Loux, *Metaphysics, A Contemporary Introduction*, p. 45-48.

3. Voir aussi, R. Ingarden (*Qu'est-ce qu'une œuvre musicale ?*, chap. II) qui, dans le cadre de la phénoménologie, rejette cette conception psychologiste de l'œuvre musicale au profit d'une conception de l'œuvre musicale comme objet intentionnel (chap. IV et VI). Il n'est pas certain que ce soit préférable (voir R. Pouivet, *Qu'est-ce qu'une œuvre d'art ?*).

revanche une solution plausible à cette difficulté. Une œuvre musicale suppose que des moyens d'exécution soient indiqués par le compositeur[1], et non pas qu'il y ait réellement une exécution. Dès lors, le cas difficile de l'œuvre non exécutée devrait nous conduire à rejeter l'immanentisme au profit du platonisme modéré de Levinson, au moins pour les œuvres musicales. Mais s'il est rejeté pour les œuvres musicales, reste-t-il vraiment une raison de le conserver pour les tableaux ou les sculptures, puisque nous avons dit que le fonctionnement des œuvres relève d'une manière d'être spécifique? Pourtant, cette objection de l'œuvre non exécutée n'est pas décisive, comme on va tenter de le montrer.

Distinguons d'abord le cas des œuvres non *actuellement* exécutées de celui des œuvres qui n'ont *jamais* été exécutées. Dans le premier cas, la partition (ou le souvenir) constitue le moyen grâce auquel on peut exécuter de nouveau l'œuvre. L'existence de l'œuvre n'est pas intermittente, car il appartient au mode de fonctionnement des œuvres musicales qu'elles puissent n'être pas *actuellement* exécutées, tout en continuant à pouvoir l'être. Si une ampoule est éteinte, on ne dira pas que son existence est intermittente! À tout moment, il est possible de s'en servir en tournant le commutateur. Elle est disponible comme ampoule. De la même façon l'œuvre musicale non exécutée existe en tant qu'œuvre d'art, continûment, du moment qu'elle est potentiellement exécutable. Le deuxième cas est plus difficile. Une œuvre musicale peut n'avoir jamais été exécutée. C'est le cas, ou le sort, des œuvres de nombreux compositeurs contemporains. Elles pourraient ainsi n'être jamais exécutées. Dira-t-on alors qu'il n'y a alors *pas* d'œuvre?

On peut faire trois remarques sur cette difficulté. a) Si trouver la solution de cette difficulté nous conduit à accepter l'existence d'entités abstraites, ce sera sur une base trop étroite, celle d'un statut provisoire de l'œuvre ou d'un cas somme toute marginal. Même si l'immanentisme ne fournit pas de solution indiscutable de cette difficulté, il n'en perd pas toute crédibilité. b) La non exécution d'une œuvre musicale potentielle est contingente. Ne pourrait-on pas dire qu'une œuvre musicale peut être *en puissance* sans que rien, jamais, ne l'actualise? Elle pourrait être exécutée (ou aurait pu l'être). Des contingences font qu'elle ne l'est pas, par exemple la destruction de la partition avant toute exécution. Elle

1. J. Levinson, *L'art, la musique et l'histoire*, p. 62.

serait donc bien une œuvre musicale et une œuvre d'art en puissance, même si elle n'a jamais été entendue ou ne le sera jamais. Qu'elle aurait pu être exécutée, cela suffit pour assurer son statut (immanentiste) d'œuvre d'art musicale. c) On pourrait encore objecter que *ce* qui peut ou aurait pu être exécuté n'est pas une entité concrète particulière (mais plutôt une entité *abstraite* particulière). Cependant, une partition non exécutée (exécutable) n'est pas une œuvre d'art. Pour pouvoir dire qu'elle aurait pu l'être, nous devons faire référence à des œuvres réellement exécutées et projeter leur statut ontologique sur l'œuvre potentielle, que ce soit par anticipation (elle sera exécutée et peut l'être) ou par défaut (elle aurait pu l'être, mais ne le peut plus). C'est aussi le cas de l'enfant qu'on n'a pas eu ou de la voiture qu'on n'a pas achetée. L'œuvre non exécutée est bien une œuvre, mais en puissance.

(ii) Supposons que l'immanentisme se sorte de l'objection de l'œuvre non exécutée, une autre de ses caractéristiques importantes doit alors être remarquée. L'insistance sur l'idée qu'une œuvre musicale consiste en ses exécutions conduit à la penser comme un événement sonore concret. Les tableaux ne sont évidemment pas des événements, mais des objets. Mais, ce qui importe ici est qu'il s'agisse, dans les deux cas, d'*entités* concrètes (spatio-temporelles) et non d'entités abstraites. L'immanentisme esthétique est alors un monisme ontologique. Le dualisme consiste à considérer que les œuvres musicales, comme entités abstraites (même si elles sont instanciées), ont un statut différent de celui des œuvres picturales, qui sont des entités concrètes. L'immanentiste affirme qu'une œuvre musicale est une entité concrète particulière, une exécution de l'œuvre, au même titre qu'une peinture. Que le mode de reconnaissance de l'œuvre soit différent pour les œuvres musicales, grâce à un système notationnel permettant l'écriture d'une partition, et pour les œuvres picturales, qui n'ont pas de système notationnel, cela ne change rien à l'affaire. Certes une œuvre musicale est multiple – la multiplicité étant celle d'entités concrètes, d'événements musicaux –, et non singulière comme une œuvre picturale. Si on le souhaite, on peut même dire qu'il y a de multiples *instances* de l'œuvre musicale, tant qu'on ne dit pas que l'instanciation est une relation entre une entité abstraite et sa réalisation dans le monde sensible.

Dès lors, l'œuvre musicale et la peinture ont ontologiquement la même nature : ce sont des entités individuelles qu'un artiste a produit[1]. Que leur fonctionnement ne soit pas le même parce que dans un cas on a une notation et pas dans l'autre, cela ne suffit pas à autoriser le dualisme ontologique (œuvres abstraites instanciées/œuvres concrètes particulières).

la fonction spécifique

Pour expliquer la notion de fonction spécifique, nous utiliserons un passage de la *Somme théologique* de saint Thomas. L'Aquinate y traite du rapport entre les particuliers (choses subsistantes) et ce qu'on peut en dire (par exemple qu'il s'agit de telle chose). Évidemment, le contexte est très différent. Saint Thomas examine le statut métaphysique de la Création. Mais n'est-il pas possible de lui emprunter l'idée de concréation des *formes* et des accidents des choses dans la création des choses subsistant par elles-mêmes, c'est-à-dire d'entités concrètes. Saint Thomas insiste sur l'idée que les formes aussi bien que les accidents (et même si on est plus spontanément tentés de le penser pour les seconds que pour les premières) ne sont pas créés, mais concréés. Ils sont créés en même temps que, ou avec autre chose. Au sens strict, c'est *cette* chose qui est créée. Ce qui est créé est une entité particulière et concrète possédant une certaine forme.

> Aussi, selon le Philosophe [*Métaphysique*, 1028 a 8], on parle de l'accident avec plus de propriété en l'appelant quelque chose de l'être plutôt qu'un être. Ainsi donc, les accidents, les formes, etc., parce qu'ils ne subsistent pas, sont des coexistants plutôt que des êtres, et on doit les

1. Nous n'entrerons pas dans la discussion de la nature événementielle des œuvres musicales pour les raisons suivantes. 1) Cette discussion concernerait plus la notion d'événement elle-même que celle d'œuvre d'art. La question de la nature des événements est en elle-même très difficile et nous détournerait de notre sujet. 2) Ce qui importe ici est que l'œuvre musicale comme événement puisse être considérée comme une entité concrète et non abstraite. Dès lors, ce serait plutôt la théorie davidsonienne des événements qui correspondrait à ce qui est ici proposé. Dans la théorie davidsonienne les événements sont des *particuliers* qui peuvent être décrits de multiple façon (D. Davidson, *Actions et événements*, trad. fr. P. Engel, Paris, P.U.F., 1993, 2e partie). Dans le chapitre 8, nous traiterons de la question de l'identité des œuvres d'art, et aussi de celle de savoir comment nous savons que plusieurs exécutions sont bien celles de la *même* œuvre musicale.

> dire *concréés* plutôt que créés. Ce qui est proprement créé, ce sont les choses subsistantes[1].

Une propriété comme d'être blanc, mais aussi celle d'être de telle nature, d'avoir une forme, sont concrées et non pas, à proprement parler, créées. Autrement dit, la nature de x n'est pas quelque chose *en plus* de x. C'est x lui-même considéré en termes de sa nature ou de sa manière d'être, de ce par quoi on le reconnaît comme *étant* de telle sorte. Une chose a une forme (être homme) et des accidents (être blanc, être assis). Mais ce qui est créé, c'est *tel* homme qui est blanc et actuellement assis. La forme et les propriétés accidentelles de cet homme n'ont pas d'existence indépendante de lui et n'existent que par lui ou par un autre homme. On pourrait objecter que si la forme (nature) et les propriétés d'une chose sont concrées, si leur existence est dépendante, elles n'en ont pas moins une existence. Il n'y a en effet aucune raison de dire le contraire. Mais une manière d'être (être une œuvre d'art, par exemple) suppose qu'une chose ait cette manière d'être, une chose qui a une certaine manière d'être.

Appliquons maintenant cette thèse à notre problématique ontologique, celle des œuvres d'art.

La nature de l'œuvre n'est pas une chose separée de l'œuvre elle-même, mais ce par quoi la chose est identifiée comme œuvre. À proprement parler, un compositeur, un peintre ou un artiste en général ne fait pas une œuvre d'art. Il compose une partition, il peint une toile, il dessine, il écrit, il enregistre, et cela *fait* ou au moins peut faire, sous certaines conditions dont nous parlerons plus loin, une œuvre d'art. La nature d'œuvre d'art d'une entité concrète, événement sonore ou objet concret, n'est pas séparée de l'entité; ce n'est pas une chose venant s'instancier dans cette entité. (Remarquons le curieux problème de savoir à quel moment s'opère cette instanciation et sur quoi.) C'est plutôt ce en fonction de quoi elle est identifiée comme ce qu'elle est, une œuvre musicale ou un tableau, par sa manière d'être. Tout événement sonore n'est pas une œuvre musicale – la sonnerie du réveil, le bruit des gouttes d'eau sur les feuilles et sur le sol ou le chant du rossignol n'est pas une œuvre musicale. Tout agencement ordonné de couleurs sur un support n'est pas un tableau – les gribouillis de l'enfant sur une feuille, les

1. *ST*, Ia, 45, 4, mes italiques.

taches, même harmonieuses, laissées par la pluie sur un morceau de carton, d'autres taches sur un morceau de toile dont se sert le peintre pour essuyer ses pinceaux ne sont pas des œuvres plastiques. Mais rien n'est une œuvre d'art abstraitement ou pris indépendamment de ce qui concrètement l'est, c'est-à-dire peut (ou même doit) être identifié comme tel.

Aristote dit que parmi les étants, les uns sont par nature, les autres par d'autres causes[1]. Les premiers possèdent en eux-mêmes le principe de leur identité spécifique et de leur changement. Ce n'est pas le cas des seconds. Ne possèdent-ils pas cependant le principe de leur fonctionnement ?

Si l'on accepte de répondre positivement, il faut immédiatement donner deux précisions indispensables. Premièrement, pour les artefacts, on parlera plus volontiers d'une fonction spécifique (ou spécifiante) que d'une nature. Si l'on parle de nature, il convient d'entendre autre chose qu'un principe de changement propre à ces entités, comme dans le cas des étants par nature. Deuxièmement, à la différence du principe spécifique des étants naturels, la *fonction spécifique* des étants artefactuels *dépend* des intentions du producteur et même des utilisateurs ; elle est relative au contexte de production et d'usage. Rien n'est un couteau si personne n'a l'intention de couper quoi que ce soit. En revanche, un cheval est un cheval quand bien même il n'y aurait personne pour le considérer comme tel. La fonction spécifique des œuvres d'art n'existe pas dans tous les mondes possibles. Alors que la nature (non fonctionnelle) d'une chose permet de l'identifier comme étant d'une certaine sorte dans tous les mondes possibles. C'est seulement dans un monde où certaines personnes ont certaines intentions, et certes dans tous les mondes où ces personnes sont et ont de telles intentions, qu'existent des œuvres d'art. S'il y a des lapins sur Alpha du Centaure, ce sont les mêmes êtres que nos lapins terrestres (dans toutes les variétés lapinières). En revanche, il pourrait ne pas y avoir d'œuvres d'art sur Alpha du Centaure si les alphacentauriens sont dépourvus de certaines intentions, constitutives des objets qui sont des œuvres d'art.

1. Aristote, *Physique*, II, 1, trad. fr. H. Carteron, Paris, Les Belles Lettres, 1932.

Nous sommes alors conduits à la définition suivante :

> Une œuvre d'art est une substance artefactuelle dont le fonctionnement esthétique détermine la nature spécifique (ou la fonction spécifique).
> Pour éclairer cette définition, il faut préciser : a) la nature du fonctionnement esthétique dont il est question et b) expliquer l'idée qu'il existe des substances artefactuelles[1].

(a) suppose que la propriété d'être une œuvre d'art est *relationnelle.* Une propriété relationnelle est celle qu'un objet ne possède que relativement à autre chose. Par exemple, « être marié » est une propriété relationnelle faisant d'une personne une épouse ou un mari. Le fonctionnement esthétique d'une œuvre d'art suppose des personnes capables de procéder à certaines opérations intellectuelles. Par exemple, il faudra comprendre qu'un tableau représente un paysage de mer, qu'il exprime la sérénité d'un après-midi d'été[2]. Si personne ne comprend cela, le tableau ne peut pas fonctionner esthétiquement.

Les propriétés relationnelles des œuvres d'art sont leurs propriétés *constitutives*, c'est-à-dire celles qui en font des œuvres d'art. C'est pourquoi les propriétés constitutives des œuvres d'art ne sont pas des propriétés intrinsèques que les objets possèdent indépendamment de tout autre chose. Certes, elles ont des propriétés non relationnelles. Elles ont ainsi des propriétés matérielles, comme d'être sonores pour les œuvres musicales, si au moins on accepte la thèse selon laquelle un son n'est pas seulement pourvu de qualités secondes (qui supposent un sujet percevant), mais aussi de qualités premières (indépendantes d'un sujet percevant)[3]. D'être une toile est une propriété non relationnelle d'un tableau, même si la toile est elle-même un artefact ; car ce n'est pas le fait d'être perçu comme une toile qui fait de quelque chose une toile. En revanche, ce qui fait de x une œuvre d'art n'est pas une propriété intrinsèque, non relationnelle, mais au contraire une propriété (ou un ensemble de propriétés) intentionnelle(s). (Nous préciserons cet aspect de la définition dans la section qui suit du chapitre III.)

(b) La définition parle de *substances artefactuelles.* Ne convient-il pas de réserver la notion de substance aux entités naturelles ? En effet, une

1. Ces deux points sont repris et développés dans R. Pouivet, *Philosophie du rock : une ontologie des artefacts et des enregistrements*.

2. Voir R. Pouivet, *Le réalisme esthétique*, Paris, P.U.F., 2006.

3. Sur cette question, voir R. Casati et J. Dokic, *La philosophie du son*, Nîmes, J. Chambon, 1994, chap. 11.

substance est quelque chose d'indépendant de tout autre chose. Or, on vient d'insister sur le fait que le fonctionnement d'une œuvre d'art est relatif à des intentions et à des processus intellectuels de personnes qui considèrent certaines entités comme des œuvres d'art. (Nous préciserons cet aspect semble-t-il paradoxal de la définition dans la dernière section du chapitre III.)

nature des œuvres d'art et intentions

une conception antiréaliste de l'œuvre d'art ?

Un artefact est d'une certaine sorte. Or, cette sorte, sa nature, est une détermination fonctionnelle spécifique. Cette détermination spécifique n'*existe* que si certaines personnes ont aussi, corrélativement, certaines croyances, attitudes et comportements. Pour désigner l'ensemble, nous parlerons d'intentions.

Un être d'une espèce naturelle est ce qu'il est indépendamment de toute intention. Un cheval en est un indépendamment du fait que quiconque pense ou sache qu'il y a des chevaux. Ce n'est pas vrai pour un couteau ou un tableau. En tant qu'objets matériels, tous les objets artefactuels, et les œuvres d'art parmi eux, sont soumis à des lois naturelles. Mais en tant qu'objets artefactuels et culturels, ils ne sont pas soumis à des lois naturelles, mais à un ensemble de déterminations intentionnelles, institutionnelles et culturelles[1].

Cependant, n'y a-t-il pas des conséquences indésirables à accorder un caractère ontologique constitutif aux intentions des individus qui appréhendent esthétiquement certains objets ? Si de telles intentions entrent dans la nature même de l'œuvre d'art, si elles jouent leur rôle dans *l'existence* de l'objet *en tant qu'*œuvre d'art, ne doit-on pas en conclure qu'un objet n'est une œuvre d'art que relativement aux intentions de certains ? Une réponse positive à cette question ne constituerait-elle pas une *conception relativiste de la nature des œuvres d'art* ? Une œuvre d'art n'aurait même aucune nature spécifique. Car *n'importe quoi* ne pourrait-il pas alors être tenu pour une œuvre d'art ? Ne serait-ce pas le regard que nous portons sur certains objets qui en fait des œuvres d'art, et non une nature propre ? Répondre positivement à

1. Voir R. Pouivet, *Qu'est-ce qu'une œuvre d'art ?*, p. 60-66.

cette question reviendrait à adopter une position ontologique *antiréaliste.* L'existence d'œuvres d'art ne supposerait pas une nature propre de certains objets qui sont des œuvres d'art. Des objets seraient des œuvres d'art parce que nous les pensons comme tels, parce que nous nous comportons à leur égard de certaines façons, par exemple en les plaçant dans des expositions ou des musées[1]. Le caractère esthétique d'un objet serait une *projection* d'un certain type d'intérêt pour lui.

Cependant, accorder un rôle constitutif à des intentions humaines dans la nature même des œuvres d'art n'implique pas l'antiréalisme artistique, la thèse qu'à proprement parler il n'existe pas, en tant que telles, d'œuvres d'art. Car, les intentions auxquelles sont liées les œuvres d'art ne sont pas des événements psychiques cachés dans les tréfonds d'une conscience, qu'elle soit individuelle ou collective. Dès lors, les œuvres d'art peuvent avoir des propriétés constitutives qui les font dépendre d'intentions de personnes ayant certaines croyances, attitudes et comportements, sans pour autant qu'elles soient dépourvues de toute nature propre. Pour expliquer cela, précisons d'abord comment le terme « intention » est ici compris.

intentions d'art

Dans le domaine de l'ontologie des œuvres d'art, le *mentalisme* peut prendre deux formes. L'une est subjective : l'intention constitutive des œuvres d'art relèverait d'une vie intérieure à laquelle seul le sujet a un accès, une vie intérieure cachée à tout autre. L'autre forme est sociologique : les communautés possèdent une *mentalité* qui joue le rôle de l'intention subjective, mais pour un sujet collectif. Ainsi, on dit parfois que pour savoir ce que sont certains objets, comme des œuvres d'art ou certaines conceptions religieuses ou morales, on doit connaître la mentalité d'un groupe, d'une époque, d'une nation, etc.

Le mentalisme subjectiviste et le mentalisme sociologique sont incompatibles avec la signification accordée au terme « intention » dans nos analyses. C'est par exemple la signification qu'il a dans la description de l'activité d'une personne dont on dit qu'elle a l'intention de boire, parce qu'on la voit se déplacer, verser de l'eau dans un verre et le

1. La théorie institutionnelle de l'art, proposée par Dickie, considère que certaines personnes, dans certaines circonstances sont habilitées à dire qu'un artefact est une œuvre d'art. Voir G. Dickie (« Définir l'art ») ; et la critique de cette thèse par S. Davies (*Definitions of Art*, Ithaca, Cornell UP, 1991).

porter à sa bouche. L'intention est ce qu'on présuppose pour rendre raison de certains comportements. Le concept d'intention est au cœur d'un ensemble de concepts utilisés pour décrire le comportement des êtres humains, voire de certains animaux supérieurs. Parmi ces concepts figurent en bonne place ceux de croyance, de connaissance et de désir. Si Pierre se lève, se verse de l'eau et la boit, c'est que Pierre croit que l'eau étanchera sa soif, qu'il sait que l'eau est comestible et qu'il désire ne plus avoir soif[1]. Mais « intention » ne désigne pas ici des événements intérieurs dans la vie mentale d'une personne ou une mentalité collective. Ce qui est *intentionnel* est le mode de description des comportements des personnes. Cette description attribue aux personnes qui se comportent de telle ou telle manière une structure noétique, c'est-à-dire un ensemble de croyances et de relations logiques et épistémiques.

Il existe des comportements esthétiques : lire non pas pour obtenir un renseignement, mais pour le seul intérêt de savoir la suite de l'histoire (même et surtout fictive) ; écouter une œuvre musicale ; accrocher chez soi la reproduction d'un tableau ou aller dans un musée en voir un ; aller au cinéma ; etc. Comment rendre raison de tels comportements ? Il faut supposer chez ceux qui les ont une intention particulière, un ensemble de croyances, de connaissances et de désirs. Cet ensemble, comme dans le cas d'une personne qui se lève pour boire un verre d'eau, est indispensable pour pouvoir décrire ce que quelqu'un fait. Expliquer le comportement de quelqu'un qui va au cinéma suppose de lui attribuer une intention particulière, et pourquoi pas esthétique. Dans ce cas, il faut considérer l'objet film en tant qu'œuvre d'art. Laissons ici de côté toute considération de mérite esthétique. La personne peut aller voir un mauvais film. Elle va voir quelque chose. Elle fait quelque chose pendant (par exemple) deux heures : elle voit un film. Par quelque bout qu'on le prenne, son comportement ne peut être correctement décrit et expliqué qu'en termes de certaines intentions attribuées à cette personne. Or, de telles intentions ne *sont* elles-mêmes possibles que si certains objets sont des œuvres d'art.

1. Cette conception de l'intention remonte à Aristote et à saint Thomas (R. Pouivet, *Après Wittgenstein, saint Thomas*). Voir G. E. M. Anscombe (*L'Intention*, trad. fr. M. Maurice, C. Michon, Paris, Gallimard, 2004) et D. Davidson (*Actions et événements*, trad. fr. P. Engel, Paris, P.U.F., 1993, essai 1)

Certains de nos comportements ne peuvent être expliqués et même *décrits* que si les objets au centre de ces comportements *sont* des œuvres d'art et non *autre chose*, comme des objets de culte, des documents historiques, moins encore des taches de peinture sur une toile. Supposons un bureau dans lequel se trouve la gravure d'une carte de Trèves au XVIe siècle. Son occupant a suspendu là cette gravure. Il n'est pas historien des rives de la Moselle. Son comportement s'explique s'il pense que cette gravure est une œuvre d'art – même si on peut imaginer d'autres façons de l'expliquer. Suspendre cette gravure dans son bureau, la regarder de temps en temps, apprécier chaque fois la perspective sous laquelle est représentée la ville et certains des détails qui figurent, tout cela compose un comportement esthétique. Ce comportement suppose qu'il croit avoir affaire à une œuvre d'art. Il sait que cette gravure ne permet nullement de retrouver son chemin dans Trèves, qu'à cet égard elle n'est donc pas particulièrement utile. Il n'écrit aucune monographie sur Trèves au XVIe siècle. Il désire pourtant pouvoir de temps en temps jeter un coup d'œil sur cette gravure. Pour pouvoir décrire et expliquer ce comportement, il faut que certains objets soient tenus pour des œuvres d'art. Supposons encore que cette personne écoute de la musique. Ce même raisonnement pourra être fait de nouveau. L'explication de son comportement inclut l'attribution de la croyance qu'il y a des œuvres musicales.

On peut alors proposer de parler d'*intentions d'art*. Ce sont ces intentions qui concernent des objets en tant qu'œuvres d'art. On parlera d'intentions d'art si la référence à de telles intentions est indispensable a) pour caractériser le comportement de personnes qui font usage de certains objets et b) si de telles intentions supposent l'existence d'objets tenus pour des œuvres d'art, c'est-à-dire d'entités qui ont une certaine manière d'être. Une telle définition est circulaire puisqu'il est fait référence à l'art aussi bien dans ce qu'on définit que dans ce qui définit. Mais ce cercle n'est pas vicieux, à mon sens. Cette définition rend compte du caractère relationnel des œuvres d'art et des intentions qui en sont constitutives. Les œuvres d'art sont constituées par des intentions d'art et ces intentions sont spécifiées par l'espèce d'objets qu'elles constituent. Un couteau suppose une intention de couper et l'intention de couper est spécifiée par l'existence d'objets qui ont cette fonction. Ce caractère circulaire des intentions et des objets des intentions se manifeste dès qu'il s'agit d'objets artefactuels, comme un couteau, ou institutionnels, comme une loi.

Supposons maintenant que sur Alpha du Centaure, il n'y ait pas d'œuvres d'art. Si un explorateur provenant d'Alpha du Centaure arrivait dans ce bureau et s'il faisait un rapport à ses congénères sur le comportement de son occupant, comment pourrait-il éviter de leur expliquer que, sur Terre, dans un bureau, on trouve tables, chaises, ordinateurs, livres, feuilles de papier… et parfois des œuvres d'art? Il devrait alors aussi expliquer que certains objets fabriqués ont un fonctionnement spécifique esthétique. Imaginons la visite de ce même explorateur dans un musée. Comment décrirait-il ou expliquerait-il le comportement des personnes qui le visitent, sans faire référence à des œuvres d'art? Les scientifiques d'Alpha du Centaure auraient alors découvert l'existence de certaines choses dont, vraisemblablement, ils ignoraient encore l'existence.

Ne serait-ce pas une découverte ontologique? Cela ne consisterait-il pas à s'apercevoir de l'existence de choses dont, jusque-là, on ne soupçonnait pas l'existence? On pourrait encore répondre négativement à cette question en faisant remarquer que l'existence d'œuvres d'art dépend des *intentions* de certaines personnes. Or, à proprement parler, exister, n'est-ce pas exister *en toute indépendance*? Et surtout, exister, n'est-ce pas exister en toute indépendance à l'égard des pensées, croyances, attitudes, comportements? C'est cette objection que nous devons maintenant examiner.

la fonction agentive esthétique

Searle demande « comment cela peut-il être un fait complètement objectif que les bouts de papier qui se trouvent dans ma poche soient de l'argent, si quelque chose n'est de l'argent que parce que nous le croyons? »[1]. De la même façon, on pourrait demander : Comment est-il possible que quelque chose soit *réellement* une œuvre d'art parce que des personnes croient qu'elle l'est? Searle ajoute :

> L'existence de caractéristiques du monde relatives à l'observateur n'ajoute pas de nouveaux objets matériels à la réalité, mais elle peut ajouter des *caractéristiques* épistémiquement objectives à la réalité

1. J.R. Searle, *La construction de la réalité sociale*, trad. fr. C. Tiercelin, Paris, Gallimard, 1998, p. 15.

> lorsque les caractéristiques en question existent relativement à des observateurs et à des utilisateurs[1].

C'est une caractéristique épistémiquement objective que telle chose soit un tournevis. Mais cette caractéristique est « ontologiquement subjective »[2], dit Searle. Les caractéristiques qu'un objet possède indépendamment de toute personne sont *intrinsèques*. Dire d'une chose qu'elle est une œuvre d'art, à suivre Searle, reviendrait à se prononcer sur elle de façon subjective, pour son statut ontologique, et objective, pour son statut épistémique. L'objectivité épistémique tient, pour Searle, à ce que « les caractéristiques relatives aux observateurs sont toujours créées par les phénomènes mentaux intrinsèques aux utilisateurs, observateurs, etc., des objets en question »[3].

Pour notre part, nous éviterons la distinction entre l'objectif et le subjectif qui risquerait de réintroduire inutilement et faussement l'idée que l'œuvre d'art ne serait pas *vraiment* ce qu'elle est. On dira que les œuvres d'art sont des artefacts qui fonctionnent esthétiquement. Ce fonctionnement esthétique suppose des personnes dotées de certaines intentions. Ces intentions directement en rapport avec les œuvres d'art et les constituant comme telles, sont elles-mêmes en rapport avec d'autres croyances et d'autres comportements, plus généraux. Toutes ces intentions, prises globalement, forment un contexte culturel. Mais s'il n'y avait pas d'œuvres d'art, nous ne pourrions pas non plus décrire ces intentions (croyances et comportements) ni parler de contexte culturel dans lequel ces intentions s'exercent. C'est pourquoi dire qu'il convient de donner la priorité aux intentions sur les œuvres d'art, comme le font Danto[4] et Levinson[5], qu'il faut en quelque sorte mettre les bœufs avant la charrue, cela ne semble pas être une objection convaincante. Car les intentions d'un type aussi particulier présupposent elles-mêmes les objets en question, c'est-à-dire des œuvres d'art. On peut aussi se demander si la notion même de préséance, de l'intention et des œuvres d'art, a tout simplement un sens.

1. J.R. Searle, *La construction de la réalité sociale*, p. 24.
2. *Ibid.*
3. *Ibid.*, p. 27.
4. A. Danto, *La transfiguration du banal*, trad. fr. C. Hary-Schaeffer, Paris, Seuil, 1989.
5. J. Levinson, *L'art, la musique et l'histoire.*

Ce dont Searle parle en termes d'ontologie subjective correspond à la notion d'objets dont les propriétés constitutives sont a) relationnelles et b) impliquent des intentions de certaines personnes appartenant à un contexte culturel déterminé. La fonction esthétique de certains artefacts suppose ces intentions. Mais cela n'a certes rien de particulièrement *subjectif*, au moins s'il s'agit avec ce qualificatif d'indiquer l'idée de vécus intérieurs cachés à tout autre qu'à celui qui en fait l'expérience.

Searle indique que lorsque nous assignons une fonction à une chose naturelle, la description de cette chose inclut un rôle qu'elle joue dans un processus plus large. La fonction du cœur est de pomper le sang, dit-on. Cette fonction n'est pas intrinsèque, elle est relative à l'assignation d'un rôle pour le cœur dans un processus plus large.

> Même lorsque nous *découvrons* une fonction dans la nature, comme ce fut le cas lorsque nous avons découvert la fonction du cœur, la découverte consiste en celle de processus causaux ainsi qu'en l'assignation à ces derniers d'une téléologie[1].

Searle parle de ces fonctions en termes de *valeurs* que nous attribuons aux processus causaux. Ici, « valeur » semble signifier « ce à quoi sert » un processus naturel, le rôle que celui qui le pense lui assigne : pomper le sang pour maintenir la vie.

Or, dans le cas de l'œuvre d'art, le rôle assigné ne peut certes pas être découvert dans la nature, puisqu'il s'agit d'un artefact. Searle parle de « fonctions agentives », c'est-à-dire de fonctions manifestement relatives « aux intérêts pratiques d'agents conscients ».

> Comme dans le cas du cœur, la fonction n'est pas intrinsèque à l'objet en plus de ses relations causales, mais à l'inverse de l'assignation de fonction au cœur, dans ces cas-ci, l'assignation de la fonction détermine *l'usage que nous conférons intentionnellement* à ces objets[2].

Parmi ces fonctions agentives, certaines assignent à des objets les rôles suivants : représenter, signifier, exprimer, faire ressentir. Parmi ces objets, il y a les œuvres d'art. Leur fonctionnement spécifique est esthétique.

La fonction spécifique des œuvres d'art ne leur a pas été assignée, à un moment donné de l'histoire en face d'un premier artefact fonctionnant

1. J.R. Searle, *La construction de la réalité sociale*, p. 30.
2. *Ibid.*, p. 36.

par décret esthétiquement. De même qu'on pourrait difficilement croire que l'argent a été fondé à un moment donné, l'œuvre d'art n'a pas de date de naissance. Simplement, on imagine que petit à petit, la fonction spécifique de certains artefacts s'est imposée dans les croyances et les comportements de personnes, ou d'agents pour parler comme Searle, appartenant à un groupe.

> À l'intérieur de la catégorie des fonctions agentives on distinguera une catégorie particulière, celle de ces entités dont la fonction agentive est de *symboliser*, *représenter*, *être mis pour*, ou – en général – de *signifier* telle ou telle chose[1].

Dans cette « catégorie spéciale », ne pourrait-on pas spécialiser encore ? Symboliser esthétiquement, représenter esthétiquement, tenir lieu de esthétiquement, ou, en général, signifier esthétiquement, tout cela entrerait dans un ensemble de fonctions agentives plus spécifiques encore.

« Esthétique » désignerait alors des modes de significations décrits par Goodman[2] : la densité syntaxique (les différences constitutives les plus fines sont significatives), la densité sémantique (les différences référentielles les plus fines importent), la saturation relative (les aspects significatifs des symboles sont très nombreux), l'exemplification (le symbole manifeste des propriétés qu'il possède littéralement ou métaphoriquement), la référence multiple et complexe (un même symbole remplit de multiples fonctions référentielles intégrées ou interagissantes)[3]. Tous ces modes de signification supposent des personnes maîtrisant le fonctionnement de systèmes symboliques. Regarder une toile *qui ne représente rien*, par exemple, est une attitude ou un comportement supposant la croyance qu'il s'agit d'une œuvre d'art. Cette croyance est corrélative au fonctionnement expressif de l'œuvre. L'œuvre ne réfère pas en représentant quelque chose, mais en l'exemplifiant de façon métaphorique, c'est-à-dire en manifestant un prédicat (« triste », « grandiose », « troublant », etc.) qui dénote métaphoriquement l'œuvre (triste, grandiose, troublante, etc.). On voit ainsi que

1. J.R. Searle, *La construction de la réalité sociale*, p. 40.

2. N. Goodman, *Manières de faire des mondes*, trad. fr. M.-D. Popelard, Nîmes, J. Chambon, 1992, p. 91.

3. On trouvera des développements sur ce point dans Goodman, *Esthétique et connaissance*, trad. fr. R. Pouivet, Combas, Éditions de l'éclat, 1990, essai 1 ; R. Pouivet, *Esthétique et logique*, Liège, Mardaga, 1996, chap. III et IV ; J. Morizot, *La philosophie de l'art de Nelson Goodman*, Nîmes, J. Chambon, 1996.

des personnes doivent savoir faire fonctionner symboliquement et esthétiquement des objets pour que ceux-ci *soient* des œuvres d'art en fonctionnant esthétiquement.

Il y aurait ainsi des artefacts qui sont des œuvres d'art en fonctionnant esthétiquement pour des personnes ayant certaines croyances et adoptant certaines attitudes. Résumons notre argument :

1) Un objet est une œuvre d'art si c'est un artefact qui fonctionne esthétiquement.

2) Le fonctionnement esthétique des artefacts suppose des intentions de certaines personnes capables de comprendre comment fonctionnent ces objets.

3) Il existe des entités qui sont des œuvres d'art, c'est-à-dire dont la manière d'être, le fonctionnement spécifique, détermine la nature (en un sens analogique).

On pourrait se demander cependant pourquoi conclure (3) de (1) et (2) plutôt que (4) ?

4) Les œuvres d'art n'ont pas de nature propre puisqu'il n'y a pas de propriété intrinsèque, indépendante de toute intention, qui fasse de quelque chose une œuvre d'art.

Répondre à cette objection suppose de justifier l'idée qu'il existe des substances artefactuelles et, parmi elles, des œuvres d'art.

les substances artefactuelles

la notion d'analogie

Peut-on dire que certains objets sont substantiellement des œuvres d'art? La notion d'analogie peut nous aider à répondre à cette question par son application à l'idée de création artistique. La notion d'analogie est empruntée à saint Thomas, même si, à l'évidence, la notion est exportée en dehors de son domaine d'usage chez l'Aquinate. (Elle est ici utilisée, il va de soi, sans aucune prétention exégétique.)

Que l'existence ne peut être causée par la forme ou la *quiddité* de la chose est une thèse fondamentale chez saint Thomas, dès son œuvre de jeunesse, *De ente et essentia*. L'existence est reçue de Dieu comme une actualisation. Autrement dit, les essences (les structures) n'ont pas d'*esse* (exister) en dehors de l'être créé réel. L'acte (l'existence effective) de chaque chose est l'expression de l'activité par laquelle Dieu produit cette chose. Dieu fait que les choses existent. La relation de toute chose à Dieu est celle de *dépendance existentielle.* La création n'est pas l'instanciation de ce qui existerait déjà, c'est-à-dire d'idées ou de modèles des choses dans l'esprit de Dieu.

Dans la perspective thomiste, un tel pouvoir créateur *ex nihilo* ne peut évidemment être attribué à l'artiste (qui est une créature). L'artiste compose à partir de ce qui existe *déjà.* L'art en effet ne peut opérer que sur ce qui a été auparavant constitué dans son être par nature. La dépendance ontologique des entités naturelles est une dépendance à l'égard du Créateur, celle des compositions de l'art est une dépendance à l'égard des choses créées, même si intervient l'imagination comme puissance cognitive qui assemble et dissocie. Modifier ce qui existe, ce n'est pas produire un étant.

Faut-il en conclure que l'emploi du terme création pour caractériser la production artistique est incorrect? Non, s'il s'agit d'un emploi analogique. Pour être analogique, l'emploi d'un terme n'en est pas moins littéral. Si je dis *Dieu est bon* et aussi *Pierre est bon*, « bon » n'est pas une simple façon de parler de Dieu[1]. Ce n'est pas une métaphore, le transfert d'un terme en dehors de son domaine habituel (ou même légitime) d'usage. Dans chacun des cas, le terme *bon* est utilisé de manière différente, mais ces deux usages entretiennent une étroite relation. Le terme employé analogiquement au sujet de Dieu et au sujet des créatures s'applique premièrement à Dieu et secondairement aux créatures.

> Quand on dit Dieu est bon ou Dieu est sage, on ne veut pas dire simplement qu'il cause la sagesse ou la bonté, mais qu'il possède transcendantalement ces perfections. Nous concluons donc que, du point de vue de ce que le terme signifie, il est utilisé premièrement au sujet de Dieu et de façon dérivée au sujet des créatures[2].

Même si on rencontre d'abord la sagesse dans des créatures, cette sagesse est dérivée de Dieu. Donc, la sagesse ne s'applique que secondairement aux créatures. Dieu est de façon suréminente comme sont ses créatures, pour peu qu'elles se rapprochent de la perfection.

Ne peut-on pas proposer un raisonnement similaire au sujet de la notion de *création*? Dieu seul est Créateur. Mais en apercevant chez les êtres humains une capacité de production, en l'apercevant plus parfaite chez

1. Voir B. Davies, *The Thought of Thomas Aquinas*, Oxford, Clarendon Press, 1992, p. 70-71.

2. Thomas d'Aquin, *Somme Théologique*, 1a, 13,6.

ceux qu'on appelle des artistes – et encore plus parfaite chez certains d'entre eux – nous disons des artistes qu'ils sont des créateurs. Le terme s'applique à eux littéralement, mais analogiquement.

la substance artefactuelle est-elle vraiment une substance ?

Le raisonnement qui vient d'être fait au sujet de la notion de *création* et de *créateur* peut aussi être fait pour la notion de substance. Il est clair que, *stricto sensu*, la fonction spécifique d'une substance artefactuelle n'équivaut pas au principe de changement qui constitue le principe formel d'une substance naturelle. Ce qui fait qu'un lapin persiste dans sa léporidité, dans son être-lapin, ce serait l'identité d'une forme à travers des modifications légitimes pour un lapin. De leur naissance à leur mort, en passant par toutes les phases de leur existence, les entités naturelles changent tout en restant ce qu'elles sont en fonction de leur nature. Parler de substance artefactuelle ne peut guère alors constituer qu'un emploi analogique et littéral du terme *substance*. Le terme s'appliquerait premièrement aux entités naturelles, et secondairement (littéralement et par analogie) aux artefacts. Nous disons que Salomon est sage en reconnaissant en lui une sagesse, une perfection dérivée de Dieu, alors même que le terme s'applique premièrement à Celui qui possède la sagesse de façon suréminente. De même, nous disons que les œuvres d'art sont des substances, parce qu'elles ont une fonction spécifique, tout comme une entité naturelle a un principe propre faisant d'elle ce qu'elle est. Dans les deux cas, celui de la substance naturelle et celui de la substance artefactuelle, il s'agit d'un usage littéral. Parler de « substance artefactuelle », ce n'est pas manier la métaphore. En revanche, ce n'est peut-être qu'un usage secondaire de la notion de substance, un usage analogique.

La fonction spécifique des substances artefactuelles implique, comme pour les substances naturelles, l'idée de persistance. C'est la *même* œuvre qui est exécutée, gravée, restaurée, etc. L'œuvre reste ce qu'elle est parce qu'elle continue de fonctionner de la même façon, esthétiquement. La fonction esthétique détermine aussi la cohésion interne de l'œuvre d'art. On ne peut supprimer un mouvement d'une symphonie, une partie d'un tableau, etc. Son fonctionnement esthétique serait mis en péril par des opérations intempestives détériorant l'œuvre. Cette fonction spécifique assure encore un principe d'activité : la symphonie doit être exécutée, le tableau visible, la gravure imprimée, etc., afin de fonctionner esthétiquement.

La différence entre la substance naturelle et la substance artefactuelle reste nette. Toute chose qui appartient à une espèce naturelle ne peut sortir de son espèce. En revanche, il semble qu'un objet puisse cesser d'appartenir à une espèce artefactuelle ou au contraire commencer d'y appartenir[1]. Cependant, remarquons qu'il ne suffit pas qu'un objet perde sa fonction spécifique pour sortir de l'espèce artefactuelle à laquelle il appartient. Une montre arrêtée, parce qu'elle n'a pas été remontée ou que sa pile est usée, reste une montre. Démontée, elle reste encore une montre si elle peut être reconstituée et fonctionner à nouveau en tant que montre. N'est-ce pas le cas lors d'une réparation? Certes, écrasée à coups de marteau, l'objet n'est plus une montre. Mais, ne serait-ce pas la même chose pour une chose naturelle subissant un traitement aussi violent?

On pourrait objecter qu'on peut transformer un artefact en un autre en lui ajoutant ou en lui retirant des éléments. Une bicyclette à laquelle un moteur est adjoint devient une motocyclette. Le caractère non organique des artefacts facilite cette transformation. En revanche, couper une bosse à un chameau n'en fait pas un dromadaire, mais le mutile. Jusqu'à un certain point, la nature fonctionnelle des artefacts autorise leur trans-spécificité. En changeant le mode de fonctionnement, on change l'artefact; il passe alors d'une espèce artefactuelle à une autre. Cela conduit Searle à affirmer « la primauté des actes sociaux sur les objets sociaux, des processus sur les produits ». Il ajoute que « l'objet [social] n'est que la possibilité continue de l'activité »[2]. Les « actes sociaux » dont parle Searle sont ce que nous avons appelé des intentions d'art.

Il ne peut rien y avoir de plus qu'une analogie entre la notion de substance naturelle et celle de substance artefactuelle. Vaut-il seulement la peine de l'établir? Une analogie suppose une ressemblance et une dissemblance. Nous avons indiqué l'une et l'autre. La première en montrant que la montre en quelque sorte persévère dans son être, même arrêtée, même démontée. La seconde en insistant sur le caractère non organique de l'espèce artefactuelle et sur l'importance des intentions dans la définition de l'espèce artefactuelle, à la différence de bien des

1. Voir P. Bloom, « Intention, History and Artifact Concepts » *Cognition*, 60, 1996, p. 16-19.
2. J.R. Searle, *La construction de la réalité sociale*, p. 55 et 56.

espèces naturelles. C'est à nouveau l'importance des intentions dans l'appartenance spécifique d'un artefact qui encourage à reculer devant l'idée de substance artefactuelle[1].

Parler de substance artefactuelle, ce n'est pas utiliser une simple métaphore, c'est penser les objets sociaux par analogie avec les entités naturelles. Tel est le sens que l'on peut donner à cette remarque de Wiggins :

> La solidité, la durabilité et la cohésion interne de la plupart de nos artefacts, dont certains survivent des milliers d'années à leurs producteurs (qui certainement étaient des substances), constitueraient un reproche constant pour toute règle puriste selon laquelle les artefacts sont trop éloignés des continuants naturels qui nous fournissent le paradigme de la substance[2].

Certaines substances ne supposent aucune croyance de personnes déterminées les concernant pour être ce qu'elles sont. Ce sont les espèces naturelles. Leur indépendance est complète. D'autres supposent de telles croyances et ne sont des substances que par analogie avec les premières. Elles ne sont pas indépendantes. Mais si une description correcte de la réalité humaine suppose qu'on parle de certaines espèces non naturelles de choses, pourquoi se passer de la notion substance artefactuelle? Et si on l'admet, les œuvres d'art sont des substances artefactuelles.

l'inversion kantienne

Kant, dans le § 43.1 de la *Critique de la faculté de juger*[3] développe aussi une conception analogique de l'art. Mais c'est en sens inverse par rapport à celle qu'on peut tirer de saint Thomas. Il commence par dire :

> On distinguera l'*art* de la *nature*, comme le faire (*facere*) est distingué de l'agir ou de l'effectuer en général (*agere*), et les productions ou les résultats de l'art, considérés en tant qu'*œuvre* (*opus*), seront distincts des produits de la nature, considérés en tant qu'effet (*effectus*).

1. Voir l'argumentation contre la notion de substance artefactuelle dans J. Hoffman and G.S. Rosenkrantz, *Substance, Its Nature and Existence*, Londres, Routledge, 1997, p. 172-176.

2. D. Wiggins, « Substance », *in* A.C. Grealing (ed.), *Philosophy, A Guide through the Subject*, Oxford, Oxford UP, 1995, p. 243.

3. E. Kant, *Critique de la faculté de juger*, dans *Œuvres philosophiques II*, trad. fr J-R. Ladmiral, M.B. de Launay et J-M. Vaysse, Paris, Gallimard, 1985.

« Produit » est le terme générique. « Effet », pour la nature, et « œuvre » pour l'art, sont les termes spécifiques. L'effet est donc le produit naturel, l'œuvre le produit artefactuel.

Kant présente alors l'analogie dans l'autre sens : il voit dans les produits de la nature un effet pensé par analogie avec la production artefactuelle. La production artefactuelle est première, la production naturelle seconde. Ainsi, la cire d'abeille est pensée comme un travail. Mais un tel travail est l'effet d'une nature (d'un instinct), non le résultat d'une réflexion. Avec Kant, c'est le Créateur qu'on crédite du véritable travail. On qualifie le Créateur par analogie avec l'artiste qui pense son objet avant de le produire. La relation kantienne d'analogie est la converse de la relation thomiste d'analogie. C'est le Créateur auquel s'applique secondairement ce qui vaut premièrement pour l'artiste humain.

Le problème est que la relation d'analogie n'est pas symétrique. Renverser l'ordre des termes dans la relation d'analogie, en disant que c'est Dieu auquel s'applique secondairement ce qui vaut premièrement pour l'artiste, ce n'est pas seulement inverser l'ordre des termes, c'est lui donner une tout autre signification. On dira que cette modification tient à la laïcisation de la notion d'analogie. Mais l'usage qu'en fait alors Kant est-il cohérent ?

Comment pourrait-on jamais attribuer à un artiste, aussi grand soit-il, la capacité de création *ex nihilo* qu'un créationniste n'attribue qu'à Dieu seul. La production artefactuelle présuppose ce sur quoi elle porte, elle n'est qu'une composition. Ainsi, en inversant l'analogie, Kant (a) réduit l'idée de création divine à l'idée de production artefactuelle mais (b) il invite aussi à projeter sur l'artiste l'exigence de la création *ex nihilo*, c'est-à-dire l'exigence d'une création absolue. D'où un bonus : le génie est incapable d'indiquer les règles de sa production et qu'il ne peut les transmettre, explique Kant[1]. L'œuvre d'art, comme produit du génie, devient une entité dont le statut ontologique est difficile à comprendre. Comme produit du génie, elle n'est pas réductible à une causalité ordinaire, la causalité intentionnelle qui explique la production artisanale. Mais en tant qu'objet produit, elle reste marquée par les règles qui régissent toutes productions artefactuelles. Kant, dans les § 46 à 50 de la *Critique de la faculté de juger* va constamment louvoyer entre deux écueils : s'il insiste sur la génialité du mode de production artistique, s'il fait de

1. Kant, *Critique de la faculté de juger*, § 46 et 47.

l'artiste un dieu, il le charge d'une exigence qui semble démesurée, s'il insiste sur les règles de production, il ravale l'art au rang d'un artisanat sophistiqué. On peut se demander si à prendre l'analogie dans le sens inverse de celui qu'elle devrait avoir, en considérant que le Créateur est à penser par analogie avec l'artiste, Kant ne s'est pas jeté lui-même dans la difficulté. (Kant est-il très profond ou incohérent ?)

Le platonisme de Kivy[1] serait une alternative plausible à l'inversion kantienne de l'analogie. Pour éviter une exigence ontologique insoutenable de création *ex nihilo*, on dirait que le compositeur découvre des œuvres d'art qui préexistent. Mais cela contredit, nous l'avons dit, l'une de nos intuitions les mieux implantées au sujet de ce qu'est la création artistique.

Ne serait-il pas plus simple d'en rester à l'ordre de l'analogie tel qu'on le trouve chez saint Thomas ? Nous appliquerons prioritairement à Dieu le terme de « Créateur », et le terme « substance » aux entités naturelles, et secondairement seulement les mêmes termes respectivement aux artistes et aux artefacts. Nous nous écartons alors aussi bien du platonisme esthétique de Kivy, lequel voit dans les œuvres de simples instanciations d'objets éternels, que du kantisme qui accorde un statut ontologique ambigu à l'œuvre d'art. Elle doit à la fois être originale, et donc en dehors de toute causalité intentionnelle réflexive (le génie ne sait pas ce qu'il fait), mais aussi un artefact comme un autre, produit selon des règles et appréciable en fonction de telles règles. Ce qui pour toute personne ne partant pas du principe que Kant a toujours raison constitue une énorme difficulté.

Un artiste produit un objet; il n'instancie pas une structure. Cela vaut aussi bien pour les œuvres musicales que pour les œuvres picturales. En créant, l'artiste assure aussi les conditions de la reconnaissance de son œuvre (musicale ou picturale), puisque faire une œuvre revient à requérir la considération de sa fonction spécifique esthétique. En créant, l'artiste fait appel aux intentions grâce auxquelles l'œuvre d'art fonctionne comme œuvre d'art. Il demande qu'on considère son œuvre comme œuvre d'art. En produisant, il invoque donc la nature spécifique des objets qu'il produit. Aussi novateur soit-il, il n'est artiste qu'à cette condition. C'est pourquoi on a raison de penser qu'il existe une certaine espèce de choses : les œuvres d'art.

1. Voir chapitre II, p. 47-50.

Une conception immanentiste des œuvres d'art consiste ainsi à soutenir trois affirmations :

a) Les œuvres d'art ne sont pas des entités abstraites instanciées en fonction de moyens d'exécution ou de production, mais certains artefacts possédant une manière d'être propre aux œuvres d'art, non séparable de ces entités elles-mêmes.

b) Les œuvres d'art sont des artefacts qui fonctionnent esthétiquement. Ce fonctionnement esthétique suppose certaines intentions chez les personnes qui les utilisent.

c) Par analogie avec les substances naturelles, et seulement par analogie, on peut parler de substances artefactuelles. Les œuvres d'art sont des substances artefactuelles d'une espèce déterminée.

Cette conception immanentiste a été proposée à l'issue d'une discussion de thèses platonistes au sujet du statut ontologique de l'œuvre d'art. Cette conception est d'esprit aristotélicien, même si on ne la trouve évidemment pas chez le Stagirite ou dans la lecture thomiste d'Aristote. Elle peut maintenant être distinguée de conceptions nominalistes contestant l'idée d'une espèce de choses qui seraient des œuvres d'art. C'est ce que nous ferons dans le prochain chapitre.

chapitre 4
le nominalisme en esthétique

une esthétique réformiste

constructionnisme

Strawson distingue deux types de métaphysiques, des métaphysiques descriptives et des métaphysiques réformistes[1]. Les premières entendent décrire la structure réelle de notre pensée au sujet du monde. Les secondes cherchent à produire une meilleure structure en réformant notre manière naturelle de penser. Ces dernières n'ont aucun égard pour le sens commun. La conception immanentiste des œuvres d'art, proposée dans le chapitre III, est descriptive.

Goodman est réformiste. Dans *La structure de l'apparence*[2], Goodman présentait une reconstruction des apparences (de ce qui apparaît) en

1. P.F. Strawson, *Les individus, Essai de métaphysique descriptive*, p. 9.

2. N. Goodman, *La structure de l'apparence*, trad. fr. J.-B. Rauzy (dir.), Paris, Vrin, 2005. (Ce livre date de 1951.)

termes de *qualia* (temps, lieu, couleur), entités abstraites qui constituent les parties de *concreta*, d'objets concrets et particuliers. Le projet est contre-intuitif. Par exemple, dans le dernier chapitre de son livre, Goodman dit que la durée dépend du nombre de moments qu'elle contient. Ainsi, une chose n'est pas dans le temps, mais contient des moments; elle contient du temps, autant qu'elle dure[1]. Puisqu'il ne contient aucun temps, chaque moment est donc éternel[2]. Goodman ne systématise pas une métaphysique du sens commun, comme le faisait Aristote. Il entend rendre compte de ce que nous pensons, au moyen d'outils logico-sémantiques et en fonction de critères méthodologiques qu'il choisit sur la base d'un principe d'économie extrêmement strict. L'important est d'être à même de justifier, dans la construction, la pertinence de tel élément, telle propriété ou telle relation. Moins on s'accordera de types d'éléments de niveau supérieur aux éléments de base, plus la reconstruction sera ontologiquement économique, et donc réussie, même si cela oblige (et cela oblige) à une grande complexité dans les formulations.

Un système constructionnel est un système formel *interprété* (c'est-à-dire s'appliquant à quelque chose) de définitions et de théorèmes dans un langage logique déterminé[3]. Mais un système formel n'est pas seulement une formalisation; celle-ci constitue aussi une théorie (c'est-à-dire une explication) du domaine (re)construit. Il faut alors préserver des caractéristiques cruciales du discours présystématique. Sinon, on ne saisirait même pas comment (ni même à quoi) le système s'applique. Pour autant, le discours présystématique ne bénéficie d'aucun privilège. Il n'est pas plus intuitif ou plus naturel. Il est simplement ce qu'il y avait avant la reconstruction. Lui-même correspond à une reconstruction préalable. Dès lors, l'idée même d'une réalité toute faite à laquelle il conviendrait d'être fidèle semble disparaître. La reconstruction (le

1. Goodman a anticipé la thèse des « quadridimensionnalistes » d'aujourd'hui qui affirment que toute chose possède une dimension temporelle, des tranches temporelles, comme elle possède trois dimensions spatiales. Voir T. Sider, *Four Dimensionalism : An Ontology of Persistence and Time*, Oxford, Oxford University Press, 2001.

2. N. Goodman, *La structure de l'apparence*, chap. XI ; R. Pouivet, « La reconstruction du nominalisme chez Nelson Goodman » ; « Goodman dans les années 30 : reconstruire l'*Aufbau* ».

3. En l'occurrence, chez Goodman, c'est le calcul des individus (méréologie), c'est-à-dire un calcul logique dans lequel il n'y a pas de prédicats (ou classes d'individus), mais seulement des agrégats (sommes d'individus).

système construit) vise la disparition des termes obscurs ou inexacts dans le discours pré-systématique, non la découverte du réel. Le système est satisfaisant s'il est adéquat, c'est-à-dire s'il est complet pour la reconstruction du domaine choisi, et s'il est logiquement cohérent. Les influences philosophiques de Goodman se trouvent à la fois dans l'idéal de la construction logique du monde que recherchait Carnap à la fin des années 1920[1] et dans le pragmatisme conceptuel de C.I. Lewis[2], c'est-à-dire l'idée que l'*a priori* n'est pas ce qui s'impose à nous, mais ce que nous imposons dans la compréhension du réel.

Quelle esthétique est possible à partir du projet de Goodman dans *La structure de l'apparence*? Aucune, pourrait-on penser. L'esthétique échapperait, par son caractère profondément affectif et, suppose-t-on, non logique, à cette entreprise de reconstruction. Comment reconstruirait-on dans un système logico-sémantique, le goût, le plaisir, la beauté? La parution de *Langages de l'art*, en 1968, reprend pourtant le projet constructionniste dans le domaine de la philosophie de l'art et de l'esthétique. Ici, on se contentera d'examiner la signification de la philosophie de l'art de Goodman pour la question de l'ontologie de l'œuvre d'art. Il ne s'agira pas d'un exposé de tous les aspects de cette philosophie de l'art[3]. On s'interrogera uniquement sur le statut ontologique des œuvres d'art dans la philosophie de l'art de Goodman.

les trois niveaux de la construction

Pour Goodman, les œuvres d'art n'ont pas de nature. Dans une métaphysique constructionniste rien n'en a. Le statut ontologique d'un objet, c'est son fonctionnement et sa fonction dans le système. La nature des œuvres n'est pas donnée, mais élaborée dans le système, à partir d'éléments de base, le vocabulaire du système, et d'un choix d'opérations légitimes dans le système. Jacques Morizot a clairement défini les choses de la façon suivante.

> Le programme de Goodman peut être décrit comme une construction à trois étages. Le premier niveau élabore une théorie de la notationalité en

1. R. Carnap, *Der Logische Aufbau der Welt* (1928) ; trad. fr. Th. Rivain, *La construction logique du monde*, Paris, Vrin, 2002.
2. C.I. Lewis, « A Pragmatic Conception of the A Priori », in *Collected Papers of Clarence Irving Lewis*, J.D. Goheen and J.L. Mothershead Jr. (ed.), Stanford, Stanford UP, 1970 ; *Mind and the World-Order*, New York, Dover, 1956.
3. Voir pour un tel exposé voir J. Morizot, *La philosophie de l'art de Nelson Goodman*.

> examinant sous quelles conditions des marques quelconques sont ou non susceptibles de former des caractères et des classes de concordance, c'est-à-dire d'être structurées syntaxiquement et sémantiquement ; elle fonde une typologie, non pas des arts et des styles, mais des modes sémiotiques à la base de leur identification. Le second niveau porte sur les opérations symboliques que des ensembles spécifiés de ces marques, *i.e.* des œuvres au sens fonctionnel du terme, accomplissent dans un contexte global donné – par exemple en décrivant, en dépeignant, en exemplifiant, représentant, citant, etc., une réalité. Le troisième niveau aborde l'interprétation des œuvres singulières, en fonction de leurs coordonnées intentionnelles relatives à leur contenu intrinsèque, aux usages sociaux, aux pratiques traditionnelles ou novatrices de déchiffrement, etc.[1].

La structure a trois niveaux. Au niveau d'une sémiotique logique, on fixe les éléments de base (des marques) et la façon dont ces marques peuvent être agencées. Les marques peuvent en effet être regroupées en caractères, en classes de marques. Un système est notationnel s'il est syntaxiquement disjoint (aucune marque n'appartient à plus d'un caractère) et articulé (on peut décider si deux marques appartiennent ou non au même caractère). Si la disjonction syntaxique et l'articulation ne sont pas garanties, le système est dense. C'est le cas d'une image. On peut toujours insérer entre deux caractères un troisième. Dans un texte, en revanche, il y a une disjonction syntaxique et une articulation ; dès lors, il y a toujours moyen de savoir si telle lettre est un a ou un d – elle ne peut pas être entre les deux[2]. Un texte répond à des exigences syntaxiques que ne satisfait pas une image. Pour autant, à l'intérieur de ce cadre d'analyse, le monisme ontologique est total. Ce que le système tient pour base ce sont des marques. Une image et un texte sont des ensembles de marques. Ce qui les distingue, ce sont les exigences syntaxiques que l'image et le texte satisfont, pas une nature propre[3]. Les œuvres d'art n'ont donc pas de nature s'il s'agit de la définir comme une nature spécifique, mais on peut les reconstruire comme objets sémiotiques

1. J. Morizot, « Éloge de la construction », dans R. Pouivet (dir.), *Lire Goodman*, Combas, Éditions de l'éclat, 1992, p. 27.
2. N. Goodman, *Langages de l'art*, IV, 2 ; R. Pouivet, « Plaidoyer pour les signes », *Les Cahiers du musée national d'art moderne*, n° 38, 1991.
3. R. Pouivet, *Esthétique et logique*, chap. II.

dans un système de marques dont les différents agencements répondent à des exigences syntaxiques déterminées.

Le deuxième niveau est celui d'opérations symboliques de référence[1]. Dans les systèmes, les objets peuvent dénoter, mais aussi exemplifier. Par exemple, un échantillon réfère à certaines propriétés qu'il possède, comme d'être rouge. L'échantillon en tant que symbole réfère à la propriété, qui s'applique à lui. Si la référence est métaphorique, nous avons une relation d'exemplification métaphorique. Il peut aussi, en certains cas, s'agir d'une relation d'expression. Une œuvre d'art exprime par exemple la joie en exemplifiant métaphoriquement le prédicat « être joyeux »[2]. Ce deuxième niveau est fonctionnel. Alors que le premier niveau permettait la construction d'objets en termes d'éléments de base agencés selon des normes syntaxiques et sémantiques déterminées, le deuxième niveau insiste sur le fonctionnement sémantique en termes d'une multiplicité de relations de référence.

Le troisième niveau est celui d'œuvres singulières. Cette fois, il ne s'agit plus uniquement de décrire des modes généraux d'agencements d'éléments dans un système, ou des opérations générales de référence, mais le fonctionnement esthétique effectif de telle ou telle œuvre. C'est ce que nous verrons maintenant.

variations sur les Variations sur la variation

conditions de la variation

Goodman s'est essayé à l'analyse d'un ensemble d'œuvres, les études de Picasso sur *Les Ménines* de Vélasquez, dans un article consacré à la variation et intitulé « Variations sur la variation ou de Picasso à Bach »[3]. Il en propose la conception suivante :

> Qu'il réfère aux caractéristiques musicales qu'il doit partager avec le thème ne suffit cependant pas pour qu'un passage [d'une œuvre

1. Voir N. Goodman, *Esthétique et connaissance*, « Les voies de la référence », le texte le plus synthétique sur ce point.

2. N. Goodman, *Langages de l'art*, II, 9 ; R. Pouivet, *Esthétique et logique*, chap. III.

3. N. Goodman, C.Z. Elgin, *Reconceptions en philosophie*, trad. fr. J.-P. Cometti et R. Pouivet, Paris, P.U.F., 1994, IV

> musicale] fonctionne comme une variation sur un thème; la variation doit référer au thème *via la caractéristique.* Quand la variation exemplifie la caractéristique, qui à son tour dénote le thème, on obtient une voie de référence qui va de la variation au thème. [...] Cependant, la variation dépend tout autant de la différence que de la ressemblance au thème. Tout comme le fonctionnement en tant que variation n'implique pas seulement la possession de certaines caractéristiques en commun avec le thème, mais aussi la référence au thème *via* ces caractéristiques, un tel fonctionnement ne suppose pas seulement certaines caractéristiques qui contrastent avec le thème, mais aussi la référence au thème *via* de telles caractéristiques[1].

C'est au deuxième des trois niveaux dégagés par Morizot que se situe l'analyse. Une variation réfère au thème par exemplification d'une caractéristique qui s'applique à tout le thème. Dans la mesure où l'on peut distinguer la variation du thème, il faut que même les différences entre les deux jouent un rôle dans la référence de la variation au thème. C'est une référence par exemplification contrastive. La caractéristique contrastive peut par exemple s'appliquer littéralement à la variation et *métaphoriquement* au thème. C'est aussi ce qui se passerait si on faisait référence à un homme mesurant deux mètres en disant « le petit ». Simplement, c'est une caractéristique de la variation qui joue ici le rôle de caractéristique s'appliquant une fois littéralement, à la variation, et une fois métaphoriquement, au thème. Goodman ne cite pas d'œuvre précise, mais on peut penser aux *Variations Goldberg* de Bach.

Il y a deux conditions de la variation, précise Goodman[2], une condition formelle et une condition fonctionnelle. La première correspond au premier niveau d'analyse. La ressemblance de la variation et du thème n'est pas une simple *impression* de ressemblance, dont finalement il n'y aurait aucune norme, c'est une ressemblance *formelle.* Dans le cas de l'œuvre musicale, on a affaire à un art (allographique) dans lequel le moyen existe de contrôler l'identité par le critère d'une identité notationnelle[3]. La ressemblance formelle consistera, par exemple, à la reprise d'une série de notes dans une tonalité différente, ou avec un rythme différent, voire à une reprise par renversement, procédé

1. N. Goodman, C.Z. Elgin, *Reconceptions en philosophie*, p. 71.
2. *Ibid.*, p. 72-73.
3. Voir chap. VIII, *infra*.

éminemment bachien[1]. La condition fonctionnelle est celle qu'on a déjà présentée : l'exemplification constrastive du thème par la variation. Les deux niveaux sont à l'œuvre dans l'œuvre. Le troisième consiste simplement à parler d'une œuvre particulière, à montrer comment, en l'occurrence, cela marche. À l'occasion joueront des éléments contextuels, musico-historiques, personnels. On peut penser, par exemple, au jeu sur les lettres-notes du nom de BACH dans ses propres œuvres.

La différence *formelle* (*systémale*, si l'on veut) entre musique et peinture tient à la notationalité de la première, alors que la seconde n'est pas notationnelle. Les marques dans le système pictural ne sont pas disjointes syntaxiquement et sémantiquement, ni articulées. Dès lors le système pictural (représentationnel) est syntaxiquement et sémantiquement *dense*. Il est syntaxiquement dense puisque « nous n'avons aucun moyen de distinguer les différences significatives et non significatives entre des marques » ; il est sémantiquement dense puisque « les langages et les systèmes représentationnels admettent des distinctions infiniment fines »[2]. En effet, il n'y a pas de classe de concordance délimitée pour chaque caractère[3]. Mais cette différence formelle ne joue pas pour la variation. Le mode de fonctionnement référentiel est en effet ce qui importe ici. Du coup, il y a des variations picturales, aussi bien que musicales. Certes, dans la musique, « thème et variation sont d'habitude contenus dans une unique œuvre, alors qu'en peinture le thème et les variations sont presque toujours des œuvres séparées »[4]. Mais dans la mesure où la représentation n'est une condition ni nécessaire ni suffisante de la variation (une variation non figurative sur une peinture figurative est possible), les conditions de la variation tiennent fondamentalement à l'exemplification contrastive, c'est-à-dire à un mode de fonctionnement qui est *transesthétique*[5]. Le § 6 de l'article de Goodman sur la variation développe ainsi une analyse (ou son esquisse) des

1. À cette condition formelle, on donne ici un contenu plus précis (et plus riche peut-être) que ne le fait Goodman.

2. N. Goodman, C.Z. Elgin, *Reconceptions en philosophie*, p. 9 et 10.

3. Sur ces questions « constructionnelles » difficiles, mieux vaut commencer par lire Goodman et Elgin, *Reconceptions en philosophie*, I, 3, avant de passer au texte techniquement plus difficile du chapitre IV de *Langages de l'art*.

4. N. Goodman, C.Z. Elgin, *Reconceptions en philosophie*, p. 75 et 76.

5. Le terme « transesthétique » est emprunté à B. Vouilloux, *Langages de l'art et relations transesthétiques*, Combas, Éditions de l'éclat, 1997. Il désigne des relations assurant le passage d'un art à un autre, ainsi que le changement de médium à l'intérieur d'un art donné (p. 16).

quarante-quatre tableaux de Picasso qui, selon Goodman, « fonctionnent » comme des variations sur le tableau du Maître espagnol.

le niveau transfonctionnel

Quelle conséquence en tirer pour notre question, celle de la nature des œuvres d'art ? La suivante : les œuvres fonctionnent mais sont dépourvues de *nature*. La fonction des quarante-quatre tableaux de Picasso dont il vient d'être question consiste dans la manière dont ils font référence, par variation, au tableau de Vélasquez. C'est leur fonction *esthétique*. Une œuvre d'art, pour Goodman, est un objet qui fonctionne de cette façon, esthétiquement. On peut imaginer d'autres variations sur *Les Ménines*. Elles consisteraient par exemple à exploiter les différentes approches possibles de la *perspective* dans ce tableau. Elles pourraient fort bien ne pas être esthétiques, mais *exclusivement géométriques*. Dès lors le tableau fonctionnerait comme un paradigme dans un manuel de perspective. Plus radicalement encore, on pourrait boucher une fenêtre avec un Rembrandt, assassiner quelqu'un en le frappant avec un lourd *in folio* de la bibliothèque, faire sa liste de courses au dos d'une gravure de Dürer, etc.[1]. Mais, la plupart du temps, ce n'est pas ainsi qu'on se sert des œuvres d'art, et des *Ménines* singulièrement. Tel n'est pas l'usage quand il est esthétique. Or, c'est en l'absence même de *nature* des œuvres d'art que ce fonctionnement spécifique opère. Ne pourrait-on pas interpréter Goodman ainsi : il y a bien une fonction esthétique des objets, quoiqu'elle ne corresponde à aucune *nature* de ces objets, seulement à la façon dont nous les faisons fonctionner selon les critères du deuxième niveau, celui des modes variés de la référence ? Ce que sont les œuvres d'art, ce sont des symboles dans des systèmes (premier niveau). Mais cela n'opère aucune distinction spécifique, car les systèmes symboliques sont simplement des reconstructions opératoires selon des critères logiques (choix des éléments de base, règles de formation, règles d'interprétation). Le troisième niveau, celui de la singularité des œuvres suppose le seul niveau où peut s'opérer une différenciation esthétique, celui du mode de fonctionnement (deuxième niveau).

L'exemple de la variation est intéressant, parce qu'il montre bien que ce niveau est non seulement transesthétique, mais aussi transfonctionnel.

1. À ce sujet, N. Goodman, *Manières de faire des mondes*, p. 90 ; G. Genette, « Peut-on boucher une fenêtre avec un Rembrandt ? », *Libération*, 6 sept., 1990.

Qu'il soit transesthétique signifie qu'il n'y a pas de nature propre des œuvres en tant qu'œuvres musicales ou picturales, mais seulement des modes de formation distincts des objets dans le système symbolique, en gros la disjonction et l'articulation syntaxiques et sémantiques ou la densité symbolique[1]. Qu'il soit transfonctionnel signifie que la variation ne repose pas sur une *nature* des objets, leur nature artistique. Le fonctionnement par variation peut avoir une tout autre fonction. Certes, un objet peut néanmoins fonctionner *esthétiquement*, c'est-à-dire avoir accidentellement *cette* fonction, par exemple en étant une variation sur un autre objet.

C'est en cela que Goodman est *vraiment* nominaliste. Il soutient qu'une fonction ne correspond pas à une *nature*[2]. Il traite le fonctionnement des œuvres d'art de telle façon que l'idée même d'une nature de l'œuvre d'art – quelque chose qui en ferait une œuvre d'art – devient *inutile* à la compréhension de la façon dont elle fonctionne. On avait évidemment pu être anti-essentialiste en esthétique avant Goodman[3]. Mais Goodman propose autre chose que le rejet de l'idée d'une nature des œuvres d'art. Il montre qu'on ne comprend pas comment fonctionne une œuvre d'art si l'on ne saisit pas que ce fonctionnement ne détermine ni ne suppose une nature. Pour autant, il n'affirme pas que quelque chose est une œuvre d'art parce que nous le voulons, par un *fiat* de l'artiste ou de l'esthète. Par exemple, les quarante-quatre tableaux de Picasso sont des œuvres d'art parce qu'ils fonctionnent comme des variations esthétiques sur le tableau de Vélasquez, qui lui-même est une œuvre d'art en fonctionnant d'une certaine façon – laquelle justement n'en finit pas de passionner historiens, critiques et interprètes. Mais tous les objets qui fonctionnent comme œuvres d'art ne partagent pas une nature, car cela supposerait qu'ils ne puissent pas fonctionner *correctement* d'une autre façon. Or, selon Goodman, manifestement, ils le peuvent.

1. On peut voir cela comme une conséquence du niveau formel dans le niveau fonctionnel.

2. Voir plus haut, chap. 3, section 2.

3. M. Weitz (« Le rôle de la théorie en esthétique » (1956), dans D. Lories, *Philosophie analytique et esthétique*), par exemple, en prétendant s'inspirer de Wittgenstein. (L'article de Weitz a été beaucoup lu dans les années 1950.)

une fonction sans nature

Goodman met l'accent sur le fonctionnement esthétique des objets sans accepter l'idée que, dans le cas des artefacts, ce fonctionnement détermine une nature propre des objets, qui en fait des œuvres d'art. Une conception immanentiste des œuvres d'art affirme en revanche qu'au fonctionnement esthétique des artefacts correspond une nature, par analogie avec la nature substantielle des choses naturelles[1]. Goodman affirme que « les choses fonctionnent comme œuvres d'art seulement quand leur fonctionnement symbolique présente certaines caractéristiques »[2]. Mais il rejette l'idée que les choses fonctionnent comme œuvres d'art parce qu'elles possèdent certaines caractéristiques, autrement dit *parce qu'*elles en *sont*. Il ne faut pas croire que Goodman propose une théorie fonctionnaliste de l'art *simpliciter*. Il propose une théorie fonctionnaliste pour laquelle un fonctionnement n'est pas une nature, une caractéristique définissant une substance.

Goodman ne peut pas parler de *critères* du fonctionnement esthétique des objets, mais seulement de *symptômes*, c'est-à-dire d'indices fréquents. Car s'il parlait de critères, il y aurait non seulement fonctionnement esthétique des objets, mais aussi fonctionnement esthétique des propriétés qu'ils possèdent et en *font* des œuvres d'art. Il reconnaît que « dire ce que fait l'art n'est pas dire ce qu'est l'art; mais [...] dire ce que fait l'art nous intéresse tout particulièrement et au premier chef »[3]. On ne peut nier que tel soit le cas. Sur ce point, une conception immanentiste des œuvres d'art dirait que ce que font les œuvres présuppose ce qu'elles sont. Si le nominalisme de Goodman autorise des fonctions sans nature, ce n'est pas le cas de l'immanentisme. Ainsi la question « Quand y a-t-il art? », que Goodman substitue à la question « Qu'est-ce que l'art? », n'est pas simplement un rejet de l'essentialisme au profit du fonctionnalisme, mais le passage de l'essentialisme au nominalisme, en tant que refus des *natures*, des *substances*[4].

1. Voir plus haut, chap. III.

2. N. Goodman, *Manières de faire des mondes*, trad. fr. M.-D. Popelard, Nîmes, J. Chambon, 1992, p. 90-91.

3. N. Goodman, *Manières de faire des mondes*, p. 93.

4. Il s'agit ici de l'œuvre d'art et non du phénomène culturel qu'est l'art, au même titre que la science ou la religion.

Les symptômes du fonctionnement esthétique sont des caractéristiques aussi bien du premier que du deuxième niveau.
– Caractéristiques de premier niveau, formel et constructif : densité syntaxique, densité sémantique et saturation relative[1]. Ce dernier symptôme tient à l'indétermination de la quantité des traits significatifs dans un symbole. Les traits significatifs d'une courbe dans un repère cartésien sont indiqués en abscisse et en ordonnée. Tel n'est pas le cas dans un dessin d'Hokusaï, par exemple.
– Caractéristiques de deuxième niveau : l'exemplification, la référence multiple et complexe, c'est-à-dire des caractéristiques référentielles. Quand ce sont celles d'une image, d'un texte ou d'un morceau de musique, ces caractéristiques rendent la référence non pas mystérieuse ou obscure, ni même nécessairement opaque, mais indirecte et illimitée[2].
La référence est indirecte, parce que la référence n'est pas simplement dénotationnelle, mais qu'elle inclut des modes de référence *via* des étapes.
Ainsi un tableau exprime la tristesse en exemplifiant métaphoriquement une propriété qui elle-même dénote métaphoriquement bien d'autres choses, et qui doit être distinguée de la mélancolie, du spleen, de vague à l'âme, etc. La référence est illimitée parce qu'une œuvre d'art fonctionne référentiellement de façon si multiple qu'on n'épuise pas aisément, voire pas du tout, son fonctionnement référentiel. Qui plus est, la production artistique elle-même se charge de renouveler les possibilités référentielles. Le fonctionnement référentiel des derniers quatuors de Beethoven est modifié par l'irruption de la musique atonale, qu'ils ont eux-mêmes influencée[3]. C'est aussi pour repenser l'art qui s'est fait que l'on s'intéresse à l'art qui se fait. Le fonctionnement référentiel d'un diagramme des variations de l'action en bourse d'Eurotunnel est direct et limité : on sait immédiatement ce que cela veut dire et l'interprétation ne porte que fort peu à contestation. Quand dans un hypermarché on fait

1. Voir Goodman, *Manières de faire des mondes*, p. 91.

2. On peut tenir cette thèse pour une des affirmations les plus novatrices et subtiles de Goodman. La métaphore et l'expression peuvent être considérées de façon strictement extensionnelle, c'est-à-dire sans prétendre qu'il existe un « sens » métaphorique de certains énoncés ou que ce qui est exprimé par un tableau c'est son sens (qui est une entité des plus obscures).

3. Sur ce type de problème voir M. Baxandall, *Formes de l'intention*, trad. fr. C. Fraixe, Nîmes, J. Chambon, 1991, chap. II, § 6 ; et surtout, J. Levinson, *Music, Art and Metaphysics*, chap. 9. Les Oulipiens appellent cela du « plagiat par anticipation ».

passer une bande sonore reprenant les musiques des spots publicitaires télévisés, la fonction référentielle est relativement complexe (exemplification de la publicité par une des caractéristiques qui s'y appliquent), mais elle est limitée : faire acheter le produit en y faisant allusion. Les symptômes goodmaniens sont donc fort bien choisis pour caractériser cette saturation symbolique de l'art.

« Les symptômes ne sont que des indices; le patient peut avoir les symptômes sans la maladie, ou la maladie sans les symptômes », dit Goodman[1]. Mais la maladie n'existe-t-elle pas indépendamment des symptômes? Une maladie, ce ne sont pas des symptômes, ceux-ci ne servent, dans le meilleur cas, qu'à la reconnaître. Or, Goodman fait comme si un objet fonctionne esthétiquement *du fait* des symptômes. On pourrait objecter qu'avoir la grippe, ce n'est pas *simplement* avoir des symptômes. On accorde alors aisément à Goodman sa restriction à la fin de « Quand y a-t-il art? » :

> Peut-être est-ce forcer le trait ou parler de façon elliptique de dire qu'un objet est de l'art quand et seulement quand il fonctionne symboliquement. Le tableau de Rembrandt demeure une œuvre d'art, comme il demeure un tableau, alors même qu'il fonctionne comme abri; et la pierre de la route ne peut pas au sens strict devenir de l'art en fonctionnant comme art[2].

Ce que Goodman refuse absolument, c'est d'attribuer à un objet un « statut stable »[3]. Mais il peut aussi être tentant de penser que des symptômes concordants finissent par former des critères. Ils permettent alors de dire qu'on a bien affaire à une espèce de choses. Le médecin se méfie certes de certains symptômes peu fiables. Pourtant, il est prêt à affirmer qu'un patient a vraisemblablement la grippe, parce que ce serait peu plausible qu'il ait autre chose. De même, pourquoi hésiter à dire, quand un artefact fonctionne esthétiquement, que c'*est* une œuvre d'art? Pourquoi en rester à l'expression : *il y a art.* Fonctionnement esthétique d'un artefact et nature d'œuvre d'art ne sont-ils pas coextensifs?

1. N. Goodman, *Manières de faire des mondes*, p. 92.
2. Dans « Quand y a-t-il art? » (N. Goodman, *Manières de faire des mondes* (1992), p. 93, mais initialement 1977), Goodman suggère le remplacement de la question « Qu'est-ce que l'art? » par la question « Quand y a-t-il art? ». Dans « L'art en action », il dit seulement que la seconde question a priorité sur la première. À ce sujet, voir Pouivet, *Qu'est-ce qu'une œuvre d'art?*
3. N. Goodman, *Manières de faire des mondes*, p. 95, n. 9.

l'activation

Goodman rejette l'idée selon laquelle le fonctionnement des objets, qu'il soit esthétique ou non, détermine leur nature. Au contraire, la conception immanentiste consiste à dire que les œuvres d'art ont une fonction spécifique en faisant ce qu'elles sont.

Peut-être les deux positions de Goodman et de l'immanentisme sont-elles finalement conciliables; qu'un objet soit en lui-même une œuvre d'art ou qu'il ne le soit pas, il doit *fonctionner esthétiquement* pour que sa nature (conception immanentiste) ou ce qu'il peut faire (la thèse de Goodman) puisse être reconnu(e). C'est le rôle de l'activation. Goodman en parle de la façon suivante :

> Le fonctionnement d'une œuvre consiste dans la réponse d'un public ou d'un auditoire appelé à la saisir, à la comprendre et à comprendre, à travers elle, d'autres œuvres et d'autres expériences. [...] Un vaste mélange bigarré de facteurs, de l'encadrement à la lumière, en passant par l'exposition, la publication, l'éducation et la publicité, peut intervenir dans la façon dont une œuvre agit, dans le déclenchement, l'augmentation, la rectification, le blocage, l'inhibition ou l'interruption de son fonctionnement. [...] Je considère davantage les œuvres comme des machines ou des personnes, c'est-à-dire comme des entités dynamiques qui ont souvent besoin d'être mises en marche, remises en marche et maintenues en fonctionnement[1].

L'activation d'une œuvre suppose la plupart du temps « des procédures routinières, voire serviles, accomplies par des techniciens »[2]. Dès lors, la conception romantique de l'art, qui met en avant un créateur génial et *solitaire*, si possible aussi un peu maudit, s'accorde très mal avec l'évidence que les œuvres ne *sont* rien tant qu'elles ne sont pas activées par de petites mains. Comme le dit Goodman, ce n'est pas une question purement pratique et artistiquement accessoire. Ne pourrait-on pas dire qu'il s'agit d'une question ontologique ? Goodman dit lui-même que « ce que les œuvres *sont* dépend en dernier ressort de ce qu'elles font »[3].

La question de la restauration pourrait ici être posée. Elle sera examinée plus attentivement par la suite dans le cadre d'une réflexion non plus sur

1. N. Goodman, « L'art en action », *Esthétique contemporaine*, p. 144-145.
2. *Ibid.*, p. 145.
3. *Ibid.*

la nature des œuvres d'art mais sur la question de leur identification[1]. On peut d'ores et déjà se demander ce qu'est une œuvre d'art restaurée. Prenons l'exemple du mont Saint-Michel, restauré selon la méthode de Viollet-Leduc, c'est-à-dire en procédant à une reconstruction quasi complète d'un édifice pour obtenir ce qu'il est supposé avoir été (voire, en quelque sorte, ce qu'il aurait dû être). Qu'est-ce qui alors fonctionne ? Est-ce l'œuvre des maîtres bâtisseurs médiévaux et de leurs successeurs de la Renaissance, eux-mêmes déjà restaurateurs, ou est-ce une *autre* œuvre, celle d'un architecte de la deuxième moitié du XIXe siècle, obsédé par la période médiévale ? De *quelle* œuvre s'agit-il ? Les fresques du plafond de la chapelle Sixtine sont-elles réapparues lorsqu'on a enlevé la couche de crasse et de suie, ou admire-t-on aujourd'hui une coproduction entre Michel-Ange et ceux qui ont opéré le « nettoyage » ? Goodman semble voir dans cette problématique l'une des plus importantes de la philosophie de l'art. C'est aussi l'une de celles où la philosophie de l'art pourrait être utile, en aidant dans leur réflexion théorique ceux qui doivent prendre des décisions de restauration parfois irréversibles. En ce sens, ne donne-t-elle pas une justification pratique, si besoin en est vraiment, à une *ontologie* de l'œuvre d'art ?

Ne pourrait-on pas alors raisonner de la façon suivante ? Si une œuvre doit être activée, si on doit être circonspect quand il s'agit de sa restauration, si donc son fonctionnement en tant qu'œuvre n'est jamais garanti, mais doit être recherché et optimisé, c'est que l'objet en question est *déjà* considéré comme une œuvre par ceux qui sont en charge de l'activer, de la restaurer, d'optimiser son fonctionnement. Certes, une œuvre est une entité dynamique. Une machine doit être entretenue et adaptée, afin d'avoir les meilleures performances. Une personne doit être soignée, éduquée, on doit lui fournir les meilleures conditions pour faire fructifier ses talents. Mais entretiendrions-nous *en tant que machine* ce dont nous ne saurions pas que c'en est une ? Même si une machine ne fonctionne pas, nous n'en sommes pas pour autant assurés qu'elle ne le fera pas un jour. Nos placards en contiennent qu'on ne se résout pas à jeter, dans l'espoir qu'elles fonctionnent encore un jour, qu'elles soient bien encore les machines qu'elles sont (vieilles montres, vieux stylos, vieux grille-pain). Devons-nous raisonner autrement avec les œuvres d'art ?

1. Cf. *infra*, chap. 8. Voir aussi, R. Pouivet, *Esthétique et logique*, p. 177-178.

Lorsque le conservateur décide de l'achat d'une œuvre et qu'il l'expose, il entend la faire fonctionner du mieux possible. C'est d'autant plus vrai que l'œuvre est « contestable », qu'il s'agisse d'un ours en peluche fiché sur un socle, d'une chaise couverte de graisse ou de quelques traînées de sable sur une plaque de verre. S'il décide son achat et son exposition, c'est qu'il est convaincu d'avoir affaire à une œuvre d'art. L'erreur est possible. La capacité d'y persévérer est aujourd'hui sans limite dans les milieux de l'art contemporain. Mais le conservateur achète et expose bien des *œuvres d'art*, et non pas des objets qui, le cas échéant, *pourraient* fonctionner comme tels. Le conservateur peut avoir cru (et même de bonne foi) qu'il avait affaire à une œuvre d'art. Qu'il se soit trompé ou non, il existe une réponse à la question de savoir *si* c'en est une.

Ce que les œuvres sont dépend de ce qu'elles font. Mais ne pourrait-on pas dire qu'elles ne feront jamais rien qui ne suppose pas d'abord ce qu'elles sont? Les chats n'aboient pas, les lapins ne montent pas aux arbres, les montres ne taillent pas les crayons, les râpes à fromage ne repassent pas le linge. Vous ne pouvez activer que les propriétés *activables* de quelque chose. Vous ne pouvez actualiser que ce qui est en puissance. Désolé de dire des choses aussi simples, mais elles sont parfois oubliées.

Nous sommes alors tentés de penser que le fonctionnalisme esthétique n'est pas si incompatible que Goodman le suggère avec le réalisme immanentisme défendu dans le chapitre précédent. Entre la thèse platoniste de l'instanciation d'entités abstraites et celle, nominaliste, d'artefacts fonctionnant esthétiquement, sans qu'on puisse dire qu'ils possèdent alors une nature propre, n'y aurait-il pas une autre voie, celle du réalisme modéré? Il existe cependant encore une thèse nominaliste, plus radicale que celle de Goodman, proposée par Eddy Zemach.

le nominalisme fort

l'ontologie de Zemach

Eddy Zemach propose une théorie originale de l'identité des œuvres d'art. Elle nous intéressera pour ses conséquences importantes sur la conception de la nature des œuvres d'art. Ces conséquences ne sont qu'implicites dans les travaux de Zemach, et il faut commencer par les expliciter.

Selon Zemach :

> On est tenté de s'accorder avec Goodman, Sagoff[1], et tant d'autres philosophes, sur l'idée que les conditions d'identité d'une peinture sont simplement les conditions d'identité de l'objet physique en quoi elle consiste. En réalité, cet objet physique peut changer dans le temps, mais alors ces changements sont des changements dans cette peinture particulière. Cependant, il y a un argument simple, presque trop facile, montrant que cette conception des conditions d'identité des œuvres d'art est inadéquate : la toile, la même toile, peut encore subsister quand la peinture a complètement disparu, par exemple quand elle est devenue sombre au point d'être d'un noir uniforme sans caractéristique visuelle et chimique. Nous pouvons ainsi envisager une situation dans laquelle l'objet physique originel existe, mais la peinture n'existe plus. Donc, les deux ne sont pas identiques : CQFD[2].

Selon Zemach, un tel argument a entraîné chez d'autres que lui une fuite en avant vers des solutions qu'il rejette. C'est d'abord la solution mentaliste (Croce, Collingwood) : l'objet est une entité mentale[3]. Ce sont également les solutions d'esprit platonicien de Wolterstorff ou Wollheim, celles de l'exemplification. La solution de Zemach consiste à dire a) que les peintures sont des objets physiques, mais b) que toutes les propriétés physiques de la chose physique avec laquelle la peinture est identique ne sont pas des propriétés de la peinture. *La Ronde de nuit* est bien un objet physique, mais ce n'est pas nécessairement celui que Rembrandt a peint. Une reproduction, même photographique, peut être *La Ronde de nuit.* Il suffit que X préserve les caractéristiques essentielles pour que X soit *La Ronde de nuit*, même s'il n'est pas le tableau original ou plutôt la toile originale.

Pour comprendre cette thèse de Zemach, il faut faire un détour par son ontologie générale, dont il dit lui-même qu'elle est née de son

1. M. Sagoff, « On Restoring and Reproducing Art », *The Journal of Philosophy*, vol. LXV, n° 9, 1978.

2. E. Zemach, *Types, Essays in Metaphysics*, p. 112-113.

3. Zemach cite aussi Ingarden, mais à tort, car le philosophe polonais rejette une solution mentaliste (voir R. Ingarden, *Qu'est-ce qu'une œuvre musicale ?*, chap. II). Mais certes on peut se demander si ce rejet suffit à éviter le mentalisme.

esthétique[1]. L'ontologie de Zemach, rapidement présentée, repose sur les définitions suivantes[2].

D1. Un *type* est une chose physique; il se manifeste (*occurs*) en de multiples index.

D2. Un *index* est un triplet : un moment, un emplacement, et un monde possible.

D3. Une *instance* d'un type A est une occurrence de A en un index i; l'instance de A en i est identique à l'index i.

Dès lors, *La Ronde de nuit* est bien un type dont il y a de multiples instances. Attention, les significations des termes *type* et *instance* ne sont plus du tout les mêmes que chez Wolterstorff, Wollheim et Levinson. Pour eux, le type est une entité abstraite non physique. Pour Zemach, c'est une chose physique, au même titre que l'instance, qui est le type indexé. L'instance de *La Ronde de nuit* peinte par Rembrandt a certaines propriétés physiques que n'a pas la reproduction sur une carte postale achetée au musée (la taille, par exemple). Mais l'original dans le musée n'a pas non plus les mêmes propriétés physiques (de luminosité et de couleur, par exemple) que l'instance dans le musée. Pour comprendre ce phénomène, il suffit d'ajouter trois nouvelles définitions.

D4. L'identité est relative en un index[3].

D5. L'identité est relative à un type[4].

D6. L'identité est transitive.

D1-D6 est un ensemble de définitions grâce auxquelles on peut identifier une œuvre d'art comme étant *telle* œuvre, c'est-à-dire comme étant tel type physique multiplement instanciable. Le nominalisme de Zemach se manifeste principalement par l'absence de différence ontologique entre

1. E. Zemach, *La beauté réelle. Une défense du réalisme esthétique*, trad. fr. S. Réhault, Rennes, Presses Universitaires de Rennes, 2005, p. 179.

2. Nous reprenons les éléments principaux de Zemach, *Types, Essays in Metaphysics*, chap. 10. La présentation formelle est la plus réduite possible; elle ne conserve que ce qui apparaît nécessaire à une bonne compréhension de la thèse de Zemach, en particulier à sa cohérence logique. Voir aussi Zemach, *Types, Essays in Metaphysics*, chap. 1 et *La beauté réelle. Une défense du réalisme esthétique*, chap. 7.

3. Si une instance *i* de A est aussi une instance de type B, A et B sont identiques en *i*. $A =_i B$. Si toutes les instances de A sont des instances de B, alors $A =_A B$. Dès lors, on peut écrire :
« Socrate est un homme » : $S =_S H$
« Tous les Grecs sont mortels » : $G =_G M$
« Tous les mortels sont grecs » : $G =_M M$

4. A est le même que C en tant que B ($A =^C B$) si et seulement si pour tout Ci tel que $Ci =_{Ci} C$, $A =^C Ci$ et $B =^C Ci$.

le type et l'instance. Tous les deux sont des choses physiques. Tout type est une instance, toute instance est un type. Socrate est un type. Homme est aussi un type. Si je dis que Socrate est un homme, j'affirme qu'une instance de Socrate est aussi une instance de Homme, qu'ils sont identiques en un certain index. Dans le cas de Socrate toute instance est une instance de Homme, même si toute instance de Homme n'est évidemment pas une instance de Socrate. Il reste que rien ne suppose l'existence d'une entité abstraite, l'Humain, d'une classe, d'une espèce réelle, etc.

On doit ajouter deux remarques. 1) Le type est en fait une *sorte (de)*, mais une sorte dont on ne détermine pas des propriétés nécessaires et suffisantes permettant de définir une appartenance spécifique. 2) Le type suppose cependant des caractéristiques essentielles. Ces caractéristiques essentielles ne sont pas déterminables indépendamment de nos besoins et de nos intérêts. (1) explique qu'une reproduction photographique de *La Ronde de nuit* puisse être *La Ronde de nuit.* (2) explique les restrictions sur (1). Il conviendra d'évaluer l'objet dont on prétend qu'il est le même qu'un autre pour savoir si cette prétention est acceptable. Les critères d'identité sont donc principalement liés à l'identité fonctionnelle. Par exemple, un chat castré tient dans la maison le même rôle qu'un chat avant sa castration, dit Zemach[1]. On continuera à le tenir pour un chat. En revanche, un taureau (*bull*) castré ne joue plus le même rôle, et portera un autre nom : bœuf (*ox*). Il est essentiel pour un taureau de se reproduire, non pas pour un chat.

Zemach est nominaliste puisqu'il rejette fermement l'idée d'universaux, d'entités abstraites exemplifiées par des particuliers concrets[2]. Mais il est aussi essentialiste, dans la mesure où il convient de déterminer des caractéristiques assurant qu'on a bien le même type, même si toutes les propriétés ne sont pas préservées dans chaque instance (c'est-à-dire en chaque index)[3]. Il est réaliste, en reconnaissant que « les choses sont ce

1. E. Zemach, *Types, Essays in Metaphysics*, p. 115.

2. E. Zemach, *La beauté réelle. Une défense du réalisme esthétique*, p. 180 ; voir aussi, *Types, Essays in Metaphysics*, chap. 1, 2 et 4 (qui est un savoureux dialogue entre deux *dramatis personae* : Rea et Nomina). L'introduction de 1992 est un manifeste de nominalisme militant et d'anti-platonisme viscéral.

3. L'anti-platonisme ne doit pas être confondu avec l'anti-essentialisme. Dire que certaines caractéristiques sont essentielles pour qu'une chose soit *telle* chose n'implique nullement l'existence d'universaux séparés. Il suffit de penser à Aristote. C'est aussi en ce sens qu'un essentialisme modéré et un nominalisme modéré sont eux aussi compatibles.

qu'elles sont quoi qu'il en soit de ce que nous pensons d'elles »[1]. Il est relativiste quand il affirme que « les termes de sortes [de choses] sont (...) déterminés par nos intérêts » ou que « c'est nous qui ponctuons dans la nature des objets distincts, déterminant par cela quel changement constitue un point »[2]. Les jugements de valeur semblent être les véritables critères de la distinction entre des sortes de choses. Définir une pomme revient à indiquer ce qu'est une *bonne* pomme. Une sorte de choses doit posséder certaines caractéristiques auxquelles nous accordons une valeur pour une espèce déterminée de choses. « Les critères d'identité des choses d'une certaine espèce (...) sont déterminés par les intérêts que les choses de cette espèce servent bien »[3].

Nous n'examinerons pas ici pour elle-même la théorie zemachienne de l'identité des œuvres d'art, mais seulement la question de savoir quelles sont ses conséquences pour la nature des œuvres d'art ?[4]

Si on applique *D1-D6* à la question de ce qu'est une œuvre d'art, il est clair qu'aucune réponse en termes de conditions nécessaires et suffisantes n'est possible. Si le type en question est « œuvre d'art », toute instance d'œuvre d'art sera simplement une occurrence d'œuvre d'art en un certain index. Zemach ne dit rien de plus. Pour dire que *La Ronde de nuit* est une œuvre d'art, dans la terminologie zemachienne, il faut affirmer que *La Ronde de nuit* est identique à œuvre d'art en l'index i (D4). Ou bien : *La Ronde de nuit* et *Aïda* sont identiques en tant qu'*œuvres d'art (D5)*. Le défaut de cette thèse, c'est qu'elle fixe avec précision les conditions d'identité des objets, mais de façon strictement formelle. Elle laisse dans une complète indétermination les critères *substantiels* d'identité. *D4* ou *D5* nous disent ce qui se passe quand nous disons que *La Ronde de nuit* est une œuvre d'art ou que *La Ronde de nuit* et *Aïda* sont des œuvres d'art. Mais ces définitions ne disent nullement ce qu'est une

1. E. Zemach, *La beauté réelle. Une défense du réalisme esthétique*, p. 186-187.

2. E. Zemach, *Types, Essays in Metaphysics*, p. 114 et 115.

3. *Ibid.*, p. 119.

4. Nous laissons ici de côté la discussion sur l'identité relative et l'identité absolue. Cela nous entraînerait trop loin de la question de la nature des œuvres d'art. Il suffit de savoir que de nombreux philosophes (principalement, M. Dummett, *Frege, Philosophy of Language*, London, Duckworth, 1981 ; D. Wiggins, *Sameness and Substance*, Oxford, Blackwell, 1980 ; A.W. Müller, « Conceptual Surroundings of Absolute Identity », *in* H.A. Lewis, *Peter Geach : Philosophical Encounters*, Dordrecht, Kluwer, 1991, et bien d'autres ensuite, disons même presque tous ceux qui se sont intéressés à la question) ont contesté la thèse, défendue principalement par P. Geach (*Reference and Generality*, Ithaca, Cornell UP, 1962, § 31 ; *Logic Matters*, Berkeley, University of California Press, 1972, chap. 7), selon laquelle l'identité est relative.

œuvre d'art. On peut alors faire à Zemach trois objections qui sont toutes destinées à montrer l'importance d'un critère *substantiel* d'identité spécifique, même dans le cas des œuvres d'art[1]. Elles visent donc la défense de la thèse réaliste du chapitre III[2]. Les deux premières objections sont présentées dans cette section et la troisième dans la section suivante.

y a-t-il un fétichisme de l'œuvre d'art ?

Pour Zemach, « les critiques d'art nous disent quelles propriétés d'une œuvre d'art X sont si essentielles que si X les perd, elle cesse d'exister, et si un reproducteur échoue à les reproduire, ce qu'il fait n'est pas un X »[3]. C'est le principe de la critique de ce qu'il appelle le « fétichisme ».

> Un fétichiste est une personne qui ne peut pas choisir : elle reste pathologiquement attachée à des aspects sans intérêt et insignifiants d'un objet dont la valeur et la signification tiennent à d'*autres* aspects. Les fétichistes vénéreront les sandales d'un grand homme plutôt que de suivre son enseignement ; ils enchâsseront un morceau de toile noirci et pourri, qui a autrefois coïncidé avec une œuvre d'une grande beauté, alors qu'aujourd'hui vous ne pouvez pratiquement plus rien voir. La valeur ne se trouve pas là où sont les saintes reliques[4].

La thèse de Zemach constitue une critique bienvenue de certaines attitudes pieuses, survalorisant des objets, et particulièrement des œuvres d'art. Mais cette thèse nous intéresse moins que sa limite. En passant de la toile originale, noircie et pourrie, à la reproduction bien plus satisfaisante, on doit, dit-il, préserver le fonctionnement esthétique, une caractéristique que l'œuvre ne peut pas perdre, sauf à disparaître *en tant que chose qu'elle est*, sauf à perdre sa *nature* d'œuvre d'art. Mais ce que Zemach comprend en termes de jugements de valeur des critiques ne pourrait-il pas l'être aussi bien en recourant à l'idée de *continuité substantielle* ? Pour que *La Ronde de nuit* qui coïncide avec la toile que Rembrandt a peinte et celle qui coïncide avec la reproduction

1. C'est la raison pour laquelle, malgré les références à Geach faites par Zemach, il n'est pas sûr que sa thèse de l'identité relative soit celle que défend Geach (voir note précédente).

2. D'autres critiques, sur d'autres bases, ont pu être faites à Zemach. Voir J. Levinson, « Zemach on Paintings », *British Journal of Aesthetics*, vol. 27, n° 3, 1987 ; S. Farrelly-Jackson, « Fetishism and the Identity of Art », *British Journal of Aesthetics*, vol. 37, n° 2, 1997.

3. E. Zemach, *La beauté réelle. Une défense du réalisme esthétique*, p. 194.

4. E. Zemach, *Types, Essays in Metaphysics*, p. 124.

photographique dans un livre consacré à l'œuvre de Rembrandt puissent être la même chose, il faut, en termes zemachiens, que les deux objets soient identiques relativement à un type (*D5*). Ce type suppose un fonctionnement spécifique des deux objets. Les objets doivent être de la même nature pour qu'on puisse dire qu'ils sont le même. Zemach peut-il éviter de prendre en compte la nature des choses qui sont identiques dans leur fonctionnement? Pour que quelque chose possède ce fonctionnement, ne faut-il pas que ce soit une œuvre d'art? Ou bien pourrait-on aller jusqu'à soutenir que *La Ronde de nuit* peinte par Rembrandt pourrait être identique à une autre instance qui ne serait *pas* une œuvre d'art, mais un urinoir, un plat à tartes, un melon? Si n'importe quoi ne peut pas instancier le type *La Ronde de nuit*, c'est vraisemblablement que l'identité des instances ne se réduit pas à l'avis des critiques sur leur identité. Nous avons affaire à une espèce d'objets et, pour être *cette* œuvre, l'œuvre doit d'abord en être *une*, fonctionner comme telle.

interprétation et nature des œuvres d'art

Zemach dit que deux interprétations, mettons celles de J et de S, sont logées (*nested*) dans l'objet X (l'œuvre d'art). Nous appellerons ces interprétations J et S, par le nom de ceux qui les ont faites. J et S sont elles-mêmes deux objets qui se chevauchent (*overlap*) en X. « Être une interprétation de X, c'est avoir comme essentielles toutes les propriétés essentielles de X et, en plus, certaines propriétés essentielles que X en tant que tel n'a pas »[1], précise-t-il. Mais pour que J et S soient deux interprétations de la même chose, suffit-il qu'elles soient logées dans le même X? Il faut aussi que certaines caractéristiques essentielles de J soient des caractéristiques essentielles de S tout en étant des caractéristiques essentielles de X. « Être une œuvre d'art » devra être une caractéristique essentielle de X. Mais elle ne peut pas être une caractéristique essentielle de J et de S, puisque ce ne sont pas des œuvres d'art, mais des interprétations. Elle doit cependant être une caractéristique essentielle *attribuée* par J et par S à X dans leurs interprétations. Dès lors, la notion de substance artefactuelle à fonction spécifiquement esthétique semble présupposée dans le modèle de Zemach, quand bien même Zemach refuse fermement de la reconnaître comme telle. J et S doivent

1. E. Zemach, *La beauté réelle. Une défense du réalisme esthétique*, p. 194.

dire de X que c'est une œuvre d'art, mais cette propriété n'appartient pas à ce qu'ils disent de X, c'est-à-dire aux interprétations, elle appartient nécessairement à X lui-même.

Tout se passe ainsi comme si Zemach tentait d'éliminer ce qui resurgit malgré tout, tout en étant réinterprété implicitement dans son système. L'identité d'une œuvre d'art suppose qu'elle soit identifiée par sa fonction spécifique. Cela suppose donc autre chose qu'un type en tant que simple chose physique. Cela suppose une espèce et ce qui fait qu'une chose est de cette espèce-là et non pas d'une autre. Le désaccord entre J et S ne porte-t-il pas sur quelque chose *d'une certaine espèce*? Leur désaccord sinon n'aurait aucun sens! Si J pense que *La Ronde de nuit* est fait pour boucher une fenêtre et S qu'il s'agit d'une œuvre d'art, en quoi leurs interprétations peuvent encore être dites loger dans la même chose, *La Ronde de nuit*? Leur désaccord suppose que J et S s'entendent sur quelque chose : X est une œuvre d'art.

Zemach pourrait vraisemblablement reformuler cette exigence de spécification de X dans les termes de son ontologie. Peut-être dirait-il que l'interprétation (de) J et l'interprétation (de) S sont logées dans X qui est lui-même identique à l'œuvre d'art en l'index i, lequel se trouve être l'index des instances J et S, elles-mêmes identiques relativement au type interprétation. Mais ne s'agit-il pas à nouveau d'éviter par des artifices de vocabulaire la présupposition que les interprétations portent bien sur quelque chose qui *est* une œuvre d'art ?

ontologie ouverte et ontologie fermée

On pourrait reprocher à la thèse de l'existence d'une espèce de choses qui sont des œuvres d'art qu'elle nous situe dans une ontologie « fermée » incapable de rendre compte de changements ontologiques radicaux. L'ontologie réaliste serait *bloquée* par la notion d'espèce artefactuelle, incapable alors de penser la nouveauté artistique, qui chacun sait est grande. Examinons cette objection.

À suivre Putnam, nous avons appliqué le terme « or » pendant des siècles sans véritablement connaître les caractéristiques essentielles de l'or[1]. Mais la découverte du nombre atomique de l'or a fixé son essence réelle. Avec ce nombre atomique, on a découvert *a posteriori* une vérité nécessaire au sujet de l'or, de ce en quoi cela consiste d'être de l'or. Savoir si une chose est d'un certain type reviendrait à savoir si elle possède une certaine nature. Nous pourrions bien n'être pas en mesure de déterminer en quoi cette nature consiste. Nous pourrions avoir pensé qu'une chose non malléable, non jaune, non métallique, n'était pas de l'or, alors qu'en réalité elle en était. Nous pourrions avoir cru qu'une chose malléable, jaune et métallique était de l'or, alors qu'en réalité elle n'en était pas. Mais être de l'or, ce serait posséder *une* nature, même indéterminée.

Zemach a contesté cette thèse. Il dit que « la constitution chimique n'est pas toujours décisive pour déterminer notre usage des noms de substance ». Il affirme qu'il n'y a pas de termes de substance dans une langue comme l'anglais, que nos classifications sont largement modifiables et manifestement modifiées par les progrès scientifiques. Tout simplement, Zemach semble douter qu'il y ait des espèces naturelles[2]. Cela le conduit à rejeter la thèse kripkéenne selon laquelle certains termes, comme « eau » ou « or », sont des *désignateurs rigides* parce qu'ils désignent nécessairement la même chose dans tous les mondes possibles[3]. Dans n'importe quel monde, quelque chose est un X à la condition d'entrer dans la relation « être le même X que » avec ce que nous appelons X dans ce monde (actuel).

Pour Kripke[4], les énoncés vrais dans tous les mondes sont *métaphysiquement nécessaires*. Un énoncé peut être métaphysiquement nécessaire, mais épistémiquement contingent. Nous n'avons pas d'accès intuitif à la nécessité métaphysique; nous découvrons empiriquement les vérités métaphysiques. « On peut très bien découvrir l'essence empiriquement », dit Kripke[5]. C'est justement ce que rejette Zemach. Son principal argument contre Putnam et Kripke : si l'on détermine à quelle condition X est d'un certain type, cela ne peut qu'être relatif à des

1. Le texte de référence est H. Putnam, « La signification de "signification" », dans D. Fisette et P. Poirier, *Philosophie de l'esprit*, Paris, Vrin, 2003. (Cet article date de 1967.)

2. E. Zemach, « Putnam's Theory on the Reference of Substance Terms », *The Journal of Philosophy*, vol. LXXIII, n. 5, 1976, p. 119 et 121.

3. Voir Kripke, *La logique des noms propres*, trad. fr. P. Jacob et F. Récanati, Paris, Minuit, 1982.

4. Kripke, *La logique des noms propres*, 3e conférence.

5. Kripke, *La logique des noms propres*, p. 99.

intérêts modifiables conduisant un jour à réputer inessentielle une caractéristique qu'on jugeait auparavant essentielle.

> La science est caractérisée par des changements radicaux de ce que l'on tient pour l'essence des objets, et donc dans les manières de les classer[1].

Autrement dit, le type est d'une texture ouverte.

C'est l'argument de l'ontologie ouverte contre l'ontologie fermée. Une métaphysique fermée serait celle qui reconnaît l'existence de *natures des choses*. Elle se prive de la possibilité d'adaptation à ces changements radicaux dont parle Zemach. Une métaphysique ouverte serait au contraire soucieuse de ne jamais fixer arbitrairement ce qui est changeant; elle serait susceptible d'être modifiée par des situations actuellement contrefactuelles[2], comme celle de la modification de notre biologie. Zemach imagine ainsi les hommes devenant tout à fait sourds, mais sensibles aux champs magnétiques. Dès lors, les œuvres de Beethoven n'auraient plus à être sonores[3]. On les ressentiraient par les vibrations magnétiques produites quand on joue et non par les sons. Il pourrait y avoir des instances non sonores des symphonies de Beethoven! Le fonctionnement esthétique ne serait plus décisif pour que quelque chose soit une œuvre d'art.

L'exemple de la modification de notre biologie semble peu crédible en l'absence d'une théorie de la perception compatible avec elle. Peut-on réellement dire que la perception des vibrations magnétiques produites par des instruments équivaut à celle des vibrations des sons puisque les propriétés physico-phénoménales dans les deux cas seront vraisemblablement tout à fait différentes? Laissons la discussion de l'exemple de Zemach. Discutons plutôt l'idée même d'une distinction entre ontologie ouverte et ontologie fermée.

M. Mandelbaum a fait très justement remarquer que la question de savoir si un concept est ouvert ou fermé (celle de savoir si un ensemble de conditions nécessaires et suffisantes peut être donné pour son usage) n'est pas identique à « la question de savoir si des instances futures auxquelles le même concept est appliqué peuvent ou ne peuvent pas

1. E. Zemach, « Putnam's Theory on the Reference of Substance Terms », p. 121.

2. Une situation contrefactuelle est décrite par un énoncé conditionnel (Si *p*, alors *q*), dans lequel l'antécédent (*p*) est faux. Par exemple : « Si les poules avaient des dents, elles mordraient les facteurs ».

3. E. Zemach, *La beauté réelle. Une défense du réalisme esthétique*, p. 188 et 189.

posséder véritablement de nouvelles propriétés »[1]. Que les œuvres d'art aient une certaine nature n'est pas une affirmation prescriptive et autoritaire au sujet de ce qu'elles doivent être. Que l'homme soit un animal rationnel n'implique pas une clôture du concept d'homme rendant incompréhensible que l'homme puisse changer. Sans parler de changements moraux ou spirituels, la durée moyenne de la vie humaine s'allonge sans qu'on prétende pour cela que la nature humaine est modifiée. Pour reprendre un exemple de Mandelbaum, pris dans le domaine qui nous intéresse dans ce livre, la peinture figurative a pour caractéristique essentielle de figurer quelque chose, mais il peut s'agir de scènes mythologiques ou religieuses aussi bien que des événements historiques, des intérieurs, des fêtes champêtres ou des natures mortes. Cette nature propre de la peinture représentative peut même être préalable à l'apparition historique d'un type de figuration.

> Donc, définir une forme particulière d'art – et la définir vraiment et exactement – ne revient pas nécessairement à refuser toute création nouvelle pouvant apparaître dans cette forme particulière[2].

L'argument ne pourrait-il pas être appliqué à la notion d'œuvre d'art? Aussi rebattue soit-elle, la thèse selon laquelle s'il y avait une nature des œuvres d'art, nous serions alors incapables d'accepter quelque nouveauté que ce soit et de rendre compte des changements dans l'art, n'est pas convaincante.

Si nous disons que les œuvres d'art *doivent* être des artefacts qui fonctionnent esthétiquement, nous n'avons pour cela aucunement fixé les caractéristiques de toutes les œuvres d'art possibles. Une nouvelle forme de figuration peut apparaître, même si nous disons que la peinture figurative représente nécessairement quelque chose. De la même façon, et plus généralement, de nouvelles œuvres, inattendues, peuvent apparaître même si nous acceptons la thèse que les œuvres d'art ont une nature. Nous pourrions même ajouter que si des changements radicaux dans ce nous tenons comme œuvre d'art sont possibles, c'est justement que cette nature spécifique est préservée. Sinon, comment reconnaîtrions-nous une *œuvre d'art* radicalement différente de ce à quoi nous

1. M. Mandelbaum, « Family Resemblances and Generalization Concerning the Arts », *in* M. Weitz, *Problems in Aesthetics*, New York, Macmillan, 1970, p. 193. L'article de Mandelbaum est une critique de l'article de Weitz, « Le rôle de la théorie en esthétique » (1956).
2. M. Mandelbaum, « Family Resemblances and Generalization Concerning the Arts », p. 193.

nous attendions, de ce à quoi nous étions accoutumés ? Ne faut-il pas que nous puissions faire la différence entre, d'une part, une œuvre d'art radicalement différente de tout ce que nous avons vu jusqu'alors et d'autre part quelque chose de radicalement différent de toute œuvre d'art ?

Nous en concluons qu'une métaphysique « fermée » n'est nullement incompatible avec la nouveauté et l'originalité artistiques. Elle pourrait même en constituer une condition.

chapitre 5
les propriétés esthétiques

méta-esthétique et ontologie

le statut des propriétés esthétiques

Notre vocabulaire esthétique est constitué de prédicats tels que « beau », « élégant », « équilibré », « baroque », « cacophonique », « laid », « splendide », « moche », et d'autres. De tels prédicats expriment des propriétés que nous attribuons à un objet ou à un événement, un sentiment ou une impression. À la question de savoir ce qui fait d'un prédicat un prédicat esthétique, nous pouvons répondre qu'il en est un à la condition d'exprimer une propriété esthétique. Cela suppose alors l'existence de telles propriétés, ce que certains jugent discutable. Mais cela ne suppose pas nécessairement l'existence indépendante de telles propriétés. Leur existence peut dépendre des objets qui les possèdent. En ce cas, la forme sujet-prédicat (x est F) pourrait, au moins dans certains cas, exprimer qu'un objet possède réellement une certaine propriété, en l'occurrence esthétique. Ainsi, dire qu'un

objet est beau, ce serait affirmer qu'il possède cette propriété d'être beau, que cette propriété existe, même si elle n'existe pas indépendamment de tout objet, et en l'occurrence non pas indépendamment de cet objet en particulier. Cette thèse n'est pas nominaliste. En effet, elle affirme l'existence de la propriété, alors qu'un nominaliste considère qu'il n'existe rien d'autre que des entités individuelles, que les propriétés ne sont (par exemple) que des ressemblances entre les objets. Mais cette thèse n'est pas non plus platoniste. Elle ne dit en effet pas que les propriétés existent *de re*, en tant que réalités indépendantes. C'est la thèse que les scolastiques appelaient *universalia in rebus*; les universaux existent, mais dans les choses qui possèdent les propriétés attribuées.
Mais si les propriétés n'existent pas indépendamment des objets qui les possèdent, pouvons-nous encore dire qu'elles existent? Un platoniste répond négativement. C'est pourquoi il serait ici tenté de penser qu'une ontologie de l'œuvre d'art doit vraisemblablement être complétée par une métaphysique des objets abstraits, comme le beau (voire la beauté), l'équilibré, le laid (la laideur), etc. Car si les propriétés sont des réalités abstraites instanciées par des entités sensibles, un discours est possible sur ces réalités elles-mêmes. Ainsi l'esthétique devient en ce cas une métaphysique de la beauté, comme chez Plotin[1]. Nous n'irons pas dans ce sens. Pour rendre compte de la réalité des propriétés esthétiques, il ne nous semble pas nécessaire d'affirmer leur existence indépendante.
La question des *propriétés* esthétiques est double. Premièrement, il s'agira de savoir si les prédicats que nous utilisons pour caractériser les objets esthétiques, œuvres d'art ou non, expriment des propriétés réelles des objets, comme nous l'avons prétendu. Deuxièmement, il s'agit de savoir quelle est la nature de telle propriétés, c'est-à-dire ce qui rend *esthétique* une propriété esthétique. La première question est prioritaire. Si les propriétés esthétiques sont réelles, c'est-à-dire si elles ne dépendent pas de l'expérience que nous faisons des objets auxquels nous les attribuons, il s'agit alors de nous interroger sur des propriétés d'objets. En revanche, si ces propriétés ne sont pas réelles, il s'agit de nous interroger sur d'autres propriétés, celles que nous devons attribuer à celui qui fait une certaine expérience ou à cette expérience elle-même, indépendamment de la nature même des objets auxquels nous sommes

1. R. Pouivet, « Le beau et l'art, remarques sur leur rapport chez Plotin et chez Kant », *Revue de l'enseignement philosophique*, 36/6, août-sept., 1986.

pourtant tenter d'attribuer, mais *illusoirement*, de telles propriétés. Dans ce dernier cas, les propriétés esthétiques sont subjectives et projetées sur les objets dont on fait l'expérience. Dans le premier cas, elles sont objectives, découvertes dans les choses elles-mêmes et constituent des causes de l'attribution de telles propriétés aux objets. Il convient donc de savoir si, quand nous attribuons des propriétés esthétiques aux objets, nous parlons d'*eux* et disons ce qu'ils sont et comment ils sont, ou si nous parlons simplement de *nous*, décrivant des impressions dont les propriétés des objets ne sont pas les causes réelles[1].

classification des propriétés esthétiques

Tentons d'abord une classification des propriétés esthétiques. On peut en distinguer quatre groupes :

1) *Les propriétés esthétiques évaluatives* ; par exemple, « beau », « laid », « sublime », « superbe », « exécrable », « médiocre », « lamentable », « élégant », « vulgaire ».
2) *Les propriétés esthétiques affectives* ; par exemple, « troublant », « poignant », « enthousiasmant », « effrayant », « pénible », « apaisant ».
3) *Les propriétés esthétiques classificatoires* ; par exemple, « lyrique », « comique », « dramatique », « symphonique », « poétique » « romanesque ».
4) *Les propriétés esthétiques historico-esthétiques* ; par exemple, « baroque », « romantique », « gothique », « classique », « impressionniste », « naturaliste ».

On remarque que (1) et (2) concernent des objets considérés esthétiquement, mais non pas seulement des œuvres d'art. (3) et (4), en revanche, ne semblent concerner *que* des œuvres d'art. Comment serait-il possible de dire d'un coucher de soleil qu'il est lyrique ou d'un paysage qu'il est baroque. Il ne pourrait s'agir que d'une métaphore, c'est-à-dire d'un énoncé qui, pour être intelligible et parfois éclairant, n'en est pas moins littéralement faux. Pour autant, quand nous disons d'un coucher de soleil qu'il est lyrique ou d'un paysage qu'il est baroque, nous devons avoir quelque *raison* de parler ainsi. Il a souvent été suggéré que nous apprécions les objets naturels en termes d'œuvre d'art, c'est-à-dire que

1. Pour d'autres développements sur ce problème, et une défense du réalisme esthétique voir R. Pouivet, *Le réalisme esthétique*.

nous « esthétisons » la nature. En d'autres termes, nous ferions *comme si* les objets naturels étaient des œuvres d'art et *comme si* l'on pouvait parler d'eux en termes de propriétés propres aux artefacts, en employant par exemple un prédicat de genre artistique (lyrique) ou un prédicat désignant une époque artistique (baroque). Laissons de côté ce problème. Aussi intéressant soit-il, il ne concerne pas l'ontologie de l'œuvre d'art, mais la méta-esthétique.

La méta-esthétique est une réflexion sur les *prédicats* que nous utilisons dans nos jugements esthétiques; elle ne porte pas sur les *propriétés* esthétiques. Elle peut cependant nous renseigner sur les objets dont nous parlons. Par exemple, notre classification suggère que parler des œuvres d'art en termes de certains prédicats suppose de posséder des connaissances historico-esthétiques. Mais la méta-esthétique ne permet pas d'analyser la question des propriétés esthétiques. Elle est celle de l'usage que nous faisons d'un certain vocabulaire pour parler des objets esthétiques – qu'ils soient des œuvres d'art ou non. Elle concerne la maîtrise de ce vocabulaire et non la question de la réalité des propriétés esthétiques. Comme le font remarquer Goodman et Elgin, « parler du discours sur l'art, ce n'est pas parler de l'art »[1]. Ce n'est pas, non plus, parler des propriétés esthétiques.

la métacritique dispense-t-elle de l'ontologie?

Dans l'introduction d'*Aesthetics, Problems in the Philosophy of Criticism*[2], Monroe Beardsley soutient qu'« il n'y aurait pas de problèmes d'esthétique, au sens où [il se] propose de délimiter ce champ d'étude, si jamais personne ne parlait des œuvres d'art »[3]. Beardsley remarque que le discours critique est riche « en termes peu clairs et en suppositions contestables »[4]. Le constat est juste. L'esthétique pour lui consiste alors en une « métacritique »[5]. Elle s'interroge sur les principes requis pour

1. N. Goodman, *Esthétique et connaissance*, p. 85.
2. M.C. Beardsley, *Aesthetics, Problems in the Philosophy of Criticism*, Indianapolis, Hackett, 2e ed., 1981; voir la traduction de l'introduction sous la forme d'un article dans *Philosophie analytique et esthétique*, textes rassemblés et traduits par D. Lories, Paris, Méridiens Klincksieck, 1988.
3. M.C. Beardsley, « Le discours critique et les problèmes de l'esthétique », dans *Philosophie analytique et esthétique*, p. 71.
4. *Ibid.*, p. 73.
5. *Ibid.*, p. 74.

l'élucidation et la confirmation des assertions critiques. Beardsley fait-il de l'esthétique une simple étude de l'usage des prédicats esthétiques? Il adopterait alors, en esthétique, la stratégie philosophique adoptée naguère en éthique par certains philosophes anglais. Hare ne disait-il pas que « l'éthique [...] est l'étude logique du langage des morales »[1]. Généralisée, cette thèse a fait les beaux jours de la philosophie oxonienne du langage ordinaire.
Que dit Beardsley à ce sujet?

> Nous pourrions nous demander: « Que signifie le mot "mal"? » ou « Comment pouvons-nous savoir qu'un certain type d'acte est un mal? » Ces questions portent sur la signification et la preuve d'assertions morales, mais elles ne sont pas en elles-mêmes des questions morales. De même, c'est une tâche du physicien de nous procurer des théories vraies concernant les particules subatomiques, électrons, protons, mésons, etc. Mais en tant que philosophes, nous nous intéressons à d'autres questions : « Ces particules existent-elles réellement, indépendamment de l'esprit humain, ou sont-elles des constructions logiques? », « L'investigation de la nature présuppose-t-elle des propositions métaphysiques, telles que le principe de causalité ou d'induction? », « La méthode scientifique peut-elle s'appliquer à la totalité du comportement humain? » Ces questions concernent la science elle-même; ce ne sont pas des questions physiques, mais *métaphysiques*[2].

Beardsley cerne ainsi un domaine spécifique d'interrogation qui n'est pas réductible à la morale elle-même, comme indication de ce que l'on doit faire, ni à la science, en tant que discours sur ce qui est et comment cela est. Ce domaine spécifique d'interrogation concerne certes ce que nous disons quand nous disons ce qu'il faut faire, ou ce que disent les sciences. Mais il ne consiste pas en une étude strictement linguistique de la morale et des sciences. Se demander ce que veut dire « le mal » ou si les entités postulées par le physicien sont réelles ou non, ce n'est pas se contenter d'examiner comment, dans une communauté linguistique donnée, certains mots sont utilisés. L'esthétique, en ce sens, tout comme

1. R.-M. Hare, *The Language of Morals*, Oxford, Clarendon Press, 1952, p. III. Sur ce point, voir R. Shusterman (ed.), *Analytic Aesthetics*, Oxford, Blackwell, 1989, qui insiste sur cette dimension métacritique d'une partie de l'esthétique contemporaine; voir aussi N. Wolterstorff, « Philosophy of Art after Analysis and Romanticism », *in* R. Shusterman (ed.), *Analytic Aesthetics*, p. 37.
2. M.C. Beardsley, « Le discours critique et les problèmes de l'esthétique », p. 74-75, nos italiques.

l'éthique ou l'épistémologie, porte sur des activités ou des pratiques qui existent indépendamment d'elle. Ces activités et ces pratiques ne sont pas linguistiques de façon contingente. Car dire « Tu ne tueras point », cela pourrait bien correspondre à un fait moral indépendant de nous. Ou bien, cela revient à considérer qu'un énoncé moral est une réaction à une situation, et la prescription faite à d'autres de réagir de la même façon. Énoncer une loi scientifique peut reposer sur la prétention que les choses sont comme le dit la loi; ou au contraire, cela peut vouloir dire que nous nous sommes accoutumés à ce que deux phénomènes se succèdent de façon constante. Dans les deux cas, celui du réalisme (une réalité indépendante de nous et des énoncés qui la décrivent) ou celui de l'antiréalisme (des énoncés dont la vérité ne consiste pas à correspondre à une réalité indépendante), le philosophe montre *quels sont nos présupposés métaphysiques et épistémologiques.* Il montre à quoi ce que nous disons nous engage : épistémologiquement, mais aussi ontologiquement. Souvent, dans ce que nous disons (par exemple : « Tu ne tueras point »), cet engagement n'est en rien manifeste. La philosophie pose une question supplémentaire : en disant qu'il ne faut pas tuer, veux-tu défendre une *valeur réelle*, indépendante de nous, ou une *règle conventionnelle* de notre vie en commun ? Ce ne sont pas de simples questions de mots; ce sont des questions tout à fait *substantielles.*

Comprendre l'esthétique comme une simple métacritique conduirait à l'affirmation qu'elle ne peut traiter d'aucune question substantielle au sujet des objets esthétiques. L'esthétique non substantielle ne serait qu'un examen de notre discours, et non pas des choses elles-mêmes. D'un autre côté, renoncer à voir dans l'esthétique une métacritique ne doit pas nous entrainer à prétendre qu'elle constitue un savoir positif d'objets déterminés – tout comme le moraliste dit ce qui est bien et mal, tout comme le physicien peut considérer qu'il nous procure des théories au sujet des particules subatomiques, des électrons, des protons, etc. L'alternative serait ainsi entre, d'une part, une métacritique qui ne dit rien des objets qui nous préoccupent, les objets esthétiques et singulièrement les œuvres d'art, et d'autres part des affirmations positives. Il y a pourtant une troisième voie : l'esthétique n'étudie pas simplement le discours sur l'art, mais elle ne dit rien non plus sur ce qui est beau, ce qui possède une valeur esthétique, et surtout rien sur la façon dont on produit de belles œuvres d'art (ni même des œuvres d'art). En revanche, elle analyse ce que nous pouvons vouloir dire quand nous disons que quelque chose est beau. Elle explicite ce qu'on peut entendre par valeur esthétique. Elle met en évidence les présupposés métaphysiques, les engagements ontologiques et les affirmations épistémologiques qui sous-tendent les différentes théories esthétiques.

propriétés esthétiques et jeux de langages

On pourrait rejeter l'idée même d'une ontologie des propriétés esthétiques en faisant remarquer que notre usage du vocabulaire de la science et notre usage du vocabulaire de la morale sont régis par des règles implicites dans la communauté linguistique à laquelle nous appartenons. Par exemple, on a pu soutenir que les termes « terre » et « soleil » n'ont pas la même signification pour un grec de l'Antiquité et pour un philosophe du XVIIe siècle, post-copernicien[1]. Des termes tels que « bien », « obligation » n'auraient de signification que locale, propre à des usages linguistiques, lesquels prennent place dans des cultures. Il serait illusoire de prétendre penser et parler comme si nous n'appartenions pas à une culture dans laquelle sont déterminés le pensable et le dicible. Ce thème de l'imprégnation culturelle peut même être considéré comme l'une des thèses les plus couramment soutenues aujourd'hui par les philosophes relevant d'horizons philosophiques par ailleurs fort différents. Disons que c'est le prêt-à-penser contemporain. On peut être tenté de comprendre de cette façon ce que dit Wittgenstein au sujet des termes esthétiques et qui est aussi devenu la thèse dominante :

> Les mots que nous appelons expression du jugement esthétique jouent un rôle très compliqué, mais aussi très défini, dans ce que nous appelons la culture d'une époque. Pour décrire leur emploi, ou pour décrire ce que vous entendez par le goût, vous avez à décrire une culture. Ce que nous appelons actuellement le goût n'existait peut-être pas au Moyen Âge. On joue des jeux différents aux différents âges de l'histoire[2].

L'attribution de propriétés esthétiques à un objet consisterait à maîtriser un jeu de langage particulier dans lequel s'exprime surtout des réactions

1. Sur ce thème, voir T. S. Kuhn, *La structure des révolutions scientifiques*, trad. fr. L. Meyer, Paris, Flammarion, 1983, chap. IX. Une excellente discussion critique de cette thèse se trouve dans le livre d'Israel Scheffler, *Science and Subjectivity*, Indianapolis, Hackett, 1982.

2. Wittgenstein, *Leçons sur l'esthétique*, I. 25, dans *Leçons et conversations*, trad. fr. J. Fauve, Paris, Gallimard, 1971.

particulières[1]. L'attribution d'une propriété esthétique ne consisterait nullement à repérer dans l'objet ce qui justifie de dire qu'il est beau ou laid, par exemple. Évidemment, pour les propriétés classificatoires, historiques ou non, cette explication antiréaliste, rejetant l'idée selon laquelle les propriétés esthétiques sont celles de l'objet lui-même, serait moins plausible. Mais pour les propriétés évaluatives et affectives, elle semble l'être. Et même pour les propriétés classificatoires, il serait aisé de remarquer qu'elles sont liées, de façon étroite, à des exigences *culturelles.* Faisant l'apprentissage d'une culture, nous apprendrions à réagir de telle ou telle façon, et aussi à nous exprimer d'une certaine manière. Telle serait l'origine de l'attribution des propriétés esthétiques, lesquelles ne sont pas authentiquement possédées par les objets auxquels nous les attribuons.

Cette thèse est partiellement acceptable s'il s'agit d'insister sur le rôle que joue l'apprentissage du vocabulaire esthétique. Repérer des propriétés esthétiques est une opération supposant la maîtrise de certains termes. Cette maîtrise ne consiste certainement pas, 1) à ressentir un sentiment particulier, par exemple celui de plaisir esthétique, 2) à s'apercevoir qu'on le ressent, et 3) à être alors conduit à dire de l'objet perçu avec plaisir qu'il est *beau.* Pourquoi est-ce si peu crédible ? Parce que l'emploi correct d'un terme tel que *beau* suppose l'apprentissage d'une *règle.* Un tel apprentissage est toujours *public*, puisque l'idée même d'une règle privée est absurde. L'usage d'une règle suppose qu'on puisse faire la différence entre un usage correct (satisfaisant la règle) et un usage incorrect (qui ne la satisfait pas). Or, une règle *privée* ne permettrait pas de faire cette différence, et de distinguer entre suivre la règle et *croire* suivre la règle. S'il s'agit d'attribuer des propriétés esthétiques à des objets, il est probable que la maîtrise d'un jeu de langage, dans lequel certains prédicats sont utilisés d'une certaine façon, est crucial. Par jeu de langage, Wittgenstein n'entend pas simplement des usages linguistiques, mais un ensemble beaucoup plus large de comportements, dont les énoncés que nous prononçons ne sont qu'un élément. C'est ce qui conduit Wittgenstein à dire que « pour y avoir clair en ce qui concerne les mots esthétiques, vous avez à décrire des façons de vivre »[2]. Quand

1. Wittgenstein, *Leçons sur l'esthétique*, II. 10.
2. Wittgenstein, *Leçons sur l'esthétique*, I, 35.

quelque chose est beau, nous adoptons une certaine attitude d'intérêt pour l'objet, auquel nous accordons alors une valeur toute particulière.

> Peut-être la chose la plus importante en ce qui touche à l'esthétique est-elle ce que l'on peut appeler les réactions esthétiques, p. ex. le mécontentement, le dégoût, la gêne[1].

En revanche, s'il s'agit de prétendre que l'attribution des propriétés esthétiques serait dès lors complètement *relative*, il est clair que Wittgenstein n'a jamais dit (ou voulu dire) une pareille chose. Ce serait peu compatible avec l'importance qu'il accorde « à une forme de compétence supposant des apprentissages, une familiarité avec quelque chose qui n'est pas étranger au domaine des règles »[2]. Il y a une façon *correcte*, *juste* de parler *esthétiquement* des choses. Wittgenstein semble penser que dans des discussions esthétiques entre des *connaisseurs*, il y a des jugements sur la correction ou l'incorrection des œuvres d'art, ou sur la manière d'exécuter une œuvre musicale, par exemple. Ces jugements ne sont nullement dénués de sens ni la simple expression d'une émotion injustifiable. Ces jugements peuvent être acceptés ou contestés[3]. Les propriétés esthétiques sont *objectives et justifiables*. Cela ne signifie pas que pour Wittgenstein elles soient *réelles*. Cela ne signifie pas non plus qu'on puisse en rendre raison en termes de critères eux-mêmes objectivables. Mais, au moins, on peut se prononcer sur elles *à juste titre*[4].

Cette position n'était-elle pas déjà celle de Hume dans « De la norme du goût » ? On sait que pour Hume toutes les propriétés des choses, quelles qu'elles soient, leur sont attribuées en fonction de nos habitudes inductives. Il n'y a pas de propriétés nécessaires *de re*. En revanche, il y a des pratiques, comme celles du jugement de goût, dans lesquelles une compétence permet de déterminer sûrement quelle propriété possède *objectivement* une chose, c'est-à-dire quelle propriété doit être reconnue à l'issue d'une fréquentation intelligente, assidue et sans préjugé de la chose en question par quelqu'un dont le goût est délicat et le sens fort. Certains perçoivent des qualités que d'autres ne perçoivent pas. Dès lors, certains ne perçoivent pas les choses seulement différemment, mais

1. Wittgenstein, *Leçons sur l'esthétique*, II. 10.
2. J.-P. Cometti, *Philosopher avec Wittgenstein*, Paris, P.U.F., 1996, p. 169.
3. Voir J. Schulte, « Aesthetic Correctness », *Revue internationale de philosophie*, 2, n° 169, 1989, p. 301.
4. Voir J. Bouveresse, *Wittgenstein, la rime et la raison*, Paris, Minuit, 1973, p. 160-164.

mieux, plus correctement, plus justement. C'est pourquoi leur goût est le *critère* du goût[1].

De cet examen des affirmations de Wittgenstein sur notre sujet, nous tirerons la conclusion qu'il n'y a pas d'incompatibilité entre les deux thèses suivantes.

I) Dans notre communauté linguistique, nous faisons l'apprentissage du vocabulaire esthétique et apprenons à l'utiliser correctement.

II) Les propriétés exprimées par les prédicats esthétiques dont nous faisons l'apprentissage dans notre communauté linguistique ne sont pas réductibles à de simples usages sociaux.

(I) et (II) seraient incompatibles si de (I), il convenait de tirer la conséquence suivante :

III) Tout apprentissage social du langage implique que ces prédicats ne peuvent pas correspondre à des propriétés objectives des choses auxquelles ces prédicats s'appliquent.

Or, que (I) implique (III) ne va nullement de soi. La *compréhension* d'un énoncé comme « Ceci est beau » suppose de savoir utiliser le terme « beau » à bon escient. Cela nous l'avons appris. Nous n'avons pas découvert la signification du terme « beau » en saisissant en nous-mêmes un sentiment particulier qui correspond à son usage correct. Car si tel était le cas, rien ne pourrait effectivement garantir que nous l'utilisons comme les autres. Il est également fort improbable que l'usage correct du terme « beau » suppose la saisie d'une Beauté, absolue et non sensible, dont les choses belles ne seraient que des images dévaluées. Une solution moins coûteuse ontologiquement que l'affirmation de l'existence non sensible d'une Beauté non physique, purement idéale, semble possible. Elle paraît plus raisonnable. Pourquoi multiplier sans nécessité les entités ?

Que la compréhension d'un énoncé suppose un apprentissage sémantique n'implique pas qu'elle s'y réduise. Cela n'entraîne pas plus que l'attribution d'une propriété repose *uniquement* sur la maîtrise sémantique du prédicat qui l'exprime. Il est juste de dire qu'il n'y a pas d'état de fait concernant l'extension de prédicats comme « beau »,

1. Voir D. Hume, « De la règle du goût », trad. fr. M. Malherbe dans *Essais et traités sur plusieurs sujets*, I, Paris, Vrin, 1999. Ce texte parfois est sous-estimé ; on pense que Kant l'a « dépassé ». Pour une lecture particulièrement éclairante de ce texte, voir J.R. Shelley, « Hume and the Nature of Taste », *The Journal of Aesthetics and Art Criticism*, vol. 56, nr 1, 1998. Pour une réflexion à partir de ce texte, voir Y. Michaud, *Critères esthétiques et jugement de goût*, Paris, Pluriel-Hachette, 2005.

« élégant », « cacophonique » ou « baroque » qui puisse être établi sans utiliser ces termes eux-mêmes. Cela suppose donc qu'on sache *comment* les utiliser, qu'on ait fait l'apprentissage de leur signification dans une communauté donnée, qu'on ait appris une règle (d'usage), qu'on maîtrise maintenant leur usage. Mais cela ne signifie en rien que la correction dans l'usage de tels termes est épuisée par la maîtrise d'un jeu de langage et qu'elle n'a absolument aucune signification au-delà de l'usage. Pour dire quelque chose du monde il faut être capable de certaines pratiques (jeux de langages). Dont acte. Mais pourquoi cela interdirait-il que nous disions quelque chose du monde *réel* ?
C'est ainsi qu'on peut comprendre des textes de Wittgenstein comme les suivants.

> Serait-il pensable que quelqu'un qui sait ce qu'est un lapin, mais non un canard, dise : « Je puis voir ce dessin [d'un lapin-canard][1] comme un lapin et je puis le voir autrement, bien que pour ce deuxième aspect je n'aie aucun mot » ? Il apprend plus tard ce que c'est qu'un canard, et dit : « C'est comme *cela* que j'ai vu le dessin l'autre fois". – Pourquoi n'est-ce pas possible ? (...)
> Mais si quelqu'un ne savait pas ce que c'est qu'avoir l'air satisfait de soi-même, est-ce que *quelque chose* pourrait là le *frapper*, de telle sorte que par la suite, lorsqu'il aurait appris ce que veut dire être content de soi-même, il dise que c'était bien là ce qui l'avait frappé la première fois ?[2].

Ces textes insistent bien sur ce que la maîtrise d'un terme rend possible. Elle permet de voir quelque chose *en tant que* X ou Y. Celui qui ne maîtrise pas l'usage du terme « X » ne voit pas ce qu'il voit *en tant que* X. Mais, à l'évidence, cela ne signifie nullement que, pour celui qui maîtrise cet usage, il voit simplement son usage du terme X. Il voit que quelque chose est X. Il y a une solidarité entre la maîtrise d'un concept et la capacité linguistique, d'une part et, d'autre part, l'identification des choses et de leurs propriétés. Autrement dit, il y a un lien étroit entre notre capacité de classer les choses et la maîtrise de systèmes de classement[3]. Ces systèmes sont la plupart du temps linguistiques ou, au moins, symboliques (des symboles n'appartenant pas à une langue

1. Il s'agit du fameux dessin qu'on peut voir comme représentant une tête de lapin ou une tête de canard.
2. Wittgenstein, *Remarques sur la philosophie de la psychologie* (I), § 70 et 71, trad. fr. G. Granel, Mauvezin, Trans Europ Repress, 1989.
3. Cela ne signifie pas que nous ne pouvons remarquer que ce dont nous possédons le concept ...

donnée, comme en chimie, par exemple). Ils consistent en l'application réglée de prédicats (ou d'étiquettes non linguistiques). Mais pourquoi cela entraînerait-il qu'ils produisent les choses et les propriétés des choses qu'ils nous permettent d'appréhender ?

Il est possible que des propriétés réelles des choses supposent, pour être découvertes, la maîtrise de jeux de langages culturellement acquis. Cependant, des propriétés supposant la maîtrise de règles d'usage ne sont aucunement *relatives*. Pourquoi ne signifieraient-elles rien au sujet des choses elles-mêmes, mais seulement au sujet de la relation que nous entretenons avec elles ? Des propriétés relationnelles, supposant certaines dispositions (dont celles qui vous permettent de suivre une règle d'usage) chez ceux qui les appréhendent, peuvent être des propriétés *réelles* des choses qui les possèdent et auxquelles on les attribue.

réalisme et antiréalisme esthétiques

quatre positions

Quatre positions semblent possibles au sujet des propriétés esthétiques. Trois sont antiréalistes – elles rejettent l'idée selon laquelle les propriétés esthétiques sont des propriétés réelles des objets. L'une est réaliste – elle affirme a) que les objets possèdent des propriétés esthétiques et b) qu'il est possible de les connaître. (b) définit le *cognitivisme esthétique*. Cependant, toutes les conceptions antiréalistes des propriétés esthétiques ne sont pas non cognitivistes. Quant aux conceptions non cognitivistes, elles ne sont pas nécessairement relativistes. On aurait ainsi quatre possibilités.

	Cognitivisme	Relativisme	Réalisme
(I) Genette	non	oui	non
(II) Kant	non	non	non
(III) Hume	oui	non	non
(IV) Zemach	oui	non	oui

(I) est aujourd'hui soutenu par Genette[1]. (II) correspondrait à la position de Kant. (III) est une interprétation de Hume[1]. Quant à (IV), Zemach[2] en

1. G. Genette, *L'Œuvre de l'art*, t. II : *La relation esthétique*, Paris, Seuil, 1997.

soutient une version extrême, mais on peut en proposer une version modérée; la version extrême et la version modérée seront examinées dans la section suivante.

antiréalisme + cognitivisme (Hume)

Commençons par indiquer en quoi consiste (III). On peut affirmer que, sans être réelles, les propriétés esthétiques peuvent être objectivement attribuées aux objets qui les possèdent. Cette thèse suppose que la possession d'une propriété par un objet est une constante inductive. Nous sommes simplement accoutumés à associer la propriété et l'objet. Dès lors, une propriété esthétique peut être objectivement attribuée à l'objet sans pour autant qu'elle en soit réellement une propriété. Savoir que l'objet possède une propriété esthétique, c'est le *connaître* mieux que celui qui l'ignore. Cette connaissance prend la forme de l'appréciation de certaines qualités de l'objet. Cette appréciation est exprimée par l'attribution d'une ou de plusieurs propriétés esthétiques.

Cet argument est favorable au cognitivisme esthétique : quand nous appliquons un prédicat à quelque chose, cela suppose une compétence que nous possédons. Mais l'argument est insuffisant pour garantir le réalisme esthétique. L'attribution objective consiste ici seulement à affirmer que, dans notre expérience, certains objets et certaines propriétés sont systématiquement associés. L'argument est (d'esprit) humien. Le connaisseur est celui dont l'expérience réitérée donne à l'attribution d'un prédicat (propriété) à un sujet (l'objet dont on dit qu'il possède la propriété) une garantie plus grande qu'au néophyte.

On pourrait imaginer que n'importe quel autre prédicat possédant la même extension que celle du prédicat projeté sera tout aussi légitimement attribué. C'est le principe de la « nouvelle énigme de l'induction » proposée par Goodman en 1953. Soit le prédicat *vleu*, qui s'applique aux choses examinées avant *t* et vertes ou non examinées avant *t* et bleues. Une émeraude examinée avant *t*, et verte, est donc vleue. Elle est donc aussi bleue (après *t*). Il n'est pas possible d'entrer ici dans une discussion approfondie de cette énigme. On se contentera d'en signaler une interprétation courante : rien dans la réalité ne légitime le recours à un prédicat plutôt qu'à un autre inductivement tout aussi acceptable, sinon

1. D. Hume, « De la règle du goût ».
2. E. Zemach, *La beauté réelle. Une défense du réalisme esthétique*.

qu'il a été déjà projeté en donnant satisfaction. Le prédicat *vleu* hérite de toute la garantie inductive de vert, mais il nous semble inacceptable. Ce n'est pas parce que rien n'est *réellement* vleu, mais parce que vleu n'a aucune implantation dans nos usages linguistiques. Imaginons la situation suivante. Nous utilisons *vleu* couramment. Un philosophe du nom de Goodluck invente une étrange énigme. Il dit que le prédicat *vert* s'applique aux choses examinées avant *t* et vleues ou non examinées avant *t* et blertes. L'étrangeté serait du côté de vert dans la mesure où ce serait *vleu* et *blert* qui seraient implantés dans nos usages linguistiques par la fréquence de la projection. Tout dans l'argument semble militer en faveur du relativisme prédicatif[1]. Un prédicat ne recouvre pas une propriété intrinsèque des choses auxquelles on l'applique puisqu'on peut imaginer un prédicat qui s'applique de la même façon et désigne pourtant une toute autre propriété.

L'antiréalisme signifierait que même si celui qui attribue les prédicats esthétiques peut le faire à bon escient, ce n'est pas une raison pour penser que ces prédicats sont des qualités réelles des objets. Il y aurait une compétence qui serait propre à ceux pour lesquels on peut parler

d'une implantation suffisante des prédicats esthétiques. De même que le coloriste sait employer correctement un prédicat comme « vert moyen » ou « terre de sienne » parce que, chez lui, l'implantation du prédicat est réalisée, des prédicats esthétiques pourraient être implantés chez les experts.

Hume soutient-il cette thèse ? La compétence qu'il attribue à certains en matière de goût, il la conçoit comme une sensibilité développée à des qualités des choses, même si ces qualités ne leur sont pas inhérentes.

> Bien qu'il soit certain que le beau et le laid ne soient pas davantage que le doux et l'amer des qualités dans les objets, mais qu'ils appartiennent entièrement au sentiment, interne ou externe, il faut reconnaître qu'il y a certaines qualités dans les objets qui sont naturellement propres à produire ces impressions particulières[2].

1. Attention, l'implantation dépend bien de la fréquence de la projection d'une hypothèse inductive (du type : « Toutes les émeraudes sont vertes ») et non de la fréquence de l'usage. Un prédicat familier peut n'être pas bien implanté. Voir N. Goodman, *Faits, fictions et prédictions*, trad. fr. M. Abran *et alii*, Paris, Minuit, 1984, p. 106-107. Cet aspect de la nouvelle énigme de l'induction est généralement sous-estimé.
2. D. Hume, « De la règle du goût », p. 271.

La première partie de cette affirmation est antiréaliste, et la deuxième correspond à une doctrine selon laquelle certaines dispositions naturelles et un entraînement adéquat garantissent la possibilité d'appréhender certaines qualités des choses, alors que d'autres hommes, moins bien disposés et non accoutumés, ne peuvent les saisir. Comment cet antiréalisme et ce naturalisme esthétique sont-ils compatibles ? Comment certaines propriétés peuvent-elles produire des sentiments naturels particuliers ? Comment certains processus naturels pourraient-ils garantir l'appréhension d'une propriété, qui n'est pourtant pas celle de l'objet, grâce au sentiment que l'objet la possède bien ? On peut se le demander. La thèse qu'on peut dire humienne est plus mystérieuse qu'il n'y paraît !

Proposons une interprétation du texte de Hume sur la règle du goût en insistant sur une certaine similarité entre les deux positions antiréalistes de Hume et de Goodman. Hume, au début de « La règle du goût » insiste sur le fait qu'il s'agit de savoir quelle est la signification des termes esthétiques que nous utilisons. Plus loin il dit qu'en matière de goût, « ce n'est que par comparaison que nous arrêtons notre louange ou notre blâme et que nous apprenons à donner à nos épithètes le degré qui convient »[1]. Il insiste bien sûr sur des qualités naturelles de celui qui juge, la délicatesse de son goût, l'absence de préjugés, la connaissance du contexte, etc. Mais il ne paraît pas impossible d'interpréter l'ensemble de ces caractères légitimant le juge en matière de goût comme reposant sur une implantation particulière chez ce juge. L'implantation se fait dans certaines conditions : quand bien même les qualités attribuées à l'objet par le bon juge ne sont pas réelles, l'inférence inductive se fait *à juste titre.* On aurait le même confiance dans un coloriste pour dire que telle couleur est « terre de sienne », parce qu'il sait projeter *correctement* ce prédicat, que dans l'expert en matière de goût pour la projection des prédicats esthétiques. Pour autant, cette implantation n'est pas plus chez Hume que chez Goodman une garantie au sujet de la réalité de la propriété considérée. L'antiréalisme est ici compatible avec la thèse selon laquelle certains sont justifiés à dire d'une chose qu'elle possède une propriété.

L'interprétation implantée de l'énigme de Goodman est antiréaliste. Mais est-ce la seule possible ? Alors même que *vleu* est inductivement

1. *Ibid.*, p. 274.

aussi acceptable que *vert*, pourtant nous ne sommes pas prêts à dire que les émeraudes sont vleues. Pourquoi ? Nous avons une puissante intuition réaliste. Ce que suggèrent Hume et Goodman, c'est qu'elle est illusoire. Certes, vert est implanté et non pas vleu. Mais cela ne concerne que notre *pratique inductive* et non quelque chose qui est indépendant de nous. Mais pourquoi la solution réaliste est-elle ici rejetée ? Qu'est-ce qui l'invalide ? Goodman part du principe que l'antiréalisme de Hume est de mise. Comme le tout début du *Traité de la nature humaine*[1] en témoigne, Hume partait du principe que nous n'avons accès qu'à nos propres impressions et idées, jamais à quelque chose qui est indépendant de nous. La thèse de Goodman comme celle de Hume sont des séquelles de l'idéalisme moderne.

L'idéalisme a une conséquence ontologique fondamentale : le monde n'est constitué que d'entités mentales ou d'apparences. La réalité est un ensemble d'idées cohérentes qui *forment* un monde. Cependant, pour qui conteste cette affirmation, pour qui renonce à la thèse selon laquelle le rapport aux objets indépendants de nous est toujours fonction d'entités intermédiaires qui constituent nos propres représentations, il n'y a aucune *énigme* de vleu. Je peux bien construire des prédicats à partir de ceux que je projette couramment, ceux qui fonctionnent correctement. Mais l'implantation des prédicats correspond à autre chose qu'une fréquence de projection. Elle correspond à des propriétés réelles des objets perçus. Nous sommes tentés de penser que cela vaut pour des qualités premières (les propriétés physiques) et non pour les qualités secondes (des dispositions à produire des expériences sensibles d'une certaine sorte phénoménale dans des conditions appropriées). Mais cette distinction est elle-même représentative d'une philosophie idéaliste pour laquelle la représentativité des idées est variable. L'abandon de la conception idéaliste conduit à mettre en question cette distinction entre qualités premières et qualités secondes. Cela conduit aussi à contester la thèse selon laquelle les prédicats correctement attribués manifestent plus des pratiques réussies que des propriétés réelles des objets connus. Pourquoi les propriétés esthétiques ne seraient pas elles-mêmes concernées par l'abandon de la conception idéaliste et de l'ontologie des *idées* (et non des choses) qu'elle promeut ? Nous aurions

1. D. Hume, *Traité de la nature humaine*, livre I, 1, 1, trad. fr P. Baranger et P. Saltel, Paris, GF-Flammarion, 1995.

bien affaire aux objets eux-mêmes et à leurs propriétés, et non, par exemple, à de simples collections d'idées (par exemple, <dur + vert + rare> pour les émeraudes). Mais qu'est-ce qui peut bien justifier l'abandon du « système idéal », comme l'appelait Reid (pour le critiquer) ?

l'instillation de l'universel

Pour justifier pleinement la critique de l'antiréalisme esthétique, il faut mettre en question l'idéalisme en général dont il résulte. Un idéaliste affirme en effet que le monde « extérieur » n'est pas indépendant des esprits. Mais il serait déraisonnable de traiter à la va-vite de la querelle entre idéalisme et réalisme (pour lequel il existe un monde indépendant de tout esprit fini). Cependant, dans la mesure où la thèse du réalisme des propriétés esthétiques suppose la pertinence du réalisme *en général*, il n'est pas non plus souhaitable de n'en rien dire. On voit à nouveau combien l'ontologie de l'œuvre d'art est un champ clos où s'affrontent les champions des conceptions ontologiques et métaphysiques majeures. Ici, nous ne pouvons faire plus que de montrer en quoi consiste l'acceptation du réalisme. Il ne s'agit pas de *justifier* le réalisme *contre* l'idéalisme, ce qui supposerait de poser un problème d'ontologie générale qui nous détournerait de notre sujet, mais seulement d'expliquer ce qu'est le réalisme esthétique. Un détour par Aristote est à cet égard bien utile.

Aristote adopte un réalisme serein. Dans les *Seconds Analytiques*, il explique que tout animal possède une capacité inhérente de connaissance qu'on appelle *perception*[1]. Chez certains animaux ce qui est perçu persiste. Quand cela persiste un grand nombre de fois, chez certains animaux se forme une notion. On peut appeler cette notion un souvenir. Le souvenir de la même chose est l'expérience. L'expérience est un universel complet qui reste dans l'esprit (quelque chose de distinct de la multiplicité des circonstances). De cette expérience vient la compréhension de ce que l'on perçoit. Cela permet de dire : « C'est X » ou « X est Y » : on détermine ainsi la chose réelle dont on parle ou *comment* elle est.

Les commentateurs ne s'accordent pas sur la signification du texte des *Seconds Analytiques*, II, 19. Le but ici n'est pas d'en donner une exégèse, mais de suggérer en quoi consiste le réalisme. Il revient à dire que la

1. Aristote, *Seconds Analytiques*, II, 19, trad. fr. J. Tricot, Paris, Vrin, 1979.

genèse des concepts grâce auxquels nous identifions ce que sont les choses et comment elles sont (les propriétés qu'elles ont) n'ont rien d'énigmatique. C'est par l'induction que nous acquérons ces concepts primitifs grâce auxquels nous pouvons connaître la réalité et raisonner sur elle. *La perception instille en nous l'universel*, c'est-à-dire la nature propre des choses perçues et des propriétés qu'elles possèdent.

L'orientation majeure de la tradition philosophique moderne aura consisté à rejeter le réalisme en affirmant que notre rapport à une réalité indépendante de nous, s'il peut jamais être garanti, ne le sera jamais qu'au terme d'un contrôle exercé sur nos états mentaux, nos idées, nos représentations. On testera leur capacité à représenter véridiquement la réalité. Les critères retenus ont été variables. Le critère de la clarté et de la distinction de nos idées – lui-même garanti par un Dieu vérace – a rendu Descartes justement célèbre. D'autres ont pensé qu'aucun critère n'offrait toutes les garanties souhaitables ; ils ont versé dans le scepticisme. Quoi qu'il en soit, la confiance aristotélicienne dans le processus par lequel des êtres humains acquièrent des connaissances correctes sur la réalité à laquelle ils sont confrontés est sereine parce qu'elle n'est pas gagnée contre l'angoisse que nos représentations sont ou pourraient être sans commune mesure avec la réalité. Le fonctionnement correct des capacités perceptives et cognitives (dont la mémoire qui manifestement joue un rôle de choix) *garantit* notre appréhension de la réalité telle qu'elle est. En termes contemporains, on dirait qu'Aristote est *fiabiliste*. Il pense que nos croyances sont garanties par le processus fiable grâce auquel, tout naturellement, nous les acquérons. Ce qui suppose surtout que nous, êtres humains, sommes faits pour connaître[1].

le fiabilisme en esthétique[2]

Un *fiabilisme esthétique* consisterait à soutenir que nous sommes faits, quand nous fonctionnons correctement, pour appréhender les propriétés esthétiques des choses. Évidemment, si l'on soutient que la finalité de ce fonctionnement correct grâce auquel nous acquérons des croyances vraies est la survie, rien ne justifie plus le fiabilisme esthé-

1. Ce genre de thèse est développé aujourd'hui par A. Plantinga, *Warrant and Proper Function*, Oxford, Oxford UP, 1993. Elle est aussi défendue dans R. Pouivet, *Le réalisme esthétique*, chap. I.
2. L'emploi que je fais ici du terme « fiabilisme » ne correspond que partiellement à celui qu'on trouve aujourd'hui en épistémologie chez des auteurs comme Alvin Goldman ou Ernst Sosa.

tique. L'appréhension des propriétés esthétiques ne semble pas nécessaire à la survie de l'être humain – à la différence de propriétés comme celles de mordre, de couper, d'empoisonner, par exemple. La survie suppose qu'on sache ce qui mord, ce qui coupe, ce qui empoisonne – pas ce qui est beau, équilibré, laid, etc. Le mauvais goût ne tue pas. Une espèce humaine dépourvue de tout sens esthétique aurait vraisemblablement pu survivre, alors que, selon Quine, « des créatures qui se trompent de façon invétérée dans leurs inductions ont une tendance pathétique mais louable à disparaître avant d'avoir reproduit leur espèce »[1].

Le fiabilisme esthétique est alors inévitablement corrélatif d'une conception finaliste qui, sans nul doute, outrepasse un simple naturalisme néo-darwinien (pour lequel c'est parce qu'elle acquiert naturellement des croyances vraies que notre espèce, dépourvue des instincts animaux, a survécu). En supposant que nous soyons faits pour appréhender des propriétés esthétiques réelles des choses, le fiabilisme esthétique est conduit à la thèse selon laquelle il est dans notre nature humaine d'appréhender de telles propriétés. L'ontologie réaliste des œuvres d'art et de leurs propriétés esthétiques conduit ainsi à l'affirmation que la nature humaine semble faite pour appréhender des propriétés non physiques des choses, comme leur beauté, leur caractère troublant, leur aspect romanesque, voire leur forme gothique.

On accordera aisément à Hume qu'un bon fonctionnement des facultés sensibles, l'absence de préjugés, une connaissance du contexte, ce qu'il appelle en général une *délicatesse du goût*, sont nécessaires à l'appréhension esthétique correcte. Cela revient à insister sur la nécessité d'une *éducation* du goût. L'homme doit être éduqué ; l'instinct ne fait pas chez lui grand chose. L'apprentissage esthétique nous rendrait alors capable d'appréhender dans les choses des propriétés esthétiques réelles, tout comme, pour le réaliste scientifique, l'enseignement de la physique nous rend à même d'appréhender des réalités physiques qui ne sont pas immédiatement manifestes comme la *masse* d'un corps ou le *champ de gravitation* de la Terre.

1. W.V.O. Quine, *Relativité de l'ontologie et autres essais*, trad. fr. J. Largeault, Paris, Aubier-Montaigne, 1977, p. 144. Pour une défense de l'évolutionnisme en esthétique voir D. Dutton, *The Art Instinct : Beauty, Pleasure, and Human Evolution*, New York, Bloomsbury Publishing, 2008.

Cependant, cette conception réaliste et cognitiviste à laquelle une critique de la thèse antiréaliste *et* cognitiviste nous a conduits présuppose le cognitivisme esthétique. Avant de justifier cette position et de donner plus de précision sur le fiabilisme esthétique, nous allons mettre encore plus radicalement en question la critique du cognitivisme.

antiréalisme + non cognitivisme (= Genette)

L'antiréalisme doublé de non cognitivisme peut prendre deux formes, (I) et (II). Commençons par (I). Cette conception consiste à affirmer le caractère subjectif et relatif à la fois des propriétés esthétiques : *De gustibus non disputandum.* Même si le jugement de goût peut se donner des allures objectivistes, il est subjectif et relatif. Nous pouvons être trompés par un phénomène d'objectivation nous conduisant à formuler nos jugements esthétiques comme s'ils étaient objectifs. Nous ne disons pas « Cela me paraît beau et ne l'est que relativement à Moi », mais « C'est beau ». Pour Genette, « *l'objectivation* du jugement (...) est la tendance naturelle à attribuer à un objet, comme une propriété objective, la "valeur" qui découle du sentiment qu'on éprouve à son endroit »[1].

> L'illusion esthétique, c'est *l'objectivation de cette valeur elle-même* (« Cette tulipe rouge est belle »), qui présente l'effet (la valeur) comme une propriété de l'objet, et de ce fait l'appréciation subjective comme une « évaluation » objective. (...) La raison de cette méprise tient sans doute à la présence intense de l'objet de la relation esthétique, qui est à bien des égards une relation de fascination, où le sujet tend à s'oublier lui-même et donc à tout rapporter à l'objet, y compris sa propre activité valorisante[2].

Le jugement de goût est à la fois constitutivement et illusoirement objectiviste. Ce diagnostic repose sur une observation de « psychologie empirique », dit encore Genette. Genette ajoute, en reconnaissant s'exposer au reproche de désinvolture, que le subjectivisme « consiste simplement en une observation évidente »[3].

1. G. Genette, *L'Œuvre de l'art*, t. II, p. 86.
2. *Ibid.* p. 89.
3. *Ibid.* p. 86 et p. 120.

À cet égard, nous ferons les quatre objections suivantes :

1) Genette emploie des expressions problématiques s'il s'agit d'en rester à un constat empirique. Il parle ainsi de « relation de fascination ». L'imprégnation théorique d'un tel constat est complète. Dire que quelqu'un est *fasciné*, ce n'est pas se contenter d'un constat empirique ; cela revient à interpréter, assez vigoureusement, l'attitude de quelqu'un. Pour la décrire objectivement, on dira plutôt qu'il a le regard fixe et qu'il observe longuement la même chose, ou, s'il s'agit de lecture, qu'il ne décolle pas du livre. On peut vraisemblablement en conclure que la raison de l'illusion objectiviste, malgré ce que dit Genette, est une théorie de l'expérience esthétique comme « fascination ». Genette n'adopte pas explicitement cette théorie[1]. Mais il reste que sa description de la relation esthétique n'est pas seulement, voire pas du tout, de l'ordre du constat empirique. Genette pense que la relation esthétique est une relation de fascination, mais, premièrement, ce n'est pas *psychologiquement* clair, et deuxièmement on peut se demander ce qui justifie cette affirmation.

2) À supposer que la relation esthétique soit bien une relation de fascination dans laquelle le sujet s'oublie lui-même, pourquoi la relation perceptive non esthétique ne pose-t-elle pas le même problème ? Si on me demande : « Que vois-tu ? », je peux par exemple répondre : « Un arbre ». Je ne dis évidemment pas « Je vois une représentation d'arbre ». C'est-à-dire que, comme dans le cas de la relation dite de fascination, je ne tiens nullement compte du fait (ou du fait supposé) que ce que je perçois pourrait n'être que subjectif. Dès lors, pourquoi une relation non esthétique serait-elle moins susceptible que la relation dite esthétique d'être décrite comme une relation de fascination. Genette pourrait répliquer que dans le cas des propriétés esthétiques, il s'agit de *valeurs* et non de simples propriétés descriptives. Ce qui serait fascinant, ce serait la valeur. Mais cette réponse à l'objection suppose a) que toutes

1. Gérard Genette pourrait répliquer que la relation de fascination ne concerne que la différence entre une relation générique (« J'aime Mozart ») et une relation singulière (« La symphonie *Jupiter* est belle », plutôt que « J'aime la symphonie *Jupiter* »). Dans le cas d'une relation générique, la conscience du caractère subjectif de l'appréciation serait spontanée (Genette, p. 90). Mais il semble possible que la même personne dise : « Les œuvres de Mozart sont belles » et « J'aime particulièrement la symphonie *Jupiter* ». On pourrait aussi considérer que cette notion de fascination ne joue pas un rôle central dans l'analyse de Genette. Ce n'est pas si évident, car l'évaluation esthétique semble consister en une « méprise » qui doit s'expliquer alors par un trait psychologique comme la fascination.

les propriétés esthétiques sont évaluatives et b) qu'aucune valeur n'est objective. Qu'est-ce qui justifie (a) et (b).

3) Supposons maintenant que ma réponse à la question « Que vois-tu ? » soit : « Je vois un bel arbre ». Faut-il en conclure que pour la partie de ma perception concernant l'arbre je suis dans une relation perceptive neutre, et que pour sa partie concernant l'attribution d'une propriété esthétique à l'arbre, je suis dans une relation de fascination ? Ce serait étrange. Car l'acte perceptif n'est pas double. Je ne peux pas voir l'arbre de façon neutre, non esthétique, dans une certaine relation, et voir l'arbre beau dans une autre relation, esthétique. Il n'y en a qu'une seule relation, s'il y en a tout court. Je ne peux pas voir l'arbre ni beau ni non beau, puis, modifiant la relation voir l'arbre beau. Encore moins puis-je voir d'une part l'arbre et d'autre part l'arbre beau ou même simplement la beauté de l'arbre sans voir l'arbre esthétiquement neutre.

4) Pour Genette, « le méta-esthéticien subjectiviste »[1] sait bien que le véritable sens de « C'est beau » est « J'aime ça ». Mais d'un autre côté, « si je juge beau un objet, je ne puis dans le même temps (dans le même acte) admettre la proposition subjectiviste, et typiquement réductrice, qui me dit : "Tu le juges beau, mais cela signifie seulement que tu l'aimes" »[2]. On peut cependant s'interroger sur la plausibilité de l'existence de deux Genette, Genette 1 et Genette 2 ? Genette 1, comme tout le monde, attribue des propriétés esthétiques objectives aux objets esthétiques. Genette 2 sait que c'est une illusion. Heureusement, il ne le dit jamais à Genette 1 ! Certes, il existe des cas de « mensonge à soi-même » ou de *wishful thinking*, comme disent les anglophones. Mais qu'est-ce qui justifie de penser le jugement de goût en termes d'un état mental *irrationnel* dans lequel je conclus *contre mon meilleur jugement* ? Dans le cas du mensonge à soi-même, on peut invoquer le réconfort existentiel que cela procure. Davidson montre que dans la duperie de soi-même, une croyance vient à l'appui d'une croyance contraire, même s'il indique que c'est justement « ce qui est difficile à expliquer »[3]. En quoi faut-il supposer un phénomène du même ordre dans le cas du

1. G. Genette, *L'Œuvre de l'art*, t. II, p. 106.

2. *Ibid.*

3. « Se duper soi-même est donc une forme de faiblesse de la garantie induite par le sujet lui-même, où le motif qu'il a d'induire cette croyance est une croyance contradictoire (ou ce qu'il tient comme confirmant la croyance contradictoire) », dit D. Davidson, *Paradoxes de l'irrationalité*, trad. fr. P. Engel, Cambas, Éditions de l'Éclat, 1991, p. 57.

jugement esthétique ? Pourquoi ma croyance que les objets ne possèdent pas *réellement* de propriétés esthétiques pourrait-elle renforcer ma croyance qu'ils possèdent celles que je leur attribue ?

les propriétés esthétiques peuvent-elles être relatives ?

Nous attribuons à un objet une propriété esthétique. Pour le relativiste, cette attribution repose sur un état mental du sujet S. Quand S dit que O est beau, par exemple, il ne dit rien au sujet de O, mais il dit seulement quelque chose au sujet de son propre état d'esprit. Genette affirme pourtant qu'il rejette la version solipsiste de cette thèse au profit d'une conception dans laquelle les objets possèdent des propriétés qui plaisent ou déplaisent[1]. Mais pourquoi les propriétés de plaire ou de déplaire seraient-elles systématiquement non objectives et donc relatives ? Pourquoi ne pas dire que la propriété de plaire (ou celle de déplaire) est une propriété *réelle*, *relationnelle* de l'objet. Par exemple, « être à 350 kms de Paris » est une propriété *réelle* de Rennes. Mais c'est une propriété que cette ville n'aurait pas si Paris n'existait pas. « Être le père de » est aussi une propriété réelle et relationnelle, mais qu'on n'a évidemment pas tout seul, sans son ou ses enfants. « Plaire » pourrait être une propriété de ce type. Relationnelle, elle supposerait des personnes conformées pour que l'objet auquel on l'attribue puisse leur plaire. Réelle, elle serait bien la propriété de la chose qui plaît. Quelque chose pourrait être *objectivement* plaisant ou déplaisant.

La position relativiste repose sur la thèse selon laquelle dès qu'il est question de plaisir ou de déplaisir, on ne parle plus de propriété objective. Elle consiste à dire que lorsque nous attribuons des propriétés esthétiques aux objets, cette attribution ne repose *que* sur notre monde intérieur et ne porte pas sur l'objet. Chacun est pour soi le seul à avoir accès à ce monde intérieur. Qu'on adjoigne à cette thèse un élément statistique disant que la plupart des gens trouvent telle ou telle chose plaisante ou déplaisante, qu'il y a donc une sorte d'accord spontané des mondes intérieurs expliquant des normes sociales du goût, cela ne change rien à l'affaire. Le subjectivisme est maintenu car l'attribution de

1. G. Genette, *L'Œuvre de l'art*, t. II, p. 120.

la propriété de plaire reste une affaire privée inaccessible à qui que ce soit d'autre qu'à la personne concernée.

Cette affirmation ne permet pourtant pas de comprendre que les gens se comprennent quand ils se disent ce qui leur plaît ou déplaît. Si S dit que « O est beau », on doit bien supposer qu'il *sait* employer à bon escient le prédicat qui exprime la propriété esthétique d'être beau. Comment le sait-il ? Parce que son emploi de « beau » a été contrôlé lors des multiples emplois faits lors de son apprentissage du prédicat. Comme le dit A. Kenny :

> Tout mot supposé être le nom de quelque chose d'observable seulement par introspection, et connecté seulement causalement avec des phénomènes publiquement observables, devrait avoir acquis une signification par une opération privée et invérifiable. Mais si les noms des émotions acquièrent leur signification par une cérémonie dont tout autre personne est exclue, alors aucun de nous ne peut avoir une idée de ce qu'une autre personne signifie par le mot. Et personne ne peut même savoir ce que lui-même signifie par ce nom[1].

Kenny reprend très clairement la critique wittgensteinienne de l'intériorité. Connaître la signification d'un mot est solidaire de la capacité d'usage de ce mot. Une capacité que rien ne permet de vérifier n'en est pas une. Si beau veut dire que ça me plaît, que cela n'est qu'une affaire de reconnaissance intérieure par un individu de son propre plaisir, alors a) personne ne peut savoir comment l'autre emploie le terme « beau » et b) moi-même qui dit que quelque chose est beau, je ne sais pas employer ce terme.

L'identification de nos propres pensées, émotions, sentiments, impressions, ne peut simplement consister à les observer intérieurement et à s'apercevoir qu'on les a. S'apercevoir qu'on les a suppose quelque chose d'extérieur à soi, une communauté de langage à laquelle nous appartenons, grâce à laquelle nous faisons l'apprentissage des concepts en termes desquels nous procédons à une telle identification. Dès lors, le subjectivisme extrême, frisant le solipsisme, paraît intenable parce qu'il repose sur une théorie insoutenable de la signification des termes psychologiques. Elle suppose une identification interne de ce que signifient les termes psychologiques ; or, c'est dans l'usage que nous en

1. A. Kenny, *The Metaphysics of Mind*, Oxford, Oxford UP, 1989, p. 52.

faisons qu'ils ont une signification, et donc en fonction d'une communauté linguistique. L'impossibilité d'une identification purement interne de nos propres états mentaux rend également impossible que le terme « beau » signifie simplement un état mental auquel seul nous aurions accès.

La conséquence pour l'attribution des propriétés esthétiques est la suivante : les propriétés esthétiques ne peuvent pas simplement être des états mentaux plaisants ou déplaisants. Si je dis que quelque chose est beau (ou que quelque chose possède une propriété esthétique quelconque), celui auquel je le dis me *comprend.* Je pense aussi comprendre ce que je dis. Qu'on soit d'accord avec moi ou non est un autre problème. Supposons même que quelqu'un insiste pour dire que « C'est beau » revient à « Ça me plaît » ; il sait ce que veut dire que quelque chose plaise et même *lui* plaise. Si je dis « Ça me plaît, mais je ne l'ai jamais vu », on répondra « Comment sais-tu que cela te plaît alors ? » On sous-entend : que quelque chose plaise alors qu'on ne l'a jamais vu, cela n'a pas de sens, sauf dans le cas où l'on sait que ce qui plaît forme un genre auquel appartient l'objet en question.

L'argument précédent suggère que les prédicats esthétiques sont des prédicats moins subjectifs qu'inductifs. Nous apprenons à les utiliser à bon escient en les projetant. Leur attribution suppose une compétence publiquement décidable. Dans une communauté linguistique donnée, il y a des normes implicites d'application des prédicats « beau » ou « rythmé » à une œuvre d'art. Bien sûr, dans chaque cas on peut contester l'attribution du prédicat. Les conflits esthétiques sont évidemment courants. Mais ces conflits supposent que les prédicats ne soient pas de simples témoignages d'affects privés. L'application de ces prédicats n'est pas *relative* au sens où elle ne reposerait sur aucune règle commune, en consistant seulement à exprimer une satisfaction strictement intérieure. Si c'était le cas, nous ne pourrions même pas *ne pas être d'accord* sur leur attribution.

Les conflits de goût ont pour condition de possibilité une normativité de l'attribution des prédicats esthétiques. Autrement dit, on doit *savoir* appliquer les prédicats esthétiques correctement pour qu'il y ait une possibilité de désaccord sur l'attribution des prédicats discutables à quelque chose. Cette application correcte suppose des règles qui ne peuvent pas être strictement relatives aux individus. Les relativistes confondent systématiquement deux niveaux, celui du désaccord esthétique (X est beau/X n'est pas beau) et celui de la possibilité d'attribuer un prédicat esthétique.

Cet argument n'est certes pas suffisant pour justifier la réalité des prédicats esthétiques. Il est compatible avec l'antiréalisme + cognitivisme, la thèse de Hume (et peut-être de Wittgenstein). Cependant, selon la fiabilisme esthétique proposé ici, nous serions faits pour appréhender les propriétés esthétiques. Plus loin, en défendant le réalisme esthétique (chap. 5), nous tenterons de mieux justifier cette affirmation.

l'antiréalisme sophistiqué de Kant

La position (II) consiste à soutenir à la fois un antiréalisme, un non cognitivisme et à rejeter le relativisme dans le domaine esthétique. Cette position a été soutenue par Kant dans l'« Analytique du beau » de la *Critique de la faculté de juger.* Il y a au moins deux façons de s'intéresser à ce texte, à la façon d'un historien et à celle de quelqu'un qui se demande si la position (II) est acceptable.

Un historien de la philosophie examinera le passage de la *Critique de la faculté de juger* en le rapportant au reste de la philosophie critique développée par Kant. L'« Analytique du beau » remplit un rôle « architectonique ». Kant montre que même s'il n'y a que deux domaines philosophiques, celui de la théorie (Nature) et celui de la pratique (Liberté), un pont peut être jeté entre les deux domaines. C'est d'une part le rôle l'idée de finalité (examinée dans la *Critique de la faculté de juger téléologique*), et d'autre part le rôle du sentiment de plaisir et de peine, le thème central de la partie esthétique de la troisième *Critique.* Le jugement de goût *pur*, c'est-à-dire non mêlé d'éléments sensuels liés à l'agréable, est un état de l'esprit non réglé par une détermination conceptuelle (une règle de ce que l'on *doit* penser), mais cependant analogue au jugement moral. Face aux choses dont on dit légitimement qu'elles sont belles, par un jugement de goût pur, le mode de fonctionnement de l'esprit est analogue à celui caractéristique du jugement moral, expression de la Liberté. Ainsi, le sentiment de plaisir ressenti au spectacle de la belle nature assure le lien entre la Nature et la Liberté, entre législation naturelle et législation morale. Cela suffit-il à résoudre le problème d'architecture intérieure du système kantien? Ce n'est pas ici utile d'en débattre.

En revanche, l'irruption de la notion de plaisir esthétique nous importe. Kant entend montrer qu'il peut exister un état de l'esprit à la fois subjectif, nécessaire et universel. Que peut en dire le relativiste, par exemple Genette ?

> Ce qu'a réellement montré Kant, c'est tout au plus que le jugement esthétique *prétend* à la nécessité et à l'universalité ; mais la légitimité de cette double prétention reste à démontrer ; je doute qu'elle soit démontrable, je doute que les voies empruntées par Kant pour le faire soient les plus sûres, et je doute encore plus qu'elles soient véritablement cohérentes avec son point de départ, qui me paraît, lui, incontestable, et qui est la subjectivité radicale du jugement esthétique comme simple expression objectivante d'un sentiment de plaisir et de déplaisir[1].

Kant montrerait certes qu'il y a une prétention à la nécessité et à l'universalité dans le jugement de goût pur – mais il serait incapable de la justifier. Genette dirait que cette prétention témoigne de l'illusion objectiviste constitutive du jugement esthétique. Il faudrait conclure au relativisme. Que répond le kantien ?

Pour lui, le relativiste n'a rien compris à Kant. Le philosophe de Königsberg aurait découvert un mode de fonctionnement de l'esprit que personne avant lui n'avait réussi à cerner exactement. Le sens commun esthétique[2] serait un mode de pensée dans lequel tous les esprits s'accordent sur la valeur esthétique d'une chose sans concept déterminant leur jugement et uniquement parce qu'ils jugent non pas en fonction de ce qui constitue leur goût impur, celui des préférences simplement sensuelles, mais en fonction d'un sentiment de plaisir non sensuel, le plaisir pur.

> Ce dont quelqu'un a conscience que la satisfaction qu'il en retire est chez lui-même indépendante de tout intérêt, cela ne peut pas être jugé autrement par lui que comme contenant nécessairement un principe de satisfaction pour tous[3].

Rien de contraint dans cette satisfaction puisqu'aucun concept du beau n'est en jeu ; on ne part pas d'un critère objectivé du beau que les objets beaux devraient respecter. Rien de privé, puisque la satisfaction n'est pas liée à des préférences personnelles (aimer le Bordeaux, préférer les blondes). Dès lors le sujet de goût pur parle de la beauté comme d'une

1. G. Genette, *L'Œuvre de l'art*, t. II, p. 84-85.
2. Kant, *Critique de la faculté de juger*, § 20.
3. Kant, *CFJ*, § 6.

propriété de l'objet, même si le jugement « n'a pour contenu qu'un rapport de la représentation de l'objet au sujet »[1]. Autrement dit, l'objet lui-même n'est pas en jeu; ses propriétés réelles ne sont pas concernées. Tout se passe entre le sujet (qui a certaines représentations) et lui-même (qui éprouve un plaisir spécifique). Peu importe que, empiriquement, il y ait ou non des sujets de goût dont le désinvestissement personnel leur permette de *constater* la mise entre parenthèses de tout ce qui, dans leur jugement, constitue ce qui leur est propre et ne peut dès lors pas être exigé de tout autre. Seule importe à Kant la *possibilité* d'un tel jugement. Kant ne doute pas de cette possibilité. Elle lui semble inscrite dans la nature même des facultés de connaissance (sensibilité, imagination et entendement). Une harmonie entre ces facultés est possible sans aucun concept qui la règle[2]; dès lors, il y a bien un *sens commun à tous* chez ceux qui, quand ils jugent, tiennent compte de tous les autres êtres humains, comme êtres dotés des mêmes facultés et donc capables de la même harmonie spontanée[3].

Le relativiste n'a-t-il alors rien compris à la thèse kantienne? Il y a deux façons de répondre. Celle de l'historien de la philosophie et celle du philosophe. Ce dernier tente de comprendre comment ce que dit Kant peut aider à résoudre le problème de la nature des propriétés esthétiques. À nouveau, délaissons la première. Que Kant soutienne que les propriétés esthétiques ne sont pas réelles (puisque subjectives), sans pour autant qu'elles soient relatives (puisque le jugement de goût est nécessaire et universel), c'est ce qui nous intéresse ici. Constatons d'abord que les propriétés esthétiques sont réduites par Kant à une et une seule : la beauté[4]. Pourquoi n'est-il pas question qu'il y en ait d'autres? La réponse s'impose : n'importe quelle autre propriété réintroduirait un concept ou serait jugée personnelle et privée. Prenons « élégant », par exemple. Immédiatement, on aura un *type* d'objets possédant une propriété commune, l'élégance. Ce que soutient Kant, c'est que « beau » ne constitue pas un *type* d'objets repérable par une propriété commune. Donc, face à une chose quelconque ou à une œuvre d'art, la seule réaction qui puisse être considérée comme esthétique-

1. Kant, *CFJ*, § 6.
2. Kant, *CFJ*, § 35 et 36.
3. Kant, *CFJ*, § 40.
4. On devrait dire deux : le beau et le sublime. Mais rappelons que le sublime concerne exclusivement la nature, pour Kant, et que nous nous intéressons ici à l'ontologie des œuvres d'art.

ment pure est « C'est beau ! ». On comprend alors que Kant se soit moqué des critiques[1], qui parfois prétendent en dire un peu plus et même (mais pour Kant c'est ridicule) justifier leur jugement de goût. Il n'y a qu'*un et un seul prédicat esthétique*, « beau ». Les autres sont impurs, liés au goût des sens ou à l'esthétisme moral. Le sujet de goût kantien ne semble posséder qu'un vocabulaire esthétique très limité ne comprenant que le seul prédicat *beau*.

Supposons cette réduction (drastique) des propriétés esthétiquement licites à une seule, la beauté. Je dois bien me rendre compte du type de plaisir que j'ai pour pouvoir *en droit* l'attribuer à tous les êtres humains. Il faut donc supposer que le sujet de goût pur kantien ressent un plaisir esthétique en tant qu'esthétique (comme ayant cette spécificité). Cette affirmation n'est-elle pas étrange ? On ressent du plaisir, mais ressent-on le plaisir qu'on a ?[2] Ou encore, ressentir du plaisir, esthétique ou non, ne consiste pas à le constater en repérant son type, en le ressentant comme, par exemple, esthétique. Car cela supposerait un dédoublement. P1 éprouverait à la vue d'un objet O un plaisir. P2 ressentirait ce plaisir et constaterait qu'il est esthétiquement pur. P2 affirmerait « C'est beau » et prétendrait que chacun doit penser la même chose, ressentir la même chose que P1, et ressentir ce qu'il ressent de la même manière que P2 le ressent. On pourrait objecter que Kant ne se préoccupe pas, dans un texte comme la *Critique de la faculté de juger esthétique*, d'une description psychologique du jugement de goût. Il cherche à le fonder d'un point de vue transcendantal. Cependant, la nécessité de ressentir un plaisir comme d'un certain type ne réintroduit-elle pas dans la thèse kantienne une norme conceptuelle que Kant prétendait éliminer ?

On peut aussi se demander si cela ne conduit pas à une régression à l'infini, car ressentir ce que l'on ressent devrait logiquement conduire à s'assurer que ce sentiment second est bien *esthétiquement correct*. D'où P_3. À moins que cela ne s'arrête par le recours à une règle de ce que doit être un jugement esthétiquement pur. Cette règle il conviendrait de la connaître. D'où à nouveau une difficulté pour maintenir le caractère *non conceptuel* du jugement de goût pur. Ce que Kant a éliminé de la définition du beau, la notion de *type* qui peut être reconnu et constitue

1. Kant, *CFJ*, § 34.
2. Apprécier X ne consiste pas à avoir un sentiment qui *accompagne* notre appréhension de X. Sur cette problématique : G. Ryle, *La notion d'esprit*, trad. fr. S. Stern-Gillet, Paris, Payot, 1978.

une propriété des objets, ne se retrouve-t-il pas dans la notion de plaisir, lequel doit être reconnu par le sujet de goût *comme esthétique*, et donc d'un *certain type*, si ce sujet exige l'adhésion de tous à son jugement.Genette dit que l'argumentation de Kant est « passablement spécieuse »[1]. Elle ne vise, pense-t-il, qu'à échapper au relativisme esthétique. C'est sévère. L'argumentation de Kant n'a simplement que peu à voir avec l'esthétique philosophique en général. C'est *nous* qui créons les difficultés dès que nous en faisons cet usage. Ce qu'on a fait abondamment depuis longtemps. Que cherche Kant ? À résoudre le problème structurel de sa philosophie, scindée entre deux parties, théorique et pratique, à lui trouver une articulation transcendantale. On peut simplement douter qu'en trouvant une solution à *son* problème d'architectonique, s'il l'a réellement résolu, Kant ait donné la moindre solution valable à celui de la nature des propriétés esthétiques. Beaucoup de philosophes restent persuadés qu'on trouvera chez Kant de quoi résoudre les problèmes fondamentaux de l'esthétique. Ici, notre conclusion serait plutôt que la position (II) n'existe pas vraiment. Kant se pose un autre problème que le nôtre, un problème lié à l'organisation de sa philosophie et non à la nature des propriétés esthétiques. Un non-cognitiviste en matière d'esthétique, celui pour lequel l'attribution des propriétés esthétiques ne repose en rien sur la maîtrise de l'usage correct d'un prédicat, n'a ainsi pas d'autre alternative que le relativisme à la Genette.

le réalisme esthétique

réalisme + cognitivisme (= Zemach)

Zemach est un champion du réalisme esthétique, la thèse pour laquelle les propriétés esthétiques sont réelles. Elle ne doit cependant pas être confondue avec le platonisme esthétique, pour lequel les propriétés esthétiques existent indépendamment des objets qui les instancient. Zemach propose même un réalisme *extrême*, à tel point que sa thèse rend finalement mal compte de notre intuition selon laquelle l'attribution des propriétés esthétiques n'est pas aussi aisément garantie que celle d'autres propriétés, comme des propriétés physiques (« en marbre »)

1. G. Genette, *L'Œuvre de l'art*, t. II, p. 85.

ou géométriques (« rectangulaire »)[1]. On pourrait vraisemblablement développer un réalisme plus *modéré* que celui de Zemach. Tout en acceptant la conception *réaliste* des propriétés esthétiques, ce réalisme modéré rendrait mieux compte de la difficulté *épistémique* de leur attribution que le réalisme extrême.

les conditions standard d'observation

Zemach part de la notion de conditions standard d'observation. Il dit :

> Les conditions C sont des conditions standard d'observation pour une propriété F et une chose X si et seulement si, quand on observe X en tant que F dans C, alors X est F[2].

Cette thèse est *fiabiliste*, même si Zemach n'emploie pas le terme. Elle signifie que dans des conditions perceptives normales, si vos facultés sensibles et intellectuelles fonctionnent normalement, quand vous voyez Adeline embrasser Gontran, vous ne doutez pas que « embrassé par Adeline » s'applique à Gontran. Autrement dit, si le processus grâce auquel vous avez acquis la croyance qu'Adeline a embrassé Gontran est fiable, votre croyance qu'elle l'a embrassé est justifiée. En revanche, si le brouillard est épais, si vous avez bu plus que de raison, si vous êtes myope et dépourvu de vos lunettes, les conditions *standard* en fonction desquelles vous êtes parfaitement justifié dans votre attribution d'une propriété à un objet ne sont pas remplies.

> Les propriétés esthétiques sont dans cette mesure comme toutes les autres propriétés observables : ce qui est beau peut sembler affreux si vous l'observez dans des conditions non standard[3].

1) Les conditions standard d'observation ne sont pas nécessairement les conditions qui prévalent le plus généralement. En Islande, quand la lumière du jour est devenue rare et pâle, la robe de Gudrun paraît grise ; elle apparaît ainsi que ce soit dans la pâle lumière, au moment de la journée où il y en a le plus, ou sous la lumière électrique. Pourtant sa robe est vert foncé, et non pas grise. C'est que les conditions standard d'observation ne sont pas les conditions qui sont généralement

1. On trouve la même difficulté dans la thèse réaliste de N. Zangwill, *The Metaphysics of Beauty*, Ithaca, Cornell University Press, 2001.

2. E. Zemach, *La beauté réelle. Une défense du réalisme esthétique*, p. 77-78.

3. E. Zemach, *La beauté réelle. Une défense du réalisme esthétique*, p. 79.

rassemblées à cette période-là de l'année en Islande. Il suffit de le savoir pour rectifier.

2) Il existe des conditions standard d'observation de base. Par exemple, les conditions de l'écoute d'une œuvre musicale comprennent une acuité auditive suffisante, voire satisfaisante. Les conditions de la lecture comprennent une acuité visuelle suffisante ou la connaissance du braille. Il s'agit là de réunir les conditions grâce auxquelles certaines propriétés physico-phénoménales des objets sont perçues.

3) Il existe aussi des conditions épistémiques standard d'observation. C'est l'ensemble du bagage culturel à posséder pour pouvoir déceler certaines caractéristiques constitutives de l'objet considéré. Ces conditions épistémiques posent le plus de problème à la thèse de Zemach, car il est difficile de savoir lesquelles doivent être réunies pour appréhender les propriétés esthétiques d'une œuvre. Certaines sont évidentes; par exemple il faut connaître la langue dans laquelle le roman qu'on prétend lire est rédigé. Mais la plupart des autres ne sont pas aussi indiscutables. Quelles connaissances historiques sont nécessaires pour voir une exposition? L'identification des propriétés esthétiques d'une œuvre de la statuaire africaine traditionnelle suppose-t-elle des connaissances ethnologiques, et de quel ordre? Que comprend à l'art juif celui qui n'a aucune idée de cette religion?

4) Les conditions standard d'observation sont relatives à des espèces d'objets. Les conditions de l'attribution d'une couleur à une robe ne sont pas celles de l'attribution d'une particularité physique à un microbe; dans le premier cas, parmi les conditions il y a la lumière du jour d'une intensité convenable et l'absence de troubles ophtalmiques; dans le second, il y un microscope suffisamment puissant et des connaissances en biologie. Nous dirons alors :

> Des conditions C sont des conditions standard d'observation d'une propriété F de choses de l'espèce E si et seulement si un x de l'espèce E paraît F dans les conditions C si et seulement si x est F.

Autrement dit : les conditions standard d'observation sont celles dans lesquelles une chose d'une certaine espèce (E) apparaît, sous ses conditions, posséder la propriété qu'on lui attribue (F) si et seulement si elle possède réellement cette propriété.

La définition est circulaire, mais cela ne la rend pas vicieuse. Il s'agit d'un cas d'équilibre réfléchi[1] : on modifie les conditions d'observation en fonction de l'espèce E et l'espèce est elle-même sensible à la modification des conditions d'observation. Il y a un processus d'ajustement mutuel des deux, des conditions d'observation et de l'espèce. On modifie les conditions si elles ne laissent pas passer des objets qu'on accepte comme appartenant à l'espèce considérée; on modifie les limites de l'espèce si les accepter conduisait à ne pas tenir certaines conditions comme des critères d'appartenance à l'espèce. D'où l'équilibre réfléchi qui s'établit et, dans chaque cas, peut être reconsidéré. Par exemple, les conditions standard d'observation de la propriété « être mort » sont aujourd'hui différentes de celles d'il y a un siècle. Nous possédons des moyens techniques de déceler le moindre souffle de vie dont nous ne disposions pas alors. Mais cela ne signifie pas qu'« être mort » soit maintenant autre. Les conditions standard d'observation ont été modifiées : une personne dont il y a cent ans on aurait dit qu'elle était morte pourrait être aujourd'hui considérée comme à l'article de la mort ou en état de vie artificielle.

Une importante difficulté se dessine cependant. Dans le cas des propriétés esthétiques, le rapport entre l'espèce E pour laquelle on définit les conditions standard d'observation et ces conditions elles-mêmes ne permet pas l'accord sur le fait que l'objet perçu les possède. Supposons qu'on définisse l'œuvre d'art comme une substance artefactuelle dont le fonctionnement est esthétique. Cette définition ne permet pas de déterminer quelles sont les conditions standard d'observation pertinentes. Par exemple, pour pouvoir attribuer des propriétés esthétiques à une œuvre musicale, convient-il nécessairement de l'avoir entendue? Un connaisseur ne pourra-t-il lui en attribuer à la simple lecture de la partition? Faut-il avoir vu un tableau pour savoir qu'il est bien équilibré? Il ne semble pas. Sa reproduction suffit-elle? Il n'est pas facile de trancher. Certaines descriptions d'œuvres d'art picturales dans les livres d'histoire de l'art rédigées avant la généralisation de la reproduction sont fort suggestives et permettent vraisemblablement d'attri-

1. Sur l'équilibre réfléchi, voir N. Goodman, *Faits, fictions et prédictions*, p. 80; C.Z. Elgin, *Considered Judgment*, Princeton UP, 1996, chap. IV.

buer à des œuvres des propriétés esthétiques, au moins certaines, sans les avoir jamais vues. Mais il n'est pas sûr que cela suffise toujours[1].

À l'inverse, les conditions standard d'observation intègrent dans certains cas une condition qui semble si aisément satisfaite que nous pouvons nous demander si l'objet n'appartient pas à l'espèce E du seul fait qu'une condition est remplie. « Observé dans une galerie » est une condition d'observation qui transformerait de fait tout ce qui se trouve dans une galerie en une chose qui possède des propriétés esthétiques, même le livre d'or et les visiteurs. Cela ferait de tout et n'importe quoi une œuvre d'art.

L'accord sur les conditions standard d'observation se fera encore moins aisément si elles sont épistémiques. Prenons un exemple. J'apprécie une petite marine peinte par un peintre inconnu. Je dis qu'elle est lumineuse, qu'elle respire le calme d'un après-midi d'été au bord de la mer, bref qu'elle est belle. On se moque de moi en me disant de comparer avec une marine de Van Ruysdael. Je m'acharne et refuse de modifier mon jugement. L'attribution de propriétés esthétiques à un tableau comme cette marine inclut-elle parmi ces conditions standard d'observation la connaissance d'autres tableaux du même type, et plus particulièrement les chefs-d'œuvre du genre (comme, pour les marines, les œuvres de Van Ruysdael) ? D'autres tableaux du même type de la même époque ou d'une époque différente ? D'autres tableaux utilisant la même technique picturale ou utilisant d'autres techniques picturales ? Etc. ?

Zemach surestime la relation de dépendance entre E (l'espèce) et les conditions standard d'observation, au moins dans le cas des œuvres d'art. L'équilibre réflexif entre la définition de l'espèce et les conditions standard d'observation n'est pas tel que cela ne laisse pas encore fort indéterminée quelle est l'extension exacte de l'espèce et quelles sont les conditions indiscutables et indissociables de la reconnaissance des propriétés esthétiques d'un objet de l'espèce E.

On est alors tenté de recourir à une expertise. Mieux que d'autres, certains sauraient quelles sont les conditions standard d'observation. Leur jugement d'attribution de propriétés réelles serait alors indiscutable.

1. Sur cette question, voir l'article de M. Budd « The Acquaintance Principle », *Aesthetic Essays*, Oxford, Oxford University Press, 2008.

> Les experts réglementent l'application des prédicats : leurs verdicts conduisent certains débats à leur terme (que ce soit la Terre est ronde ou Shakespeare est un bon poète)[1].

Zemach a peut-être raison pour la rotondité de la Terre ; il a vraisemblablement tort pour l'attribution de « bonne » à la poésie de Shakespeare. La justification des conditions standard d'observation grâce auxquelles on s'assure de la rotondité de la Terre relève de la théorie astronomique standard. C'est celle qu'on enseigne aux étudiants. Elle appartient à la science normale. Même si le commun des mortels ne sait pas, voire est incapable de comprendre en quoi consistent ces conditions standard d'observation de la rotondité de la terre, un accord est possible sur le fait que les hommes de sciences possèdent à ce sujet des connaissances justifiées. Est-ce vraiment le cas pour les conditions en fonction desquelles on juge que la poésie de tel poète est « bonne » ? Dans une certaine mesure, mais à un moindre degré parce que les experts dans le domaine artistique ne sont nullement unanimes.

Cela ne tient pas à la différence entre prédicats descriptifs et prédicats évaluatifs. Certains prédicats évaluatifs sont appliqués sans difficulté. Que martyriser des innocents soit réellement « mal » est un jugement moral qui ne pose pas de problèmes épistémologiques, moins encore en un sens que le jugement sur la rotondité de la Terre. Certains prédicats esthétiques évaluatifs font eux-mêmes l'objet d'un consensus fort large, pour peu qu'il s'agisse de chefs-d'œuvre répertoriés. La difficulté est plutôt de fixer des normes de l'attribution des propriétés esthétiques pour la majorité des œuvres d'art (et même des choses naturelles) et non pour quelques chefs-d'œuvre.

On remarquera deux choses : 1) Les savants sont d'accord sur les grandes lignes des théories et diffèrent dans les détails – sauf aux moments de révolution scientifique, des moments rares et clairement repérables dans l'histoire des sciences[2] ; 2) les experts esthétiques ne se contredisent pas seulement sur les propriétés qu'ils attribuent mais sur les conditions standard elles-mêmes. C'est pourquoi, contrairement à ce

1. E. Zemach, *La beauté réelle. Une défense du réalisme esthétique*, p. 84.

2. Il est fort possible que les experts scientifiques ne s'entendent pas sur les conditions standard d'observation dans tel ou tel cas. Mais, l'accord se fait dans la science normale. La description d'une expérimentation dans un manuel (de physique ou de chimie) indique aussi quelles sont les conditions à satisfaire.

que croit Zemach, l'expertise n'est pas une aussi bonne solution que cela à la question de l'objectivité des propriétés esthétiques. L'accord des experts ne se fait vraiment que sur des propriétés esthétiques comme l'appartenance à une catégorie historique, par exemple, mais non pas sur les propriétés esthétiques évaluatives ou affectives.

défense du réalisme esthétique modéré

On proposera maintenant une conception réaliste plus modérée que celle de Zemach et permettant, semble-t-il, d'éviter les difficultés qu'on vient d'évoquer.

Le réalisme modéré consiste à soutenir à la fois a) que les propriétés esthétiques sont réelles et b) que les conditions standard d'observation de ces propriétés ne sont pas aisément déterminables. Contre le subjectivisme et le relativisme, nous disons que les œuvres d'art possèdent bien des propriétés esthétiques. Contre le non-cognitivisme, nous disons que ces propriétés peuvent être connues et justifiées; on peut expliquer pourquoi une œuvre est équilibrée, triste, belle, etc. Mais, la plupart du temps les conditions standard d'observation sont indéterminées et discutables; la reconnaissance des propriétés esthétiques reste dès lors difficile à justifier. Cela explique les désaccords esthétiques. Nous nous entendons sur ce que veut dire « équilibré », car sinon nous ne pourrions même pas être en désaccord sur l'attribution de cette propriété à une œuvre, ou le refus de la lui attribuer. Mais nous avons du mal à expliquer dans quelles conditions correctes une œuvre est réellement équilibrée. Les propriétés esthétiques sont réelles, mais épistémiquement difficiles à justifier, parce que nous ne savons pas quelles sont les conditions pertinentes de leur attribution correcte.

Cela explique aussi qu'une œuvre musicale puisse nous apparaître grandiose un jour et anodine le lendemain. Nous pensons qu'elle est grandiose parce que nous considérons l'avoir écoutée dans les conditions adéquates (en concert, avec un excellent orchestre, en étant attentif, etc.). Par la suite, quand nous l'écoutons chez nous, dans des conditions médiocres et de façon distraite, la propriété que nous lui attribuons est finalement plus liée au souvenir que nous avons de l'audition qu'à une évidence qui se manifeste encore. Nous considérons alors que, lorsque les conditions standard d'observation seront de nouveau réunies, nous la percevrons encore comme grandiose.

Les propriétés esthétiques sont réelles, mais les conditions à réunir pour pouvoir les identifier et l'accord de tous sur ce que sont ces conditions, cela reste indéterminé. Ne doit-on pas alors considérer que le désaccord esthétique est plus une difficulté de fait, celle de fixer les conditions d'observation, qu'une impossibilité de droit tenant au caractère subjectif et relatif des propriétés esthétiques ? Affirmer cela reviendrait à soutenir un réalisme modéré en matière d'attribution des propriétés esthétiques, tout particulièrement aux œuvres d'art.

Parmi les quatre positions que nous avons présentées au début de la deuxième section de ce chapitre, il nous semble possible d'accorder la préférence à la position réaliste et cognitiviste. Mais il convient aussi de reconnaître la force de la position relativiste à l'égard des propriétés esthétiques. Au lieu de lui donner raison au sujet des propriétés esthétiques, on lui accordera l'extrême difficulté de déterminer quelles sont les conditions standard d'observation et l'inefficacité du recours aux experts. Ils ne s'entendent pas nécessairement sur les conditions standard d'observation et ne nous sont donc pas aussi utiles que dans le domaine scientifique. Le réalisme modéré est non subjectiviste, antirelativiste et cognitiviste, mais il convient d'être bien conscient des difficultés de fait, et non de droit, de l'attribution de propriétés esthétiques *réelles*.

chapitre 6
la survenance des propriétés esthétiques

la double survenance

l'irréductibilité des propriétés esthétiques

Comment connaissons-nous les propriétés esthétiques des objets? Observer un tableau, n'est-ce pas voir des formes se détachant sur un fond, des couleurs, des formes? On en peut parler en termes de propriétés physico-phénoménales du tableau. On parle alors de ce qui est perçu, de ce qui est phénoménal, en dépendant causalement des propriétés physiques de l'objet perçu.
Les propriétés physico-phénoménales, comme « rouge », « rectangulaire », « de forme humaine » ne sont pas des propriétés esthétiques. Ces dernières sont-elles réductibles aux propriétés physico-phénoménales? On peut penser que non pour deux raisons.
La première est que la substitution d'un prédicat physico-phénoménal (ou d'un ensemble de ces prédicats) à un prédicat esthétique (ou un ensemble de ces prédicats) ne préserve pas la signification du second (ou

du second ensemble). Soit les deux énoncés suivants, qui s'appliquent tous les deux à *La Joconde* :

1) *La Joconde* est un tableau plein de grâce et de mystère.

2) *La Joconde* est un tableau rectangulaire et contenant un certain ensemble de couleurs.

(2) n'est pas substituable à (1) *salva veritate.* Les prédicats de (1) n'ont pas la signification des prédicats de (2) dans le langage ordinaire. Rien ne garantit évidemment que si un tableau est rectangulaire et possède certaines couleurs il sera gracieux et mystérieux.

Il existe une deuxième raison de refuser la réduction des prédicats esthétiques aux prédicats physiques. La substitution des seconds aux premiers ne préserve pas la force implicationnelle des énoncés contenant des prédicats esthétiques. Par « force implicationnelle », il faut entendre, avec Grice[1], tout ce qu'implique, suggère, indique et signifie un énoncé quand on l'utilise. Le rapport entre « force implicationnelle » et sens d'un énoncé est l'un des plus difficiles pour la philosophie du langage. Mais, quel que soit ce rapport, n'est-il pas clair que personne ne peut s'attendre à ce que, dans une conversation portant sur *La Joconde*, la force implicationnelle de (1) et de (2) soient identiques ?

L'irréductibilité des prédicats esthétiques aux prédicats physico-phénoménaux signifie que les deux sortes de prédicats ne sont pas identiques ni extensionnellement équivalents.

Mais les prédicats esthétiques ne pourraient-ils pas être réductibles à d'autres prédicats, ni physico-phénoménaux ni esthétiques ? Ces prédicats correspondraient aux croyances que nous avons au sujet des objets que nous percevons. Par exemple, « croire qu'on perçoit un tableau », « supposer que ce tableau est de X », « considérer qu'il a été peint sous l'influence de Y », « penser qu'il est fait dans *telle* intention ». Peut-on dire que les propriétés esthétiques sont réductibles à des propriétés de ce genre, c'est-à-dire à des propriétés intentionnelles ? Vraisemblablement non, et pour les mêmes raisons que celles proposées pour expliquer l'irréductibilité des propriétés esthétiques aux propriétés physico-phénoménales. Soit l'énoncé suivant :

3) S croit qu'il voit un tableau, S suppose que ce tableau est de X, S considère qu'il a été peint sous l'influence de Y, etc.

1. P. Grice, *Studies in the Way of Words*, Cambridge, Mass., Harvard UP, 1989, chap. 2.

Pas plus que (2), (3) n'est pas substituable à (1). Une telle substitution ne préserverait ni la signification de (1) ni sa force implicationnelle.
On peut en conclure que les prédicats esthétiques sont dans tous les cas irréductibles à d'autres prédicats non esthétiques. Certains psychanalystes ont prétendu que les propriétés esthétiques seraient réductibles à des propriétés intentionnelles inconscientes. Certains sociologues ont prétendu que les propriétés esthétiques seraient réductibles à des propriétés intentionnelles non pas des individus mais des sociétés. Certains structuralistes ont prétendu que les prédicats esthétiques seraient réductibles à des relations formelles entre des éléments d'un texte, d'un tableau, d'une œuvre musicale. Si le raisonnement précédent est correct, ils ont partiellement tort. On n'expliquera pas comment nous pouvons appréhender et connaître les propriétés esthétiques des objets en procédant à une identification de ces propriétés à d'autres propriétés, non esthétiques, qu'elles soient matérielles, intentionnelles ou formelles. Certes, à l'occasion, ces efforts réductionnistes nous apprennent quelque chose sur l'expérience esthétique, en mettant l'accent sur des caractéristiques non esthétiques sous-estimées dans cette expérience. Par exemple, l'ancrage social ou les connotations érotiques de l'expérience que nous faisons de certaines œuvres ont pu apparaître plus clairement. Mais cela ne change rien à l'irréductibilité des prédicats esthétiques à d'autres prédicats non esthétiques.

l'ineffabilisme

Que les propriétés esthétiques soient irréductibles ne signifie pas qu'elles n'entretiennent aucune relation avec les propriétés non esthétiques. Sous ses formes variées, en cette matière, le réductionnisme est une erreur. L'erreur symétrique est l'ineffabilisme : affirmer qu'une propriété esthétique surgit sans que rien ne puisse jamais expliquer qu'un objet la possède. Il ne faudrait même pas tenter d'expliquer les propriétés esthétiques puisqu'elles ne sont liées à aucune propriété objective des objets auxquels on les attribue. Toutefois, qu'on ne puisse inférer qu'un objet possède une propriété esthétique du fait qu'il possède une (ou un ensemble de) propriété(s) non esthétique(s) n'implique pas qu'on ne puisse expliquer une propriété esthétique par la possession par l'objet d'une (ou d'un ensemble de) propriété(s) non esthétique(s)[1]. Une conséquence de l'ineffabilisme est de mettre en cause toute attribution justifiée de prédicats esthétiques à une œuvre d'art.

Si les propriétés esthétiques n'étaient pas liées aux propriétés non esthétiques, si elles n'émergeaient pas de ces propriétés par une relation que nous examinerons bientôt, elles ne pourraient pas être attribuées aux objets. Or, premièrement, il ne paraît pas déraisonnable de penser que les multiples descriptions faites d'un même objet doivent pouvoir être liées entre elles. Même si ces descriptions ne sont pas reliées en termes d'identité ou de relation nécessaire, en étant des descriptions de la même chose, n'ont-elles pas quelque chose en commun ? Deuxièmement, à admettre la thèse ineffabiliste, l'œuvre d'art, redevable de propriétés esthétiques, ne pourrait pas être identifiée avec l'objet physique, par exemple le tableau, dont on dit qu'il est une œuvre d'art. L'œuvre musicale ne serait plus un événement sonore et donc physique. Mais alors de *quoi* les propriétés esthétiques le seraient-elles ? Il faut être méfiant à l'égard d'une théorie ectoplasmique de l'œuvre d'art. Elle devient un fantôme dans une entité physique avec laquelle elle n'est plus du tout identifiable. Les propriétés esthétiques sont-elles pas alors aussi « flottantes » que ce qui les possède[2] ?

Cette conception ectoplasmique des propriétés esthétiques a deux conséquences. Premièrement, elle conduit bien naturellement au rejet du réalisme esthétique au profit d'une conception antiréaliste. Si les propriétés esthétiques sont flottantes, n'est-ce pas parce qu'elles ne sont pas des propriétés des objets qui semblent les posséder ? Deuxièmement, cette conception ectoplasmique encourage non seulement une thèse antiréaliste, mais aussi celle selon laquelle les propriétés esthétiques n'ayant aucune relation avec des propriétés de base comme les

1. Voir la même thèse chez F. Sibley, « Aesthetic and Non aesthetic », *Philosophical Review*, 74, 1965. Sibley dit qu'on peut expliquer les propriétés esthétiques d'une œuvre à partir de ses propriétés non esthétiques, mais non pas inférer les premières à partir des secondes. Les propriétés non esthétiques ne sont donc pas des conditions *suffisantes* des propriétés esthétiques. Autrement dit, il n'y a pas de relation nomologique entre propriétés non esthétiques et propriétés esthétiques. Voir aussi la discussion de ce point par Zemach, *La beauté réelle. Une défense du réalisme esthétique*, p. 130-135.

2. Malgré son intérêt, la distinction que fait R. Rochlitz (*L'art au banc d'essai*, Paris, Gallimard, 1998, p. 52-84) entre l'œuvre et l'habitacle n'échappe pas nécessairement à cette difficulté. Le recours à la métaphore de l'habitation entraîne, semble-t-il, cette difficulté. À supposer qu'on accepte la distinction entre l'œuvre et l'habitacle, la question reste entière de savoir comment les propriétés de l'œuvre (qu'on peut supposer esthétiques) sont reliées à celles de l'habitacle.

propriétés physico-phénoménales manifestent la visée transcendante des objets auxquels on les attribue, particulièrement des œuvres d'art. Ces objets ou les œuvres d'art seraient liés à l'absolu ou au moins à ce qui transcende le monde empirique. On peut alors parler, avec Danto d'« interprétation profonde ». Cette interprétation « se porte toujours au-delà de l'œuvre d'art pour se poser sur autre chose »[1]. On passe du caractère ectoplasmique des œuvres d'art à leur visée transcendante, puis à leur profondeur philosophique et enfin à leur mission révélatrice. Danto remarque aussi que si la divination, les oracles et les augures sont tombées en désuétude, les formes d'interprétation qu'elles manifestent continuent à jouer un grand rôle dans l'herméneutique[2]. Cette façon de voir ne repose-t-elle pas au départ sur l'ineffabilisme esthétique.

survenance à deux étages

Entre la thèse réductionniste et la thèse ineffabiliste, d'autres plus raisonnables utilisent la relation de survenance selon laquelle :

> Deux objets dont les propriétés esthétiques sont différentes possèdent aussi nécessairement des propriétés non esthétiques différentes. Autrement dit, il n'y a pas de différence esthétique entre deux objets sans différence d'une autre sorte, non esthétique, entre ces mêmes objets.

L'application de la relation de survenance à la question des propriétés esthétiques se trouve chez Currie[3], Levinson[4], Pettit[5], et bien d'autres. Toutefois, nous éviterons l'examen scolastique des mérites respectifs de ces différentes thèses[6].

1. A. Danto, *L'Assujettissement philosophique de l'art*, trad. fr. C. Hary-Schaeffer, Paris, Seuil, 1993, p. 72.
2. A. Danto, *L'Assujettissement philosophique de l'art*, p. 81.
3. G. Currie, *An Ontology of Art*, Londres, Macmillan, 1989.
4. J. Levinson, *Music, Art and Metaphysics*, Ithaca, Cornell UP, 1990, chap. 7.
5. P. Pettit commence ainsi : « Dans cet article, je m'intéresse aux caractérisations esthétiques des œuvres d'art, en particulier des œuvres des arts picturaux. Je souhaite soulever la question de savoir s'il y a une raison générale pour laquelle de telles caractérisations ne devraient pas être comprises de façon réaliste. Ma croyance personnelle est qu'il n'y en a pas... » (« The Possibility of Aesthetic Realism », *in* E. Schaper (ed.), *Pleasure, Preference and Value*, Cambridge, Cambridge UP, 1983, p. 17). je partage cette croyance (Pouivet, *Le réalisme esthétique*) et comme Pettit, j'ai recours à la notion de survenance.
6. Pour un examen de la notion de survenance en général et son histoire récente voir Kim, *Supervenience and Mind*; R. Pouivet, « Survenances », *Critique*, n° 575, 1995. Cette notion est l'une des plus utilisées dans la métaphysique et l'épistémologie contemporaines, sous des formes diverses.

Nous définirons la survenance de la façon suivante.

> B survient sur A si et seulement si (a) B dépend ontologiquement de A; (b) B co-varie avec A; (c) B n'est pas conceptuellement réductible à A.

(a) fait appel à la notion de *dépendance ontologique* selon laquelle B n'existerait pas si A n'existait pas[1]. Plus précisément, c'est une relation de séparabilité d'un seul côté dans la mesure où B n'existerait pas si A n'existait pas; cependant, la converse n'est pas vraie. La relation de co-variation de (b) signifie alors qu'il ne peut y avoir de variation des propriétés B sans variation des propriétés A; rien ne change dans A sans une modification *corrélative* dans B. L'irréductibilité (c) est conceptuelle ou épistémique. Les propriétés survenantes B, même si elles ne sont pas ontologiquement indépendantes des propriétés subvenantes A, même si elles co-varient avec elles, n'en sont pas moins impossibles à connaître en termes des propriétés A. Une description complète des propriétés A ne permet pas de savoir quelles sont les propriétés B. On ne peut pas déduire les propriétés B des propriétés A. On ne peut pas non plus procéder à une généralisation inductive en passant de la présence de propriétés A à la présence (probable) de propriétés B.

L'irréductibilité des propriétés survenantes (B) aux propriétés subvenantes (A) tient au fait que les premières ne peuvent être *analytiquement* tirées des secondes. Il n'y a pas plus de loi disant que si un objet X a les propriétés A, alors il a les propriétés B, même si X possède *nécessairement* les propriétés A s'il possède les propriétés B.

Ce qui nous intéressera maintenant est la façon dont les propriétés esthétiques surviennent. On est tenté de penser qu'elles surviennent sur les propriétés physico-phénoménales des objets. Ce n'est pas faux. Mais surviennent-elles directement sur ces propriétés? Il est possible d'en douter. Les propriétés physiques (ou physico-phénoménales, c'est-à-dire les propriétés physiques des objets telles que nous les percevons) sont les propriétés subvenantes (de base) d'une première relation de survenance S_1 dans laquelle ce sont des propriétés intentionnelles (croyances, émotions, sentiments à l'égard des objets) qui surviennent. Les propriétés intentionnelles sont les propriétés subvenantes d'une deuxième relation de survenance S_2 dans laquelle les propriétés

1. Je fais ensuite une distinction entre la relation de source ontologique (B n'aurait pas pu *commencer* à exister si A n'avait pas existé) et celle de dépendance ontologique (B ne continuerait pas à exister si A ne continuait pas d'exister). Ici cette distinction n'a pas d'usage.

esthétiques sont survenantes. Autrement dit, la relation de survenance entre les propriétés esthétiques et les propriétés physico-phénoménales n'est pas directe. Car, les propriétés esthétiques sont bien trop dépendantes de nos croyances (émotions, sentiments) à l'égard des objets pour que ce soit direct.

On pourrait objecter que la conception de la survenance qui vient d'être présentée est finalement de peu d'intérêt pour l'explication de l'émergence des propriétés esthétiques. Si les propriétés esthétiques dépendent ontologiquement et co-varient avec les propriétés physico-phénoménales, mais que les propriétés physico-phénoménales n'impliquent pas les propriétés esthétiques, l'émergence des propriétés esthétiques reste mystérieuse. Comme ces propriétés pourraient ne pas survenir, quand on dit qu'elles surviennent, rien n'a finalement été expliqué, au moins si on retient une conception aussi *faible* de la relation de survenance. Dès lors, on serait tentés de penser que toute cette affaire de survenance est une façon faussement savante de masquer un vide explicatif, que ce n'est que du verbiage[1].

La réponse à cette objection est double. Premièrement, il ne s'agit nullement d'*expliquer* les propriétés esthétiques et leur émergence, au sens où l'on dirait quelles en sont les *causes*. Si l'on pouvait faire pareille chose, il y aurait des lois esthétiques sur le modèle des lois naturelles. Nous aurions un modèle nomologique : à telles propriétés physiques correspondraient telles propriétés esthétiques. Il suffirait même de mettre en place des propriétés physico-phénoménales pour être assuré qu'émergent certaines propriétés esthétiques. Ce n'est pas ce que nous essayons de justifier, et il est possible de douter que ce serait possible. En ce sens, la théorie de la double survenance *n'explique pas* pourquoi des propriétés esthétiques émergent; elle entend proposer une description plausible de la relation logique que cette émergence suppose, une description plausible et, disons, satisfaisante. L'ontologie est ici descriptive. La notion de survenance n'est pas causale. Elle permet simplement ici de rendre la description plus claire et plus précise.

Deuxièmement, la théorie de la double survenance permet d'exposer peut-être plus clairement un certain nombre de problèmes classiques

1. Voir F. Nef, *Les propriétés des choses : expérience et logique*, Paris, Vrin, 2006, pour une critique approfondie de cette théorie de la survenance esthétique.

dans le domaine de l'ontologie des propriétés esthétiques. C'est ce qu'il est possible de montrer maintenant.

quelques phénomènes décrits par la théorie de la double survenance

sur quelles propriétés surviennent les propriétés esthétiques ?

Ma croyance d'avoir actuellement un ordinateur devant moi dépend (ontologiquement) de l'existence de l'ordinateur et donc de ses propriétés physiques. Si l'ordinateur brusquement s'éteint (variation des propriétés physico-phénoménales), ma croyance concernant le fait qu'il est en marche est immédiatement modifiée[1].

Cependant, ma croyance d'avoir en face de moi un ordinateur ne dépend pas uniquement de l'ordinateur mais aussi d'autres croyances acquises au sein du groupe humain. Une partie des propriétés intentionnelles est donc dans une relation de dépendance ontologique *directe* à l'égard des propriétés physico-phénoménales. Nos croyances, une fois formées, sont elles-mêmes la base de survenance d'autres croyances. Le cas échéant, la modification de ces croyances subvenantes entraînerait une modification des croyances survenantes. Ces nouvelles croyances accroissent le nombre des propriétés intentionnelles que nous avons, de telle sorte que si l'entrée empirique, c'est-à-dire la base de subvenance (propriétés physico-phénoménales) est relativement étroite, à la sortie, nos croyances sont nombreuses, variées et parfois inattendues – si on veut bien nous permettre cette façon béhavioriste de nous exprimer. L'accroissement épistémique est dû à la possibilité d'émergence des croyances sur des croyances – ce qui constitue une caractéristique importante des êtres humains.

Les propriétés esthétiques surviennent sur des propriétés intentionnelles, comme celle de croire avoir affaire à un tableau, par exemple. Autrement dit, pour qu'une œuvre ait une propriété esthétique, disons d'être triste, il faut que le tableau soit triste. Il faut aussi qu'une personne possédant la croyance qu'il s'agit d'un tableau puisse attribuer cette propriété à ce tableau. On dira à juste titre que si le tableau est

1. L'externalisme radical énoncé ici est défendu dans R. Pouivet, *Le réalisme esthétique*, chap. I.

réellement calme, cette propriété doit survenir sur les propriétés physiques ou physico-phénoménales du tableau (perçu) et non sur les croyances de la personne qui le perçoit. Une table, par exemple, n'est pas rectangulaire parce qu'on pense qu'elle l'est; on le pense à juste titre parce qu'elle l'est. La rectangularité de la table survient sur des propriétés physiques et non sur des propriétés intentionnelles du géomètre. Cependant, la rectangularité de la table n'est pas une propriété physique de la table qui puisse être découverte indépendamment de la maîtrise de la géométrie élémentaire par quelqu'un. Il est donc sensé de dire que pour un enfant en bas âge la table ne peut pas être rectangulaire, même si elle l'est. Il y a des propriétés réelles des objets appréhendées seulement en termes de croyances supposant un apprentissage. Cela ne les rend pas moins objectives. Cela ne signifie pas, non plus, que les propriétés des objets sont des projections subjectives. Nous n'avons pas produit la rectangularité des tables rectangulaires. Mais l'appréhension des propriétés réelles est rendue possible par le développement de croyances qui, pour une part, surviennent sur des propriétés physico-phénoménales, mais n'y sont pas totalement réductibles. Autrement dit, la réalité des propriétés attribuées aux objets n'est pas remise en question par ce que nous devons savoir (notre culture) pour leur attribution correcte ou non. Ces propriétés objectives sont celles des objets de nos croyances, et non pas de nos croyances, même si sans elles ces propriétés ne pourraient à juste titre être attribuées.

En survenant sur des propriétés intentionnelles survenant elles-mêmes sur des propriétés physico-phénoménales, les propriétés esthétiques sont bien celles des objets eux-mêmes et non des projections subjectives sur eux. Il est ainsi possible d'éviter une forme brutale de réalisme esthétique, sous-estimant le rôle joué par la culture de celui qui appréhende les propriétés esthétiques. Pour attribuer à un tableau une propriété comme « triste », il faut en avoir vu plusieurs et procéder par comparaison. La propriété d'être triste d'un tableau est en ce sens relative et imprégnée de culture; et il serait trompeur que cet aspect culturel soit éliminé d'une réflexion ontologique sur les propriétés esthétiques. D'un autre côté, nous n'avons pas à tirer une conclusion idéaliste ou subjectiviste. Des propriétés dont l'identification suppose une culture peuvent être objectives; elles sont liées, par une relation de survenance double, à des propriétés physiques des objets identifiés.

Les propriétés esthétiques dépendent ontologiquement des propriétés intentionnelles et co-varient avec elles. Rien n'est beau, équilibré, baroque, etc., si quelqu'un n'a pas certaines croyances. Mais cela n'entraîne pas que les propriétés esthétiques soient subjectives et relatives, c'est-à-dire qu'elles ne dépendent en rien des propriétés physiques réelles des objets. La relation de survenance est transitive. Si B survient sur A et C survient sur B, C survient sur A *indirectement*, par l'intermédiaire de B. La double survenance permet ainsi de comprendre pourquoi nous n'avons pas à considérer les propriétés esthétiques comme flottantes. Elles portent bien sur les objets physiques, que sont les œuvres d'art, même si elles ne sont pas directement attribuables à ces objets physiques indépendamment des croyances que nous entretenons à leur égard.

pourquoi la thèse du subjectivisme des propriétés esthétiques est-elle si tentante ?

La base indirecte de survenance des propriétés esthétiques peut être fort étroite ; elle ne s'élargit qu'au niveau des propriétés intentionnelles, des croyances. Parmi ces croyances, la plupart d'entre elles supposent d'autres croyances. Une personne face à un tableau se forme la croyance qu'il représente, par exemple, le Christ mort sur la Croix. Dès lors les propriétés esthétiques surviennent sur un ensemble large, complexe et holistique de croyances[1].

Ce tissu de croyances, qui est la base de survenance directe des propriétés esthétiques, alors que la base indirecte de propriétés physico-phénoménales perçues peut rester étroite, explique ce qui être tenant dans la thèse du caractère *subjectif* des propriétés esthétiques. L'attribution d'une propriété esthétique à un objet quelconque ou à une œuvre d'art ne fait pas appel à ce tissu de croyances subvenantes. Dès lors, l'attribution peut sembler n'être qu'une projection. Elle pourrait apparaître même comme arbitraire. L'attribution se fait par un saut. On passe immédiatement des objets possédant les propriétés subvenantes de S_1, c'est-à-dire des propriétés physico-phénoménales, à des propriétés esthétiques survenant dans S_2, c'est-à-dire des propriétés esthétiques. Du fait de la transitivité et de la différence de largeur de la base de S_1 (base étroite au niveau des propriétés physico-phénoménales) et de la

1. On parle de holisme des croyances pour désigner la thèse selon laquelle les croyances d'un être rationnel sont toutes liées les unes aux autres et ne composent donc pas un agrégat d'éléments discrets.

base (large) de S_2, le saut peut sembler comme injustifiable. Pourquoi parce que l'objet apparaît de telle ou telle façon dans la perception qu'on en a, serait-il « baroque », « élégant », « triste », etc. ? Les propriétés esthétiques semblent sans lien direct avec les objets auxquels on les attribue. Cette impression de gratuité, voire d'arbitraire, en tous les cas de projection subjective, s'avère trompeuse dès qu'on accepte la thèse de la double survenance. Une attribution correcte et même justifiée des propriétés esthétiques serait possible en termes des croyances subvenantes sur lesquelles surviennent les propriétés esthétiques des objets et des œuvres d'art.

Quand nous ne disposons pas des croyances adéquates, l'attribution nous paraît d'autant plus injustifiable. Nous sommes alors tentés d'en parler comme subjective. Il nous manque les croyances intermédiaires nécessaires à la transitivité dans la relation de double survenance. Mais on a toujours tort de conclure de notre incapacité épistémique à l'irréalité des propriétés esthétiques. Si, ma formation musicale est très insuffisante, que je ne dispose pas des croyances nécessaires, voire que je possède des croyances qui constituent des obstacles à la survenance des propriétés esthétiques, je suis incapable de reconnaître la majesté d'une œuvre musicale. Je considére l'attribution de cette propriété à cette œuvre comme subjective. Je dirai que, *moi*, je ne la trouve pas majestueuse du tout et finalement que chacun peut la trouver comme il le ressent. Mais « majestueuse », si c'est bien une propriété esthétique réelle de cette œuvre, ne survient sur son audition qu'en fonction des propriétés intentionnelles adéquates. De la même façon, sur la même coupe observée au microscope, c'est-à-dire sur les mêmes propriétés physico-phénoménales, surviennent des jugements sur les caractéristiques réelles de la coupe observée en fonction des croyances scientifiques (biologiques) possédées par celui qui fait l'observation.

Insistons à nouveau sur le fait que les propriétés esthétiques sont relationnelles. C'est seulement en termes de relation entre des propriétés physico-phénoménales et des croyances qu'une personne possède qu'elles sont peuvent être attribuées correctement à un objet.

la survenance ajoute-t-elle quelque chose au monde ?

L'argument qui vient d'être développé montre-t-il que les propriétés esthétiques sont réelles ? Tout au plus semble-t-il expliquer qu'une personne cultivée rend compte de la raison pour laquelle elle attribue à un objet ou à une œuvre une propriété esthétique. Elle invoque les croyances qui la portent à voir la chose comme possédant des propriétés esthétiques. En quoi est-ce une garantie que cette chose les possède réellement? L'argument semble incapable de justifier la réalité des propriétés esthétiques.

Mais cette objection est-elle correcte? Soit elle repose sur la thèse selon laquelle *toutes* les propriétés, même les propriétés physiques, sont projectives. Lui répondre supposerait de contester globalement l'anti-réalisme. Le détour serait trop important[1]. Nous partirons alors de l'idée que les propriétés physiques et phénoménales sont réelles ou au moins justifiables en termes de propriétés effectivement possédées par les choses auxquelles on les attribue. Bref, nous partirons d'une forme minimale de réalisme des propriétés, de l'idée que les choses possèdent bien les propriétés physiques que nous leur attribuons correctement.

Dans le cadre de la théorie de la double survenance, la principale raison de contester le réalisme des propriétés *esthétiques* consisterait maintenant à supposer une déficience ontologique, ou un moindre degré ontologique, des propriétés survenantes. On affirmerait que les propriétés physiques sont réelles, les propriétés phénoménales le sont moins, et les propriétés survenantes plus du tout. Mais, ainsi conçue, l'objection n'est guère recevable. Ontologiquement, les propriétés survenantes ne sont pas différentes des propriétés subvenantes. La différence entre les propriétés qui surviennent et celles qui subviennent n'est pas ontologique, mais conceptuelle. La survenance veut dire qu'une description du monde en termes de propriétés B n'est possible que si ce monde possède aussi d'autres propriétés, des propriétés A, sur lesquelles les propriétés B surviennent. Toute différence dans la description en termes de propriétés B supposerait une différence dans l'ensemble des propriétés subvenantes, des propriétés A. Il n'y aura pas de différence d'une sorte sans différence d'une autre sorte.

Ontologiquement, les propriétés esthétiques n'ajoutent rien au monde qui nous entoure parce que si elles introduisent une différence conceptuelle dans la description, elles n'introduisent pas de différence ontologique. Si une différence ontologique était introduite, cela signifierait une indépendance ontologique des propriétés B, survenantes, par rapport aux propriétés A, subvenantes. Nous supposons donc vrai le

1. Voir R. Pouivet, *Le réalisme esthétique*, chap. I.

principe selon lequel sans indépendance ontologique, il n'y a pas de différence ontologique absolue. Ainsi, une description du monde qui ferait l'impasse sur toutes les propriétés esthétiques passerait sous silence des manières d'être des objets du monde, mais pourrait porter sur tout ce qui existe. Elle laisserait de côté des manières d'exister des choses qui nous entourent, mais aucune des choses qui nous entoure. Quand nous attribuons à quelque chose des propriétés esthétiques, nous n'ajoutons rien à l'ensemble des choses que nous connaissons, nous ajoutons simplement une description (correcte ou non) des choses du monde. Mais c'est aussi la raison pour laquelle la survenance des propriétés esthétiques est celle de propriétés qui ne sont pas moins réelles que les propriétés physiques. La différence entre une description physique d'une œuvre musicale et une description esthétique est conceptuelle. Dès que la description physique est faite, si elle est composée de prédicats exprimant des propriétés réelles, la description esthétique qui survient sur elle, par l'intermédiaire des propriétés intentionnelles, ne peut être soupçonnée d'une moindre crédibilité ontologique. Donc, si la théorie de la double survenance est correcte, il n'y a pas de raison de penser que, par principe, les propriétés esthétiques sont ontologiquement déficientes, moins réelles ou non réelles, même si les propriétés esthétiques ne révèlent pas de réalités nouvelles dans ce monde.

Une description esthétique du monde dit comment est le monde pour ceux qui disposent des croyances adéquates. Les propriétés esthétiques émergent comme description nouvelle de la même chose, et non comme une réalité dont on remarque enfin l'existence[1]. Les propriétés esthétiques sont donc bien des propriétés réelles d'objets et d'œuvres, mais ce sont les objets et les œuvres qui réellement les possèdent, et non les propriétés elles-mêmes, qui sont des réalités.

C'est de nouveau une raison pour laquelle nous sommes à tort tentés de penser que les propriétés esthétiques sont subjectives. Elles ne semblent rien ajouter au monde. Dès lors, elles paraissent être simplement une façon de voir le monde, une vision subjective projetée sur le monde. Leur

1. La théorie de la survenance se rapproche d'une théorie de la constitution comme celle qui est développée dans R. Pouivet, *Philosophie du rock : une ontologie des artefacts et des enregistrements*. Mais une théorie de la constitution explique en effet qu'un chose A (un morceau de papier, un morceau de bronze) peut constituer une chose B (un billet de banque, une scupture), en affirmant l'existence à part entière de B, et non sa simple survenance.

statut de propriétés survenantes de deuxième niveau est cependant relatif à une attribution réelle aux objets auxquelles elles s'appliquent.

On pourrait cependant encore objecter que ce réalisme des propriétés esthétiques est un *ersatz* de réalisme. La théorie de la double survenance resterait bien en deçà d'un robuste réalisme; elle ne ferait qu'emprunter la façon de s'exprimer du réaliste[1]. On pourrait même nous accuser de procéder, avec la théorie de la double survenance, à un tour de passe-passe destiné à permettre de dire que les propriétés esthétiques sont réellement attribuables aux objets tout en évitant la conséquence qu'elles doivent alors être indépendantes de nous. Insister sur la survenance des propriétés esthétiques sur les croyances permet d'éviter la conséquence, insister sur la transitivité de la relation de survenance permet d'affirmer l'attribution réelle.

Pour sérieuse qu'elle soit, cette objection n'est pas décisive. Ce qui nous importe est de parvenir à rendre crédible la thèse selon laquelle une description esthétique de quelque chose est *vraiment* une description. Ce qui est défendu par la théorie de la double survenance est une thèse descriptiviste selon laquelle dire d'une chose (et particulièrement d'une

œuvre d'art) qu'elle est baroque, élégante, équilibrée, est l'attribution justifiable à cette chose d'une propriété qu'elle possède. La théorie de la double survenance nous en assure, semble-t-il, parce que si nous acceptons que certaines propriétés (physico-phénoménales) ne soient pas des propriétés simplement projetées, alors, par transitivité, d'autres propriétés, certes moins directement, peuvent être attribuées aussi valablement aux choses qui possèdent ces propriétés physiques. Il ne s'agit pas simplement de présenter une théorie disant que nous imitons la façon dont le réaliste s'exprime. Il serait en effet étrange de dire « Cette œuvre est élégante, mais je ne peux pas croire qu'elle possède cette propriété ». C'est cette difficulté qui conduit Genette à affirmer que le jugement esthétique est constitutivement illusoire, en supposant une projection subjective qui feint de s'ignorer comme telle[2]. Cette conclusion ne paraît nullement inévitable, et la théorie de la double

1. Il pourrait s'agir alors de la position développée par Simon Blackburn (*Essays in Quasi-Realism*, Oxford, Oxford UP, 1993) sous l'appellation de *quasi-réalisme*. Le quasi-réaliste est une personne qui en partant d'une position anti-réaliste dans laquelle les propriétés sont projetées sur le monde parvient à imiter les pratiques intellectuelles constitutives du réalisme, c'est-à-dire à s'exprimer comme si les propriétés mentionnées dans les descriptions du monde étaient bien celles des choses elles-mêmes.

2. G. Genette, *L'Œuvre de l'art*, t. II, chap. 2. Voir *infra*, chapitre 5.

survenance semble préférable parce qu'elle rend compte du sentiment de subjectivité tout en proposant une conception réaliste (ou descriptiviste) de l'attribution de propriétés esthétiques. À l'inverse de Genette, il faut dire que le jugement esthétique donne l'illusion du subjectivisme, alors qu'il est constitutivement descriptiviste.

survenance et catégorie esthétique

Certaines propriétés esthétiques deviennent des catégories esthétiques. Elles entrent alors dans l'ensemble des croyances sur lesquelles d'autres propriétés esthétiques surviennent. Certaines propriétés esthétiques, en devenant des catégories esthétiques largement acceptées, comme « baroque » pour caractériser des œuvres architecturales ou musicales, finissent par jouer leur rôle au niveau des croyances sur lesquelles surviennent les propriétés esthétiques, et non simplement au niveau des propriétés esthétiques. Savoir qu'une œuvre architecturale est baroque, c'est avoir une croyance (vraie) à l'égard de certains objets en vertu de caractéristiques formelles perceptibles qu'ils possèdent. Les propriétés esthétiques deviennent ainsi des catégories; elles se normalisent en quelque sorte : leur attribution supposent simplement une croyance correcte au sujet d'un objet ou d'une œuvre. Cette remarque a des conséquences sur l'originalité des œuvres d'art.

qu'est-ce qu'une œuvre originale ?

Une œuvre peut être fortement originale ou faiblement originale. Une œuvre d'art est fortement originale si ses propriétés esthétiques surviennent sur des croyances parmi lesquelles celle que l'appartenance de l'objet à une certaine catégorie esthétique ne joue pas de rôle déterminant. Une œuvre est fortement originale parce qu'aucune catégorisation esthétique préalable ne peut conduire à dire qu'elle doit posséder les propriétés esthétiques qu'on lui attribue. Une œuvre d'art est faiblement originale a) si ses propriétés esthétiques surviennent sur des croyances au sujet de la catégorie esthétique à laquelle elle appartient, et b) l'œuvre dans cette catégorie est originale.

Cette conception de l'originalité des œuvres d'art évite tout recours à la notion de génialité. Ce qui la distingue radicalement de la notion kantienne d'originalité[1]. Pour Kant, l'originalité d'une œuvre d'art est

1. Kant, *CFJ*, § 47.

due au fait qu'elle soit une œuvre du génie. Or, la notion de génialité est à la fois négative et confuse. Avec cette notion, on attribue la production d'objets qui ne satisfont pas à des règles communes de production supposées être exponibles (exprimables) à une capacité mystérieuse dont certains êtres seraient dotés par la nature. Si un artefact possède des propriétés dont aucune règle de production ne permet de rendre compte, alors il est le produit d'une cause ... qui n'en est pas vraiment une. Une cause est normalement ce qui prend la place de l'antécédent dans une formule du type : « Si telle cause, alors tel effet ». Or le génie pour être original ne doit pas produire en fonction d'une règle et la formule précédente en est une. Le génie est donc une cause sans l'être vraiment. Deux conséquences s'ensuivent :

A) Il n'y a pas de règle exponible de la production de l'œuvre géniale.

B) Le génie ne sait pas lui-même comment il fait pour produire génialement, car il ne peut pas lui-même se représenter (formuler) la règle de son action productrice.

Ce sens du mot cause est tout à fait original, il faut bien dire, mais hélas inintelligible. Le génie est une cause dans une production d'objet dans laquelle la notion de cause n'a plus de fonction.

Pour éviter la difficulté d'une cause qui n'en est pas une (caractérisation négative) et qui est donc mystérieuse, on peut être tenté de penser cette cause absolue et unique par analogie avec la Cause divine. L'artiste serait à son œuvre ce que Dieu est au monde créé. Mais pour que l'analogie ait un intérêt, il faudrait aussi pouvoir accorder à l'artiste, par analogie bien sûr, les attributs traditionnels du Dieu créateur comme Cause absolue : toute-puissance, bonté infinie et omniscience. On hésiterait cependant beaucoup à aller jusque là, même si certains sont tentés, et que pour une part l'attitude à l'égard des artistes confine parfois à cela.

Les deux définitions de l'originalité forte et faible évitent ainsi le recours à une théorie du génie sans nous conduire à renoncer à l'idée d'une originalité de certaines productions artefactuelles. L'originalité ne suppose plus rien de négatif (cette cause qui n'est pas une cause) ni d'intrinsèquement mystérieux ou religieux. L'originalité d'une œuvre est fonction de la survenance de propriétés esthétiques dans une indépendance complète ou relative à l'égard de croyances concernant l'appartenance de l'objet à une catégorie esthétique déterminée.

On remarquera cependant que même l'originalité forte suppose encore une catégorie, celle d'œuvre d'art. On peut alors proposer une super-originalité. Une œuvre d'art est super-originale a) si ses propriétés esthétiques surviennent sur des croyances dans lesquelles l'appartenance de l'objet à une certaine catégorie esthétique ne joue pas de rôle déterminant et b) si l'attribution des propriétés esthétiques elles-mêmes est décisive pour qu'il s'agisse d'une œuvre d'art. Dans ce cas, l'artiste dit non seulement que son œuvre possède des mérites esthétiques, mais il tente d'imposer comme œuvre d'art un objet que nous ne classerions pas spontanément dans cette catégorie. Il a alors intérêt à insister sur le fonctionnement esthétique de l'objet, en glissant de la catégorie d'objet esthétique à celle d'œuvre d'art. Un artiste qui choisit des objets trouvés et les expose ne procède-t-il pas de cette façon? Autrement dit, la croyance d'avoir affaire à une œuvre d'art n'est pas garantie au départ; elle peut s'imposer finalement par la seule attribution de propriétés esthétiques indépendamment de la croyance que cet objet est bien, depuis le départ, une œuvre d'art. L'artiste ne joue pas sur une croyance déjà constituée; il la suggère, voire l'impose.

Une partie de l'art contemporain contourne parfois non seulement les catégories esthétiques déterminées, mais également la catégorie d'œuvre d'art elle-même, celle qui recouvre des types d'objets déjà répertoriés. Présenter comme de l'art des installations ou l'emballage d'un monument (Christo), des morsures et leurs traces (Acconci) ou le fait d'éprouver la force de gravité sur son corps (Bruce Nauman), revient à contourner la catégorie d'œuvre d'art elle-même. L'installation ou l'activité sont artistiques en manifestant des propriétés esthétiques largement indépendantes de toute pré-catégorisation esthétique ou artistique.

Les notions d'originalité forte, faible et de super-originalité des œuvres d'art sont complètement indépendantes de tout jugement de valeur esthétique. Ce sont des notions ontologiques et non pas critiques. Dire d'une œuvre qu'elle est originale revient à caractériser le mode de survenance de ses propriétés esthétiques et non à indiquer sa valeur esthétique.

la survenance émotionnelle

Les croyances sur lesquelles surviennent les propriétés esthétiques ne sont pas passives. Le tissu de ces croyances prend la forme d'une activité cognitive de classements, de comparaisons, d'analogies, d'identifications, de différenciations, etc.[1]. On peut penser que l'émotion esthétique dépend de et co-varie avec ces opérations cognitives. Pour qu'une œuvre m'émeuve, il faut que je l'identifie comme l'objet de mon émotion et que j'appréhende certaines de ses propriétés. L'émotion esthétique est donc cognitive, même si elle ne se réduit pas à son aspect cognitif[2]. Elle survient sur des opérations cognitives, sans y être réductible. Proposons qu'il ne puisse y avoir de différence dans nos émotions sans différence dans les opérations cognitives, mais ces opérations cognitives n'impliquent pas que nous ayons certaines émotions. La relation entre les opérations cognitives et les émotions n'est pas nomologique; il ne semble pas y avoir de lois selon lesquelles si nous avons certaines croyances, alors nous avons certaines émotions. Mais comment décrire une personne comme éprouvant une émotion quelconque sans la décrire aussi comme capable d'identifier et de comprendre certaines choses? C'est ce que nous entendons par la survenance des émotions esthétiques sur des opérations cognitives.

Cette remarque ne nous éloigne-t-elle pas de l'ontologie de l'œuvre d'art? Ne relève-t-elle pas plutôt de la philosophie de l'esprit? Oui, sans doute. Mais c'est un aspect ontologique de cette thèse qui importe ici : certaines propriétés esthétiques des œuvres d'art sont appréhendées par une réaction émotionnelle. On vient de dire que des croyances sur lesquelles surviennent les propriétés esthétiques peuvent aussi émerger des émotions. Certaines propriétés esthétiques dépendront ainsi de certaines émotions. S'apercevoir qu'un objet possède telle ou telle propriété esthétique, c'est avoir une certaine émotion et non pas seulement avoir une certaine croyance.

La saisie des propriétés esthétiques peut survenir non pas simplement sur des croyances, mais sur des émotions. Ces dernières possèdent elles-mêmes un aspect cognitif, mais elles ne sont pas réductibles à des croyances (sur lesquelles elles surviennent). Cela justifie l'importance généralement accordée en esthétique aux émotions. On ne doit certes pas sous-estimer la possibilité qu'une personne puisse lire un poème, voir un tableau, dire quelles propriétés esthétiques ils possèdent, sans

1. J'ai développé cette thèse dans R. Pouivet, *Esthétique et logique*.

2. Il semble qu'aucune émotion ne soit réductible à un jugement ou à une croyance, même si toute émotion semble aussi posséder un aspect épistémique du fait qu'elle possède un objet, même si cet objet est formel (ou « intentionnel », comme dirait un phénoménologue).

éprouver d'émotion particulière. Un professeur ou un critique semble capable de dire quelles sont les propriétés esthétiques d'un poème ou d'une sculpture sans éprouver d'émotion à son endroit. Pourtant, on peut aussi être tentés de penser qu'il manque alors quelque chose, c'est-à-dire que l'interprète est incapable de saisir certaines propriétés. Elles dépendent non seulement de croyances sous-jacentes, mais c'est dans une réaction émotionnelle qu'on les appréhende. Notre intuition que, dans ce cas, sans émotion il manque quelque chose, peut recevoir deux explications.

Selon la première explication, le manque tient à l'absence de sincérité de celui qui attribue des propriétés esthétiques sans éprouver quoi que ce soit. L'attribution des propriétés esthétiques supposerait un certain état mental chez celui qui attribue, une expérience intérieure simultanée, une « sensibilité ». À défaut, l'attribution ne serait pas légitime. Cette explication est discutable. La sincérité n'a rien à voir avec l'attribution des propriétés esthétiques. Qu'une œuvre soit baroque ou équilibrée, c'est vrai ou faux en fonction des propriétés de l'œuvre, et non pas de l'état mental de la personne pensant qu'elle est baroque ou équilibrée. Finalement, l'attribution d'une propriété esthétique à un objet, et singulièrement à une œuvre d'art, n'est aucunement fonction des émotions ressenties par celui qui attribue, mais uniquement de sa capacité à identifier quelle(s) propriété(s) esthétique(s) l'œuvre possède.

Cependant, il peut bien exister des propriétés esthétiques dont l'appréhension (comprendre qu'un objet la possède) *consiste* à avoir une émotion. Il ne s'agit pas ici de revenir sur ce qui a été dit de l'ineffabilisme, c'est-à-dire de la thèse selon laquelle les propriétés sont inobjectivables et ne peuvent pas être correctement représentées par un prédicat. Cependant, comme le dit Goodman, les émotions peuvent fonctionner cognitivement[1]. Prenons l'exemple de la Symphonie *La surprise* de Haydn. On peut évidemment dire que le comique est l'une de ses principales propriétés esthétiques, au moins d'une de ses parties. Mais ce qui importe est de sourire, voire de rire, à *certains moments.* Comprendre cette œuvre et lui attribuer les propriétés esthétiques qu'une de ses parties possède, cela revient à être amusé à un certain moment. Identifier une certaine propriété revient à avoir une certaine réaction. On peut imaginer le même phénomène pour un roman ou un

1. N. Goodman, *Langages de l'art*, p. 290.

tableau. À la lecture de *La ligne d'ombre* de Joseph Conrad, on ressent une certaine angoisse diffuse, un sentiment d'abandon, ou *quelque chose de ce genre.* Comprendre la nouvelle, c'est réagir par ce sentiment. Certes, on peut dire qu'une des propriétés esthétiques de l'œuvre est d'exprimer « une certaine angoisse diffuse, un sentiment d'abandon ». Celui qui le dit a certainement raison. Et cela ne suppose pas que ce qu'il ressente en le disant cette angoisse et ce sentiment. Mais, aussi bien, quelqu'un qui ne le dirait pas, mais réagirait par cette angoisse et par cette émotion à la lecture de l'œuvre – comme tout à l'heure, quelqu'un qui rit quand il le faut à l'audition de *La surprise* – *comprend* l'œuvre, décèle ses propriétés esthétiques réelles.

Il apparaît alors souhaitable de considérer que certaines propriétés esthétiques au moins sont appréhendées en fonction de réactions émotionnelles. Elles sont étroitement liées à de telles émotions. Cela revient finalement à l'idée selon laquelle l'appréhension de certaines propriétés esthétiques des objets suppose que nous possédions une « sensibilité » appropriée. Mais cette affirmation banale n'est pas seulement psychologique. Son versant ontologique consiste à dire que certaines propriétés esthétiques dépendent de certaines émotions parce qu'elles surviennent sur elles. À nouveau, cela ne signifie pas que les propriétés esthétiques sont des projections subjectives sur les objets auxquels nous les attribuons. L'identification de certaines propriétés esthétiques consiste dans une émotion, mais non pas la propriété elle-même. Cependant, la propriété est *relationnelle* ; *elle* suppose l'émotion.

la survenance des propriétés esthétiques évaluatives

qu'est-ce qu'une propriété esthétique évaluative ?

Certaines propriétés esthétiques sont manifestement évaluatives, « beau », par exemple. Une propriété esthétique évaluative est une propriété comparative. Elle est exprimée par un prédicat du type « être plus/moins F que ». Cela signifie deux choses. 1) Les propriétés évaluatives sont relatives à une catégorie naturelle ou artificielle (ou une classe) d'objets ; une propriété n'est pas évaluative en soi, mais du fait de l'usage hiérarchisant qu'on en fait pour classer les objets d'une catégorie d'objets. 2) Une propriété du type « être plus/moins F que » ne peut être un terme d'espèce substantielle, dans la mesure où comme le dit

Aristote, on ne peut être plus ou moins d'une certaine substance. Les propriétés esthétiques évaluatives constituent ainsi un mode de classement hiérarchique dans une catégorie donnée.
Une propriété devient évaluative quand elle est utilisée pour classer hiérarchiquement une catégorie d'objets. Un terme comme « cubique » peut fort bien devenir évaluatif. Imaginons la situation suivante : nous cherchons un dé sans en trouver ; nous recherchons quelque chose qui peut faire l'affaire si nous inscrivons des points sur ses six faces ; nous trouvons plusieurs objets plus ou moins cubiques ; enfin, quelqu'un tombe sur quelque chose qui convient et dit, concernant la catégorie d'objets considérés, « celui-là est cubique ! ». « Utile », « blonde » ou « comique » peuvent devenir des termes évaluatifs s'ils servent à classer hiérarchiquement *dans* une catégorie, naturelle ou non, d'objets. Il est clair que si un tel classement est fonction d'un usage, il n'en est pas moins aussi fonction de propriétés réelles des objets considérés. Si un certain tournevis est plus utile que tout autre dans un contexte, ce n'est pas l'effet de notre seule volonté, mais celui de caractéristiques qu'il possède réellement, même si c'est en fonction de nos usages.

survenance et évaluation esthétique

Déjà présente tout au long de cette section, la notion de survenance continue à jouer ici un rôle important. À cet égard, les propriétés esthétiques évaluatives ne sont pas des propriétés comme les autres. Alors que les propriétés esthétiques surviennent sur les croyances que nous avons concernant des propriétés physico-phénoménales des objets considérés, les propriétés esthétiques *évaluatives* surviennent sur les propriétés esthétiques non évaluatives, classificatoires (« symphonique »), affectives (« poignant »), historico-esthétiques (« baroque »). Il faut ainsi ajouter un niveau supplémentaire à notre étagement de survenances.

[4] propriétés esthétiques évaluatives
[3] propriétés esthétiques
[2] propriétés intentionnelles (croyances, émotions)
[1] propriétés physico-phénoménales

La beauté n'est pas une propriété qui ne dirait rien de l'objet lui-même, mais seulement de l'état d'esprit de celui qui trouve que l'objet est beau – selon une version subjectiviste de l'évaluation esthétique. Mais, « beau » ne s'applique pas *directement* aux objets. Il s'y applique de façon doublement indirecte. Il y a premièrement l'attribution indirecte des propriétés esthétiques aux objets *via* les croyances. Il y a deuxièmement l'attribution indirecte des propriétés esthétiques évaluatives aux objets *via* les propriétés esthétiques et *via* les croyances. « Beau » ne s'applique qu'en fonction des propriétés des niveaux [1], [2] et [3]. C'est au niveau [2] que s'effectue un mode de classement, celui de l'espèce d'objets dont il s'agit. À ce niveau on distingue, par exemple, qu'une chose relève d'une catégorie esthétique comme peinture, sculpture ou même celle, générale, d'œuvre d'art. Au niveau [3], on distingue des tableaux de petits maîtres italiens du XVe siècle ou des périodes de la carrière de Mozart. On fait des remarques sur l'équilibre d'un tableau ou sur la tristesse d'une œuvre musicale. Sur ces propriétés surviennent enfin les propriétés évaluatives. La transitivité de la survenance assure le rapport, même s'il est doublement indirect, aux objets physiques.

Les propriétés esthétiques évaluatives ne sont ni plus ni moins subjectives et projectives que les propriétés esthétiques non évaluatives. Mais plus encore que les secondes, elles sont tributaires d'un classement. Cette fois, ce n'est plus simplement l'établissement de classes d'objets (propriétés esthétiques non évaluatives), mais d'une hiérarchisation dans les classes d'objets (propriétés esthétiques évaluatives).

description et évaluation

La question de savoir s'il existe des termes exclusivement évaluatifs, c'est-à-dire non descriptifs, est controversée. On peut penser que non. Même « frappant », « splendide », « excellent », « médiocre », « misérable », « exécrable » suppose de savoir de *quoi* l'on parle. Une chose n'est jamais médiocre ou sublime, elle est un médiocre ceci ou un sublime cela. Une chose n'est pas belle, elle est un beau ceci ou cela[1]. On peut dès lors penser que tout terme évaluatif est aussi descriptif, même si tout terme descriptif n'est pas nécessairement évaluatif. C'est finalement ce dont on cherche à rendre compte en parlant de la survenance des propriétés esthétiques évaluatives sur les propriétés esthétiques. Dire d'une œuvre qu'elle est « joyeuse » ne constitue pas *prima facie* une évaluation de cette œuvre. En ce sens, « joyeux » a un contenu exclusivement descriptif. Mais, sur la description d'un requiem comme joyeux survient une évaluation négative. « Apaisé », « serein », comme

1. Voir R. Pouivet, « Frank Sibley, Peter Geach et les adjectifs esthétiques », *Revue Francophone d'Esthétique*, n°1, 2003.

on pourrait le dire du *Requiem* de Fauré, seraient en revanche des caractéristiques positives. Mais on pourrait aussi suggérer que cela ne convient pas à un requiem. Si je dis que le *Requiem* de Fauré est serein, en considérant cela comme une *valeur*, c'est par comparaison avec d'autres œuvres. Je peux avoir raison ou tort, c'est-à-dire que ce *Requiem* est serein ou ne l'est pas. Il reste que « serein » au niveau [3] est descriptif. Il devient évaluatif au niveau [4], en étant comparatif.

Il est également vraisemblable que certaines évaluations supposent certaines émotions. C'est pourquoi les critiques ne peuvent souvent justifier leurs affirmations qu'en incitant ceux qui les lisent ou les écoutent à faire certaines expériences émotionnelles. Les critiques tentent de les rendre possibles en proposant certaines *descriptions* de l'œuvre.

Peut-on vraiment séparer les éléments descriptifs et évaluatifs dans l'attribution d'une propriété esthétique? Même des critiques idéaux, satisfaisant toutes les exigences de sensibilité développée, d'impartialité et en général de délicatesse du goût dont parle Hume, ne convergent pas nécessairement dans leurs jugements évaluatifs. C'est même plutôt le contraire – et cela fait le sel des revues critiques, des émissions de radio comparant les mérites respectifs des interprétations, des discussions de café entre amateurs éclairés. Pourtant, le réalisme esthétique ne souffre nullement de ce manifeste état de choses. Le désaccord se situe à chaque niveau [2], [3] et [4]. On ne dispose pas toujours des croyances indispensables à la détermination d'une propriété réellement possédée par un objet. Il est toujours possible que ne survienne pas sur les croyances une propriété que possède pourtant l'objet, ou qu'il y ait erreur sur la propriété esthétique parce qu'on prétend attribuer la propriété esthétique (ou la rejeter) à défaut des croyances nécessaires. Et il est également possible qu'au niveau [4] ne survienne aucune propriété esthétique évaluative (nous sommes évaluativement indifférents à l'objet), ou que ne survienne pas la propriété esthétique évaluative appropriée (je dis que l'objet est « médiocre », alors qu'il ne l'est pas). Toutefois, les propriétés esthétiques évaluatives, même considérées comme réelles, ne sont pas aisément justifiables; elles ne peuvent être reconnues qu'au travers d'autres attributions, déjà elles-mêmes problématiques, aux niveaux [2] et [3]. C'est ce qui donne l'impression que les propriétés esthétiques évaluatives sont au plus haut point subjectives et projectives. Mais elles ne le sont pas particulièrement, même si les conditions d'un accord à leur sujet ne sont pas aisément réunies. Il faut que les descriptions de l'objet auquel on les attribue fasse l'objet de croyances communes (niveau [2]) et de descriptions esthétiques communes (niveau [3]).

Les modifications du goût entraînent des changements d'évaluation. Le XIXe siècle trouvait plus de valeur à C.P.E. Bach qu'à J.S. Bach! Cela ne signifie pourtant pas nécessairement qu'il faille conclure à la relativité des propriétés esthétiques évaluatives. Les croyances sur lesquelles les propriétés esthétiques évaluatives surviennent indirectement ne sont pas *toujours* disponibles. À une époque donnée, certaines croyances couramment adoptées peuvent conduire à accorder une certaine valeur à ce qui en a en réalité moins, et en accorder moins à ce qui en a plus. Le travail musicologique dans les années 1960 a permis la réévaluation de compositeurs qui avaient été délaissés, Couperin, Rameau, voire Marin Marais ou Lully. Formés à la musique romantique, les critiques, les amateurs, le public, ne disposaient plus des croyances permettant de déceler les propriétés esthétiques et les propriétés esthétiques évaluatives de cette musique. Ne serait-il pas absurde de dire que les *Pièces de viole du quatrième livre (Suite d'un goût étranger)* de Marin Marais, que plus personne ne jouait et n'était même *capable* de jouer il y a encore trente ans, n'étaient pas raffinées, subtiles et parfois poignantes? N'étaient-elles pas belles?[1] Notre théorie de la double survenance permet de comprendre ce genre de réévaluation esthétique par la mise en place (aux niveaux [2] et [3]) des croyances nécessaires (mais non suffisantes) et par la description esthétique correcte des œuvres.

Que nous restions faillibles[2], cela ne change rien à la réalité des propriétés correctement attribuées.

1. Voir la discussion de ces questions dans J. Levinson, *L'art, la musique et l'histoire*, chap. 4 et E. Zemach, *La beauté réelle. Une défense du réalisme esthétique*, chap. 4.

2. Il ne faut pas identifier la faillibilité des jugements esthétiques (les jugements esthétiques ne sont pas garantis contre l'erreur) au projectivisme esthétique, la thèse selon laquelle aucun jugement esthétique n'est objectivement justifiable. Que nos jugements esthétiques soient faillibles, on peut l'accorder. Cependant, certains jugements esthétiques semblent avoir une solidité bien plus grande que certains jugements scientifiques. Par exemple, la plupart des jugements scientifiques de l'époque de Shakespeare sont aujourd'hui caducs, pas ceux au sujet des pièces de Shakespeare. N'exagère-t-on pas parfois l'absence de fiabilité des jugements esthétiques?

chapitre 7
ontologie, pratiques artistiques et activation esthétique

pratiques artistiques et traditions culturelles

dépendance ontologique et solidarité ontologique

L'activation esthétique consiste dans l'ensemble des conditions de fonctionnement esthétique d'un objet, particulièrement dans le cas des œuvres d'art. Dans la mesure où le fonctionnement esthétique détermine l'appartenance spécifique d'un artefact à l'espèce des œuvres d'art, l'activation, c'est-à-dire les conditions effectives de fonctionnement, n'est pas extérieure à la nature artistique d'un objet. Elle en constitue une composante. C'est une autre façon de dire que les œuvres d'art, en tant qu'objets culturels, possèdent des propriétés relationnelles constitutives.

Quand on dit qu'une substance possède des propriétés relationnelles constitutives, on utilise le terme « substance » de façon analogique[1]. On ne retient pas de la notion de substance l'idée d'existence *per se*, caractéristique des substances naturelles[2]. Les substances artefactuelles n'existent pas indépendamment de l'existence d'autres choses qu'elles-mêmes. L'existence de substances artefactuelles est ainsi solidaire de l'existence d'autres substances. La solidarité ontologique entre des substances est une forme faible de la dépendance ontologique. La dépendance ontologique *forte* est celle de l'accident à la substance, par exemple la blancheur est un accident de la substance Socrate. La dépendance ontologique *faible*, ou solidarité ontologique, est celle de deux entités dont chacune ne peut être caractérisée ontologiquement sans faire appel à l'existence de l'autre. Par exemple, si quelqu'un est professeur, il doit y avoir une institution d'enseignement où il enseigne. Quant à l'institution d'enseignement, elle doit posséder au moins un professeur. Il convient donc de remarquer que la relation de solidarité ontologique est systématiquement symétrique. En revanche, la relation de dépendance ontologique forte ne l'est pas puisque si l'accident dépend ontologiquement de la substance, la substance ne dépend pas de l'accident. Si Socrate prend un coup de soleil, il n'est plus blanc, mais il est toujours Socrate. Remarquons aussi que l'institution d'enseignement doit avoir au moins un élève, et l'élève doit appartenir à une institution d'enseignement. Dès lors, le professeur est ontologiquement solidaire de l'élève et réciproquement. La relation de solidarité est semble-t-il transitive.

Objection : n'est-il pas excessif de parler de relation de solidarité *ontologique* pour caractériser par exemple la relation entre un professeur et son institution d'enseignement ? En quoi s'agit-il ici d'ontologie ? Être professeur, n'est-ce pas seulement une caractéristique sociale, bien loin d'être une caractéristique ontologique ? Cependant, on peut répondre à la question « Qui êtes-vous ? », posée par le veilleur de nuit d'une institution d'enseignement, en disant : « Je suis professeur ». Certes, pour être professeur, il faut être homme. Être professeur est un accident

1. Nous renvoyons au chapitre 3.

2. Cette conception est aristotélicienne, mais se retrouve encore chez Descartes, mêlée à d'autres considérations sur la notion de substance et sur son ambiguïté. Il reste que Descartes dit : « Lorsque nous concevons la substance, nous concevons seulement une chose qui existe en telle façon qu'elle n'a besoin que de soi-même pour exister ». (*Principes de la philosophie*, I, 51). Pour une discussion de ce point *cf.* R. Pouivet, *Philosophie du rock : une ontologie des artefacts et des enregistrements*, chap. III.

d'une substance, par exemple Immanuel Kant. Mais le veilleur de nuit s'intéresse surtout au statut de professeur de celui qu'il vient de trouver, à trois heures du matin, dormant dans un bureau. La question qu'il se pose est de savoir si cette personne est bien ce qu'elle prétend, un professeur. La relation de solidarité ontologique ne porte alors évidemment pas sur des caractéristiques spécifiques naturelles. Elle porte sur des caractéristiques spécifiques artefactuelles : être un objet fabriqué de tel type (avion, table, œuvre d'art, etc.), ou sur des caractéristiques spécifiques sociales : être professeur, élu de la nation, tuteur légal, etc.

Dans le cas d'une personne, nous sommes tentés de considérer que son statut culturel ou social, être professeur, mais aussi l'appartenance religieuse ou raciale, tout cela n'a qu'une importance secondaire au regard du statut ontologique d'être humain. Avant d'être professeur, juif ou noir, n'est-on pas homme? Dans le cas d'un artefact comme une œuvre d'art, dire qu'avant d'être une œuvre d'art, cet objet est un morceau de toile entouré d'un cadre en bois, quel intérêt cela aurait-il? Les propriétés relationnelles constitutives ont beaucoup plus d'importance. Quand on caractérise la nature d'un objet fonctionnel, c'est la relation de solidarité ontologique qui est fondamentale, puisque c'est en fonctionnant d'une certaine façon que l'objet est ce qu'il est.

Avec Barry Smith, on peut encore distinguer deux types de relations : celle de *source ontologique* et celle de *dépendance ontologique*[1]. B est dans une relation de source ontologique à A, si B n'aurait pu commencer à exister si A n'avait pas existé. B est dans une relation de dépendance ontologique à A, si B ne continuerait pas à exister si A n'existait plus[2]. La relation de source ontologique sert à caractériser le lien entre une œuvre et son auteur. La relation de dépendance ontologique sert à caractériser le lien entre une œuvre d'art et un ensemble de pratiques et de compétences. On a dit qu'une relation de dépendance ontologique faible est une relation de solidarité ontologique. Autrement dit, certaines

1. B. Smith, « Practices of Art », *in* J.C. Nyiri et B. Smith (ed.), *Practical Knowledge*, Londres, Croom Helm, 1988.

2. On s'aperçoit alors combien l'analogie entre Dieu et l'artiste est structurellement incorrecte. Le Dieu créateur est source ontologique et tout dépend de lui (toute-puissance). L'artiste peut analogiquement être dit créateur, en tant que source ontologique, mais il ne peut pas constituer *ce par quoi* ses œuvres continuent à exister. Une analogie est une isomorphie entre deux rapports dont les éléments constitutifs sont différents. Le problème est ici que non seulement les rapports Dieu/création et artiste/œuvre sont différents, mais qu'ils ne sont *pas* même isomorphes.

pratiques et certaines compétences entrent dans une relation de solidarité ontologique avec les œuvres d'art (et réciproquement, puisque la relation de solidarité est symétrique).

l'élément pratique dans le mode d'existence de l'œuvre d'art[1]

Que faut-il entendre par des pratiques et des compétences constitutives d'une entité, objet ou événement, en tant qu'œuvre d'art? Il s'agit d'abord de la pratique et de la compétence du producteur lui-même[2]. Toute activité humaine intentionnelle les suppose. Elles s'acquièrent par l'entraînement. Or, ce processus d'acquisition, comme le processus d'acquisition du langage, ne peut être complètement privé. Il suppose en effet qu'on puisse faire la différence entre suivre une règle et *croire* suivre une règle. Il faut donc nécessairement qu'une personne puisse vérifier auprès d'une autre personne qu'elle possède bien une pratique ou une compétence. Cette deuxième personne les a elle-même acquises. Une compétence et une pratique ne peuvent être privées. Toute *technè*, c'est-à-dire toute activité réglée, comporte irréductiblement un élément social constitutif.

> Un processus d'entraînement est réussi s'il donne naissance dans l'individu qui est son sujet à une compétence qui est, au moins en partie, structurellement identique à des compétences déjà existantes chez d'autres membres de la société[3].

Les compétences qualitativement similaires sont des compétences à l'intérieur d'une pratique (un langage, des manières de table, un art). Les pratiques sont donc des objets sociaux dont l'existence dépend du maintien d'interactions spécifiques entre les individus d'un groupe déterminé[4]. Elles supposent des individus qui, dans un groupe, partagent des compétences similaires et tout le système social de leur acquisition. Cela vaut pour l'art comme pour les sports ou la philosophie.

1. Voir L. Rudder Baker, *The Metaphysics of Everyday Life: An Essay in Practical Realism*; R. Pouivet, *Philosophie du rock : une ontologie des artefacts et des enregistrements*, chap. II et III.

2. Nous revenons sur cet aspect dans le chapitre 8, p. 199-204.

3. B. Smith, « Practices of Art », p. 183.

4. « La pratique, c'est l'activité considérée avec son contexte complexe, et en particulier les conditions sociales qui lui donnent signification dans un monde effectivement vécu », dit G.G. Granger, *Essai d'une philosophie du style*, Paris, Colin, 1968, p. 6.

Certes, ces compétences et les pratiques dont elles relèvent supposent aussi, chez ceux qui les ont, des capacités biologiques et intellectuelles. Mais il ne serait pas facile de détacher de telles capacités, et surtout pas les capacités intellectuelles, de compétences sociales et de pratiques dans lesquelles elles s'exercent. Les interconnexions entre ces différents éléments apparaissent dès la naissance d'un individu (voire, disent certains, dans la vie intra-utérine). La relation entre pratique et compétence des individus est donc une relation de dépendance à un groupe. On pourra dire ainsi qu'une pratique dépend d'un groupe de personnes; cette pratique ne pourrait pas exister si ce groupe n'existait pas ou plus. De plus, la pratique est modifiée par des modifications des compétences des membres du groupe, même si le groupe ne dépend pas exactement des compétences de chacun des membres, mais simplement des compétences en quelque sorte investies dans le groupe lui-même[1]. Évidemment, ce qui vaut pour le producteur (ou le créateur, si l'on y tient), vaut aussi pour le public. Un lecteur ou un auditeur possède également une compétence relevant d'une pratique. Il l'a acquise. Elle est perfectible. Elle est constitutive d'une entité comme œuvre d'art.

On doit aussi remarquer que ces pratiques et ces compétences, constitutives des œuvres d'art, sont *mortelles*. Il suffit en effet que la relation de dépendance à un groupe ne soit plus satisfaite pour qu'elles disparaissent. Les pratiques artistiques peuvent être éliminées par une modification de la structure sociale, aussi bien du côté du producteur que du public, en général des deux à la fois. Parfois, elles ne subsistent que sous la forme d'une reconstitution historique : on tente alors de savoir quelles étaient les pratiques et les compétences de ceux qui ont originairement considéré ces entités comme des œuvres d'art et qui les ont produites et vraisemblablement appréciées. L'affirmation célèbre de Hegel selon laquelle l'art a pris fin pourrait être comprise de cette façon. Certaines pratiques disparaissent et avec elles un mode de fonctionnement des œuvres d'art[2]. Par exemple, l'identité d'un tableau d'autel représentant la Transverbération de sainte Thérèse, devant lequel prièrent des religieuses dans un couvent de Carmélites, et aujourd'hui offert aux pratiques touristico-culturelles des visiteurs du Louvre, n'est peut-être que matérielle, tant les conditions de fonctionnement ont été

1. Smith parle d'une relation de dépendance générique (« Practices of Art », p. 184).

2. Sur cette notion de mode de fonctionnement, voir chap. 3.

modifiées. Toutefois, à la différence de Hegel, nous serions tentés de dire que ce n'est pas l'art qui prend fin; ce sont des pratiques constitutives des objets comme œuvres d'art. Elles sont remplacées par d'autres. Dans le cas d'un tableau représentant la Transverbération de sainte Thérèse, on passe d'une pratique religieuse authentique à un savoir historique ou, simplement, à une pratique de tourisme culturel. Dans le premier cas, le tableau témoigne d'un miracle. La réaction appropriée est alors la dévotion, c'est-à-dire une réaction mystique et esthétique à la fois. Dans le second cas, le tableau représente un miracle auquel certains, en des temps reculés, ont cru, et qu'on doit tenir comme un témoignage culturel. La réaction appropriée est tout autre; elle est devenue historico-esthétique, alors qu'elle était religieuse.

production artistique et créativité

Smith distingue plusieurs éléments dans la structure du processus général de la production artistique : (i) l'artiste (individuel); (ii) le matériau sur lequel il travaille[1]; (iii) les instruments de ce travail; (iv) les actions productrices de l'artiste; (v) la finalité de ses actions, son intention, ce en vue de quoi il fait quelque chose; (vi) le produit fini, c'est-à-dire la forme nouvelle acquise par le matériau sur lequel l'artiste travaille (ii). Quelles relations entretiennent (i)-(vi) ? Elles apparaissent dans le schéma suivant (dont l'essentiel est emprunté à Smith[2]) :

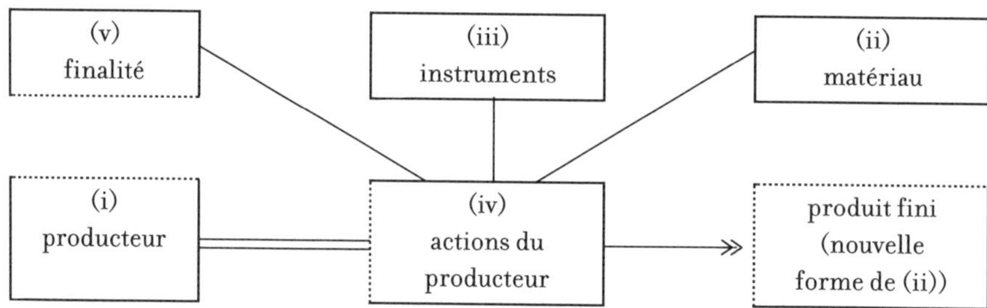

Un trait indique une relation non réciproque, un double trait une relation réciproque. La flèche à deux têtes indique la relation de source ontologique. Les boîtes ajourées concernent des objets dépendants

1. Il peut être matériel au sens strict dans le cas de la sculpture. Il peut aussi s'agir d'un matériau en un sens non littéral : le langage dans le cas du poète, le récit dans le cas d'un romancier. On parle aussi du *matériau musical*.

2. B. Smith, « Practices of Art », p. 179

(ontologiquement) et les boîtes non ajourées des objets (ontologiquement) indépendants. Bien évidemment, cette indépendance ontologique n'est pas absolue mais relative dans le cadre d'une ontologie de l'œuvre d'art.

À (i)-(vi), il convient d'adjoindre la compétence individuelle de l'artiste, acquise par entraînement (vii). On remarque que les actions productrices de l'artiste (iv) et la finalité de ses actions, c'est-à-dire son intention (v), dépendent directement de cette compétence individuelle de l'artiste acquise par entraînement (vii). Quant à cette compétence, elle entre dans une relation de dépendance à un groupe. On doit alors aussi tenir compte des pratiques que les artistes partagent avec leurs collègues (viii).

Il reste que le producteur ne décide pas que son produit est tel produit. L'artiste ne décide pas qu'il a fait une œuvre d'art. Il convient donc d'admettre aussi le public en général à titre d'élément de la structure générale du processus de la production artistique. Mais le public en général, c'est encore beaucoup trop vague. Mieux vaut parler d'un public spécialisé d'un type déterminé d'œuvres d'art, par exemple : la peinture italienne de la Renaissance, les romans anglais de la fin du XIXe siècle, l'art moderne, la musique électroacoustique, le rock anglais des années soixante, le polar politique français, etc. (ix). Ce public spécialisé auquel l'artiste s'adresse, en quelque sorte, s'est lui-même constitué au cours d'un processus d'entraînement donnant naissance aux pratiques pertinentes de reconnaissance et d'appréciation par un public (x). Ce public possède des pratiques qui lui sont propres, celles que les connaisseurs partagent (xi), et qui correspondent du côté du public à (viii) du côté de l'artiste.

On remarque aisément que les pratiques partagées entre artistes (viii) sont dans une relation de dépendance à un groupe constitué par le public auquel les artistes s'adressent (ix). (x) est dans la même relation à l'égard de (ix). Le processus d'entraînement grâce auquel le public se constitue (x) est la source ontologique des pratiques du public (xi) qui sont dans une relation réciproque à l'égard des pratiques que les artistes partagent avec leurs collègues (viii).

Les éléments (i) à (xi) sont tous indispensables à la structure générale du processus de la production artistique. Il ne semble pas qu'on puisse la mettre en évidence avec moins d'éléments. Il y aurait d'autres relations à prendre en compte, puisqu'on se trouve dans un système d'interrelations, même si toutes les relations ne sont pas du même ordre[1]. Mais cela compliquerait le modèle sans modifier sa structure générale.

Cependant, en insistant à ce point sur les pratiques comme éléments constitutifs du processus de production de l'œuvre d'art, ne s'interdit-on pas de rendre compte de la *créativité* ? Il ne semble pas. Comme le fait remarquer Smith, « l'histoire de l'art porte témoignage de l'existence d'individus qui semblent manifester un pouvoir ou une capacité d'initier des formes nouvelles ou des styles nouveaux »[2]. Sous leur influence des pratiques nouvelles se dégagent; ils forment leur public. Or, on a déjà montré qu'une ontologie de l'œuvre d'art peut se passer de la notion de génialité pour rendre compte de la survenance d'une œuvre absolument originale[3]. Ne faut-il pas dire, avec Smith, que le recours à l'inspiration et au génie, pour rendre compte de la créativité, même aussi radicale qu'elle peut l'être, revient à renoncer à toute explication? Pourquoi la source ontologique esthétique serait-elle mystérieuse et irrationnelle? Certains raisonnent de la façon suivante : le créateur radical a réussi à résister à l'incompréhension d'un public incapable de comprendre la nouveauté de son art. Le génie est encore plus impressionnant s'il commence par être un Maudit. Mais à suivre cette direction, on ne pourrait pas accorder plus d'importance aux pratiques qu'à celles de simples épiphénomènes[4]. Comment rendre compte de l'irruption d'une compétence individuelle, celle du génie, qui ne serait pas liée à une pratique commune?[5] Comment peut-il y avoir une compétence privée dont le seul auteur serait, au moins un temps, voire pour toujours, l'unique dépositaire? On a déjà montré que l'idée même de pratiques et de compétences privées est logiquement invraisemblable.

Cherchons une théorie plus crédible. Dans sa propre langue, et parfois dans d'autres, chacun est capable de produire des phrases nouvelles. Cette capacité peut être développée au point que certaines phrases

1. Voir le schéma de B. Smith, « Practices of Art », p. 191. Voir aussi R. Pouivet, *Philosophie du rock : une ontologie des artefacts et des enregistrements*, chap. IV, section 6.
2. B. Smith, « Practices of Art », p. 193.
3. Cf. *supra*, chap. 6, p. 171-174.
4. C'est-à-dire de phénomènes qui n'ont aucun pouvoir causal.
5. C'est pourtant la thèse de Kant (*CFJ*, § 47). Pour une mise en question de cette thèse : R. Pouivet, *Esthétique et logique*, p. 24-27, J.-M. Schaeffer, *Les célibataires de l'art*, Paris, Gallimard, 1996, p. 38-39.

produites modifient les règles en termes desquelles elles ont été engendrées[1]. Dès lors, avec Smith, on dira volontiers :

> Le créateur individuel n'est pas quelqu'un qui possède une capacité extraordinaire d'imaginer de nouvelles formes ou de nouvelles pratiques pour lui-même ; c'est plutôt celui qui est capable de s'immerger dans une pratique existante – ou d'y être immergé par son maître – à un degré extraordinaire[2].

Dans le cas d'une œuvre vraiment originale, nous ne disposons pas immédiatement des croyances grâce auxquelles il nous est possible de lui attribuer des propriétés esthétiques, voire de la faire entrer dans la catégorie d'œuvre d'art. Mais si parfois des œuvres originales s'imposent à nous, ce ne peut être que par une capacité encore latente chez nous, et que cette œuvre finit par éveiller. Le créateur radical étend des pratiques ou manifeste des possibilités non encore exploitées, mais existantes. Cela peut conduire à l'abandon de pratiques anciennes. Mais rendre compte de l'innovation artistique ne suppose nullement l'appel à l'insondable mystère de la création artistique. Aussi conservatrice qu'elle puisse paraître, la conception défendue ici n'est pas incompatible avec la possibilité d'une créativité radicale, autant qu'elle puisse l'être. Souvent, *a posteriori*, nous pouvons même reconnaître dans l'histoire ce qui, finalement, aura pu constituer une forme d'entraînement à ce qui d'abord nous était apparu comme inassimilable. On entend enfin de brefs passages d'atonalité chez des compositeurs classiques[3], on reconnaît aujourd'hui en Zurbaran un précurseur de Picasso, on aperçoit maintenant dans le Tristram Shandy quelque chose que ne démentirait pas Italo Svevo. Même en faisant la part d'une illusion rétrospective, voire en nous méfiant d'une impression de causalité inversée, un tel phénomène doit nous conduire à nous méfier du pathos de la nouveauté absolue.

1. Cette remarque est empirique ; elle ne suppose pas d'allégeance spéciale à la linguistique chomskyenne.
2. B. Smith, « Practices of Art », p. 197.
3. Cela ne veut pas dire que l'atonalité soit à considérer comme une caractéristique particulièrement pertinente pour caractériser la musique du début du XXe siècle.

les traditions esthétiques et l'humanité de l'œuvre d'art

Goodman décrit le fonctionnement esthétique en termes d'une théorie générale des symboles et de la référence[1]. Ne pourrait-on pas aussi intégrer ce fonctionnement à une ontologie des objets culturels ? Dès lors, le fonctionnement esthétique correspondrait aux compétences des individus au sein de groupes sociaux qui possèdent des pratiques.

Le fonctionnement esthétique des objets, et singulièrement des œuvres d'art, suppose des capacités logico-sémantiques chez les artistes et dans le public. Ces capacités sont acquises, elles sont contrôlées dans les pratiques. L'œuvre d'art n'existe donc pas sans elles. La théorie complexe de la référence que Goodman met en jeu n'est pas quelque chose d'extérieur aux œuvres, un système d'interprétation ou d'explication qu'on leur imposerait. C'est un élément de l'existence de l'œuvre d'art en tant qu'œuvre d'art. Par exemple, l'exemplification, par laquelle une œuvre dénote les prédicats exprimant les propriétés qu'elle possède réellement, n'est pas une relation logico-sémantique qui, du dehors, permettrait de dire des œuvres ce qu'elles signifient. L'exemplification est un élément de l'œuvre d'art elle-même. Elle la constitue comme œuvre d'art. Le fonctionnement esthétique d'une œuvre n'est pas un processus parallèle à l'œuvre, mais sa disposition constitutionnelle. Elle est ce qu'elle fait ou peut faire.

Or ce qu'une œuvre fait ou peut faire n'est pas indépendant de l'existence d'individus dont les compétences sont nécessaires à l'actualisation de sa fonction spécifique. Ces individus n'acquièrent et n'exercent eux-mêmes ces compétences qu'en fonction de pratiques. Ces pratiques sont des traditions, c'est-à-dire des ensembles intégrant des croyances partagées, des institutions, des modes d'apprentissage. Les œuvres d'art possèdent des propriétés relationnelles culturelles ; elles sont constitutivement liées à des traditions.

Que nous sachions voir un tableau comme exemplifiant littéralement une couleur ou comme exprimant la tristesse n'est pas une simple possibilité d'interprétation du tableau dont son existence ne serait pas dépendante. C'est une compétence sans laquelle l'existence même de l'objet *en tant qu*'œuvre d'art est mise en question. Toutefois, cette

1. N. Goodman, *Manières de faire des mondes*, trad. fr. M.-D. Popelard, Nîmes, J.Chambon, 1992, p. 92.

affirmation ne doit pas être comprise comme signifiant que l'œuvre d'art n'est que le reflet d'un processus social. Comme si être un produit culturel, ce n'était pas *réellement* être quelque chose. On veut surtout dire que, parmi les propriétés *réelles* d'une œuvre d'art, se trouvent des propriétés relationnelles. Les objets culturels en général possèdent de telles propriétés et supposent ainsi des compétences et des pratiques.

Ces compétences et ces pratiques supposent non seulement un groupe social qui les préserve, et donc des traditions culturelles, mais aussi des personnes capables de les acquérir et de les exercer. À la base de cette capacité, il y a bien sûr des dispositions sensibles. Écouter de la musique suppose d'être *physiquement* d'une certaine sorte. Cela suppose aussi, à l'évidence certaines capacités intellectuelles. C'est pourquoi nous avons à juste titre l'intuition que l'existence d'œuvres d'art témoigne de ce qu'il y a de plus spécifiquement humain dans la personne humaine. Sans même avoir lu Aristote, nous pensons assez spontanément que le plus humain, notre capacité intellective, est aussi le meilleur en nous. Dès lors, nous pouvons penser que l'existence d'œuvres d'art et notre nature humaine propre sont ontologiquement solidaires. L'œuvre d'art suppose en effet des personnes capables d'opérations intellectives complexes, comme de comprendre ce qu'une œuvre exprime – en termes goodmaniens, ce qu'elle exemplifie métaphoriquement. L'œuvre d'art suppose aussi une vie sociale suffisamment riche, comprenant des traditions. Elles maintiennent le lien entre les membres actuels de la société et ceux qui ont jusqu'alors fait fonctionner esthétiquement des substances artefactuelles. L'œuvre d'art suppose l'historicité ou la diachronicité, comme l'a montré Levinson[1]. Elle suppose la permanence d'un mode d'activité proprement humain.

La fonction propre de l'œuvre d'art dépend de l'être humain en ce qu'il a de meilleur, l'exercice de ses facultés intellectuelles dans le cadre de traditions.

1. J. Levison, *L'art, la musique et l'histoire*, trad. fr. J.-P. Cometti et R. Pouivet, Paris, Éditions de l'éclat, 1998.

l'œuvre d'art en acte

activation et actualisation

Goodman dit que « le fonctionnement d'une œuvre d'art consiste dans la réponse du public ou d'un auditoire appelé à la saisir, à la comprendre et, à travers elle, d'autres œuvres et d'autres expériences »[1]. C'est ce qu'il appelle l'activation d'une œuvre. Cela le conduit à considérer les œuvres d'art « comme des machines ou des personnes, c'est-à-dire comme des entités dynamiques qui ont souvent besoin d'être mises en marche, remises en marche et maintenues en fonctionnement »[2]. Passons sur le rapprochement discutable entre machines et personnes. Goodman veut insister sur l'idée que les œuvres sont ce qu'elles font et comment elles fonctionnent. D'où l'importance de ce qui assure ce fonctionnement spécifique. C'est par son fonctionnement que l'artefact est une œuvre. Autrement dit, les propriétés d'une œuvre d'art en tant qu'œuvre d'art sont essentiellement relationnelles. Les œuvres d'art *existent* constituées par des pratiques, aussi bien celles des producteurs que du public. Symétriquement, les œuvres d'art sont elles-mêmes constitutives des pratiques, puisque celles-ci sont organisées autour d'œuvres préalables. Les œuvres d'art sont ainsi constituées de pratiques qu'elles contribuent à maintenir.

On peut alors proposer une distinction entre l'œuvre *en puissance* et l'œuvre *en acte*. Elle ne recouvre pas celle entre l'œuvre d'art musicale et son exécution, même si cette deuxième distinction est recouverte par la précédente. L'œuvre musicale non exécutée est en puissance, « elle n'a que l'existence fantomale d'un pur possible »[3]. Mais l'œuvre picturale qui n'est pas placée dans les conditions de son fonctionnement est elle aussi *en puissance*. Cela ne signifie certes pas que le fonctionnement de l'œuvre picturale est à l'œuvre picturale ce que l'exécution est à l'œuvre musicale. Cette analogie serait trompeuse puisque l'exécution de l'œuvre peut, par exemple, supposer une partition qui n'a aucune contrepartie dans le cas de la peinture. L'exécution d'une œuvre musicale est le moyen de son activation. Dans le cas de l'œuvre picturale, le moyen est tout autre. Ce sera principalement l'exposition.

1. N. Goodman, « L'art en action », dans *Esthétique contemporaine*, Paris, Vrin, 2005, p. 144.
2. *Ibid.*, p. 145.
3. É. Gilson, *Peinture et réalité*, Paris, Vrin, 1972, p. 50.

Une œuvre en puissance n'est pas une œuvre en idée, à l'état mental. Une œuvre à l'état mental n'est simplement pas une œuvre du tout. Une entité mentale, en tant que telle, n'a pas de propriétés physico-phénoménales perceptibles. Comment aurait-elle alors des propriétés esthétiques dont on peut penser qu'elles dépendent des premières[1]. La pensée qu'un artiste a d'une œuvre à faire n'est pas ce qu'on peut appeler une œuvre en puissance.

Une œuvre en puissance possède des propriétés physico-phénoménales. L'actualisation de l'œuvre suppose son fonctionnement comme œuvre pour un public, dans un environnement déterminé et conçu afin d'actualiser l'œuvre, afin qu'il y ait activation de l'œuvre. On pourrait donc dire que l'activation est l'ensemble des processus grâce auxquels une œuvre en puissance est actualisée. L'activation a dès lors une conséquence ontologique, l'actualisation de l'œuvre en puissance.

Le roman *en esprit* n'est pas un roman, pas même en puissance, mais une intention. Le roman écrit, mais non publié, au moins sous une forme rudimentaire, est un roman en puissance. Le roman publié, même sous une forme rudimentaire[2], est un roman en acte. Le tableau peint et non « accroché », c'est-à-dire non encore présenté à un public, est encore en puissance. L'accrochage privé ou public l'actualise. L'actualisation privée n'exige rien de plus qu'un spectateur (autre que le peintre), comme l'actualisation littéraire n'exige qu'un lecteur (autre que l'écrivain), et l'actualisation d'une œuvre musicale une autre oreille que celle du compositeur (ou la simple lecture, par lui, de la partition). Pourquoi ? On doit pouvoir faire la différence entre avoir fait une œuvre et croire avoir fait une œuvre. Pensons à Frennhofer dans *Le Chef-d'œuvre inconnu* de Balzac. Un autre regard manifeste qu'il n'y a pas d'œuvre ! L'activation, aussi minimale soit-elle, est nécessaire à l'actualisation de l'œuvre. Un « artiste » qui ne fait que rêver ses œuvres n'est tout simplement pas un artiste. Qui a tout détruit avant qu'on ait vu, lu ou entendu ne parvient pas à passer de la puissance à l'acte.

Corrélativement, de multiples agents, aux compétences variées, s'activent autour des œuvres en assurant ainsi leur actualisation. Ce sont

1. Pour une critique du *mentalisme esthétique*, voir aussi chap. I, p. 41-43.

2. Que faut-il entendre par « forme rudimentaire » ? Au moins celle qui permet la lecture par un nombre indéfini d'individus autres que le romancier lui-même. Un roman écrit à la main, d'une bonne écriture lisible, satisfait à ce critère, à la condition que quelqu'un d'autre que le romancier l'ait *réellement* lu.

les conservateurs, musiciens, comédiens, éclairagistes, sonorisateurs, éditeurs, libraires, bibliothécaires, etc.[1]. L'affairement autour de l'art n'est pas un parasite. Ce n'est pas une perte irrémédiable de sa nature profonde, comme on a bêtement pu le prétendre. C'est la condition *sine qua non* de son activation. La fonction des « activateurs » culturels est finalement aussi ontologique. Sans eux, il n'y a pas d'œuvre en acte.

l'exposition et la question des œuvres d'art non occidentales.

Le public doit disposer des moyens non seulement matériels (accrochage, lumière, espace visuel, par exemple), mais aussi intellectuels (connaissances historiques et autres) pour que les propriétés esthétiques de l'œuvre puissent être appréhendées et appréciées. Les propriétés esthétiques surviennent sur des propriétés intentionnelles. Dès lors, l'actualisation de l'œuvre suppose aussi que les conditions de formation et d'exercice de certaines croyances soient réunies. Parfois, ces croyances sont déjà formées. Elles vont de soi pour le public. D'autres fois, il faut que l'environnement de l'œuvre permette la formation des croyances indispensables. Les informations en tout genre, les catalogues, les livres d'art, etc., servent à cela.

La thèse selon laquelle toute cette « littérature » fait obstacle au plaisir esthétique pur qui se développe au seul contact de l'œuvre revient à sous-estimer l'importance des propriétés intentionnelles dans la survenance des propriétés esthétiques. C'est aussi surestimer la pertinence de la notion d'immédiateté esthétique[2]. L'autosuffisance esthétique de chaque individu est une illusion. La plupart du temps c'est d'auto-insuffisance qu'il faudrait parler. On s'en aperçoit devant des objets provenant de civilisations différentes ou des œuvres dites difficiles. Certes, face à une *ibeji* yoruba, on peut toujours considérer que la connaissance du contexte culturel n'a aucune importance, que l'amateur doit laisser jouer sa « pure sensibilité ». Mais dans ce cas, ce sont des propriétés intentionnelles implantées qui forment l'ensemble

1. Restaurateurs, photographes et traducteurs, dont il sera question dans le chap. VIII, section 4.

2. On laissera ici de côté la question de savoir jusqu'où doit aller la formation des croyances jugées nécessaires, si parfois la débauche de renseignements ne fait pas obstacle à l'appréhension esthétique. Il suffit ici de se prononcer de façon générale et dans une perspective ontologique, sans juger de la réussite ou de l'échec des tentatives réelles.

intermédiaire de la survenance esthétique. Conséquence ontologique : on est alors incapable de saisir et d'apprécier certaines propriétés esthétiques de l'objet. C'est la même chose pour les œuvres supposant des connaissances particulières, comme nombre d'œuvres contemporaines, plastiques ou musicales.

On a souvent remarqué qu'historiquement ce sont des peintres et des sculpteurs qui se sont intéressés *esthétiquement* à la statuaire africaine traditionnelle, par exemple. Ce sont des Picasso, Gris, Bancusi, Ernst, Giacometti, et bien d'autres. Ils ont fait fonctionner esthétiquement ces objets, devenus ainsi des œuvres d'art. Ce ne sont finalement pas des anthropologues ou des africanistes qui ont activé les œuvres issues des traditions non occidentales, alors même qu'ils pouvaient disposer, à l'égard de ces objets, de toutes les informations souhaitables. Cette remarque ne constitue pourtant pas une objection insurmontable à la thèse développée précédemment, selon laquelle certaines croyances doivent se former par une activation des œuvres pour que les œuvres d'art soient actualisées. Les artistes modernes disposaient en effet des croyances indispensables à la saisie des propriétés esthétiques des œuvres issues de la statuaire africaine. Ils n'étaient pas africanistes, mais la distance prise par ces artistes avec une conception de la ressemblance satisfaisant des critères imitatifs inaugurés à la Renaissance constituait le terreau cognitif approprié à l'appréhension des propriétés esthétiques de la statuaire africaine traditionnelle. La mise en cause de la croyance dans la nécessité plastique de l'imitation naturaliste conduisait à une autre croyance, celle que des sculptures dont les auteurs n'avaient aucune finalité imitative pouvaient avoir des propriétés esthétiques.

Les artistes modernes ayant traité les objets issus de la statuaire africaine traditionnelle comme des œuvres d'art n'ont pourtant pas transformé des objets non artistiques en œuvres d'art. C'est une modification des croyances qui a conduit à mettre en évidence que les masques ou les statuettes africaines *sont* des œuvres d'art. Mais, elles l'étaient *avant* qu'on s'en rendît compte. Il y a en effet deux possibilités. La première est que les objets issus des traditions non occidentales étaient déjà des œuvres d'art pour ceux qui les ont produites. La seconde possibilité, c'est que les objets n'étaient pas des œuvres d'art pour ceux qui les ont produites, mais elles l'étaient en puissance ; le type d'intérêt que des Occidentaux leur ont porté les a actualisées en tant qu'œuvres d'art. Il n'est pas décisif de choisir ici entre ces deux possibilités. Ce qui est plus important c'est de reconnaître que quelque chose ne peut pas devenir une œuvre d'art *par décret.* La modification de la croyance naturaliste selon laquelle une statue doit ressembler à ce qu'elle représente, voire qu'elle doit représenter tout court, a contribué à permettre d'étendre aux œuvres de la statuaire africaine traditionnelle notre concept d'œuvre d'art. Mais cela n'a été possible que pour des objets qui, en puissance, étaient déjà des œuvres d'art. Les Occidentaux n'ont pas inventé l'art africain, ils l'ont bien *découvert.*

Ce raisonnement vaut aussi bien pour des objets auxquels nous accordons maintenant une nature artistique alors que cela n'a pas toujours été le cas, comme les cathédrales gothiques ou des automobiles. Il vaut aussi pour un fameux urinoir (Duchamp) ou pour le fait de se placer emballé dans un sac sur une autoroute californienne (Chris Burden). Rien ne devient une œuvre d'art qui ne le soit déjà. On n'acquiert pas une nature, même s'il s'agit d'une nature au sens analogique du terme, comme dans le cas des œuvres d'art. L'enfant-loup rencontré dans la jungle n'est pas un loup qu'on fait devenir homme, ou quelque chose qui n'est ni animal ni homme. C'est un être humain, même si on en doute tant que certaines caractéristiques ne sont pas actualisées, le langage articulé principalement. Que dans le cas de l'art il s'agisse d'une nature fonctionnelle, cela ne modifie pas les choses. Je peux me servir d'un tableau pour boucher une fenêtre, il reste un tableau. Les choses sont ce qu'elles sont, même si nous ne le savons pas. Nous pourrions toujours le savoir; c'est affaire de croyances adéquates. Ces croyances doivent être adéquates aux propriétés des objets considérés et donc à *ce qu'ils sont*, même si ce qu'ils sont consiste à fonctionner de telle ou telle façon.

Les objets que notre civilisation place dans des musées sont des œuvres d'art. Mais elles ne le sont pas parce que nous les y avons placées. Elles le sont déjà quand on les y place, même si le fait de les y placer peut conduire à ce que leur nature d'œuvre d'art et leurs propriétés esthétiques soient rendues manifestes. Dès lors le musée et le conservateur ne créent pas d'œuvres. Il est aussi possible que tous les objets présentés comme des œuvres d'art dans les musées n'en soient pas, que tous les événements présentés comme des œuvres n'en soient pas.

exécution et interprétation

Les œuvres musicales existent comme des entités sonores d'un certain type. Dès lors, l'exécution de l'œuvre n'est pas quelque chose qui lui est extérieur. Ce n'est pas accessoire. L'œuvre en acte n'existe qu'exécutée. Sur le papier, elle est en puissance. Pour préserver son identité d'actualisation en actualisation, il y a la mémoire, limitée et incertaine, et la partition.

L'exécution est en même temps une interprétation. Il n'y a pas d'exécution *neutre*, non interprétative. Une interprétation consiste en des choix esthétiques que le respect de la partition, c'est-à-dire de l'œuvre telle que l'indique le compositeur[1], autorise. L'interprétation possède elle-même des propriétés esthétiques. L'œuvre et l'interprétation possédant chacune des propriétés esthétiques, on a quatre possibilités. Soit une propriété esthétique quelconque, une œuvre peut la posséder (+) ou non (–), une interprétation peut la posséder (+) ou non (–).

	œuvre	interprétation
(1)	+	+
(2)	+	–
(3)	–	+
(4)	–	–

Laissons (4) de côté, puisque le cas est complètement négatif. (3) est le cas d'une interprétation possédant une ou des propriétés esthétiques que l'œuvre ne possède pas. On peut penser à certaines interprétations qui semblent se développer pour elles-mêmes indépendamment même de l'œuvre exécutée. À mon sens, c'est le cas des interprétations des œuvres pour clavier de Bach par Glenn Gould. Elles vous en apprennent plus sur Gould lui-même que sur les œuvres de Bach qu'il joue. Ce qui ne veut évidemment pas dire qu'elles n'ont aucune valeur, voire qu'elles n'en ont pas plus que certaines interprétations « fidèles ». On peut cependant se retrouver à la limite du phénomène de la variation dans lequel il s'agit plus de faire référence à l'œuvre jouée que de l'exécuter. (2) est un cas malheureux dans lequel l'exécution échoue. Ne possédant

1. Sur la notion d'indication par un compositeur voir J. Levinson, *L'art, la musique et l'histoire*, chap. 2.

aucune propriété esthétique, l'exécution ne peut manifester celles de l'œuvre.

Le cas heureux c'est (1), celui dans lequel les propriétés esthétiques de l'interprétation sont les propriétés esthétiques de l'œuvre, à la différence de (3). Mais (1) ne garantit pas que toutes les propriétés esthétiques de l'œuvre soient manifestées par l'interprétation. D'où la possibilité d'une multiplicité d'interprétations correctes dont chacune manifeste des propriétés esthétiques que l'œuvre possède. Cela implique-t-il que toutes les interprétations de l'œuvre soient compatibles, c'est-à-dire qu'elles ne s'excluent pas?[1] À l'évidence, oui. Soit, par exemple, les *Fireworks* de Haendel. Une interprétation peut attribuer à cette œuvre la propriété d'être « martiale »; une autre interprétation peut faire le contraire. L'une des deux interprétations est nécessairement incorrecte. Mais, généralement, nous aurions bien du mal à affirmer que les propriétés esthétiques attribuées par une interprétation à une œuvre sont à ce point contradictoires avec celles qu'une autre interprétation lui attribue[2]. La plupart du temps nous ne saurions dire si les différentes interprétations sont compatibles ou non.

On peut penser que le refus de faire chanter les parties de soprano des cantates de Bach par une cantatrice soprano, le recours à un jeune garçon, renvoie à deux interprétations incompatibles, dont l'une serait correcte et l'autre ne le serait pas. Remarquons qu'en ce cas la survenance des propriétés esthétiques est bien liée à des propriétés intentionnelles distinctes chez l'interprète. S'il pense que les parties de soprano des cantates ne sont pas pour voix de femme mais d'enfant, c'est vraisemblablement aussi qu'il possède certaines croyances au sujet des textes chantés et de leur signification historique. Sur ces croyances surviennent une propriété esthétique (par exemple, « chant angélique ») dont il considère que l'interprétation avec voix d'enfant la satisfait mieux que celle de la voix d'adulte. Une interprétation qui peut être considérée incorrecte dans le cas (1) peut ne pas l'être dans le cas (3). Ainsi, certaines interprétations des cantates de Bach pourraient

1. Elles s'excluent si l'une étant correcte aucune autre ne peut l'être.

2. C'est ce que remarque aussi Hume dans son essai sur la règle du goût lorsqu'il cite le passage de *Don Quichotte* dans lequel les deux experts trouvent l'un un goût de cuir et l'autre un goût de fer au contenu d'un fût de vin dans lequel « on découvrit au fond une vieille clé attachée à une lanière de cuir » (p. 271).

être considérées comme d'excellentes variations (d'opéra) sur ces cantates.

La plupart du temps, des interprétations ne s'opposent pas frontalement. Elles sont différentes tout en étant compatibles parce que correctes. L'une nous fait apercevoir certaines propriétés esthétiques que l'autre ne manifeste pas, comme on peut apprécier un paysage à différentes saisons et sous différents éclairages. Mais si le paysage est *réellement* agréable, il ne sera jamais désagréable. S'il *paraît* l'être, c'est la lumière qui l'est ou notre état mental, et le paysage n'y est pour rien. En revanche, ce paysage pourrait un jour apparaître inquiétant, car il n'est pas du tout évident que ces propriétés « agréable » et « inquiétant » soient incompatibles. C'est la même chose pour une œuvre d'art. Nous écoutons plusieurs interprétations parce qu'elles manifestent des propriétés esthétiques différentes de la même œuvre. Certaines peuvent nous paraître (et être) incorrectes. On a vu qu'elles peuvent même nous paraître incorrectes en manifestant, en tant qu'interprétations, des qualités esthétiques propres, et en nous plaisant beaucoup.

chapitre 8
l'identité des œuvres d'art

l'œuvre, l'auteur et son intention

l'auteur

Par son action, l'auteur est la cause *intentionnelle* d'un état de choses ou d'une chose[1]. Tout artefact résulte *intentionnellement* de l'action de son auteur. Un singe tapant sur le clavier d'un ordinateur pourrait-il, produire *La recherche du temps perdu* sans intention de le faire ? Quoi qu'il en soit le singe ne serait pas un auteur. *La recherche du temps perdu* ne serait pas un artefact. Dès lors, elle ne pourrait être une œuvre d'art. Car l'auteur a l'intention de produire ce qu'il fait[2]. Si l'auteur produit un artefact, s'il le produit intentionnellement-en-tant-qu'œuvre d'art et s'il y parvient à un certain degré, alors il est un artiste.

1. Voir R. Hilpinen (« Authors and Artifacts », *Proceedings of the Aristotelian Society*, vol. XCIII, 1993) qui influence la façon dont les problèmes sont posés dans ce paragraphe.
2. Voir Kant, *Critique de la faculté de juger*, § 43.

La clause selon laquelle l'auteur doit avoir l'intention de produire une œuvre d'art peut sembler incorrecte. De nombreux objets n'ont pas été considérés comme des œuvres d'art au moment de leur production. On peut raisonnablement douter que les peintures rupestres ou les masques africains traditionnels aient été considérés par leurs auteurs à partir du concept d'œuvre d'art, tel qu'il s'est constitué à partir du XVIIIe siècle. Il n'y aurait pas d'artiste préhistorique ou d'artiste dans l'Afrique traditionnelle.

À cette objection, il est possible de répondre que l'idée selon laquelle l'artiste doit avoir l'intention de faire une œuvre d'art ne suppose pas qu'il possède le concept d'œuvre d'art tel qu'il a pu apparaître à un moment déterminé de l'histoire de la culture occidentale. Le concept d'œuvre d'art qu'il doit posséder est le suivant : une œuvre d'art est une substance artefactuelle dont le fonctionnement esthétique détermine la nature spécifique[1]. Le fonctionnement esthétique inclut une dimension de pratiques traditionnelles (apprentissage de l'auteur, apprentissage d'un public, attentes, déterminations sociales, types d'œuvres dominants à une époque, etc.). Mais le concept d'œuvre d'art n'est pas historique, même s'il implique une référence à des pratiques traditionnelles, elles-mêmes historiques. L'historicité apparaît sous la forme d'une variable intégrée au concept d'œuvre d'art, celle qui relie ce concept à une détermination historico-culturelle déterminée (certaines pratiques). Ce avec quoi une œuvre d'art est reliée par ses propriétés relationnelles constitutives varie historiquement. Le concept d'œuvre d'art peut pourtant rester identique à travers l'histoire et les différentes cultures, au moins *formellement*, tant qu'on ne tient pas compte des pratiques qui constituent *historiquement* les objets qui tombent sous ce concept. Le concept d'œuvre est transhistorique et transculturel tout en permettant de rendre compte d'une imprégnation historique des œuvres d'art.

Le concept d'œuvre d'art définit une espèce d'objets. L'espèce *œuvre d'art* est indispensable pour caractériser l'intention artistique, mais elle n'est pas suffisante. L'auteur n'a pas l'intention de produire *une* œuvre d'art, mais *cette* œuvre d'art. On ne produit pas une espèce, mais un exemplaire d'une espèce. Un exemplaire d'une espèce possède toujours des caractéristiques que l'espèce, comme telle, ne possède pas. Il

1. C'est celui qui a été expliqué dans le chapitre 3.

possède des caractéristiques individuantes, qui n'appartiennent qu'à lui et permettent d'en faire un exemplaire *particulier* de l'espèce. Au minimum[1], c'est la propriété d'être à tel endroit à tel moment. Le sculpteur ne produit pas le concept de statue, mais *cette* statue, faite de tel morceau de bois (matière), par exemple. L'intention artistique doit alors elle-même contenir, outre le concept ontologique d'œuvre d'art (la notion d'espèce), les *caractéristiques* de l'œuvre à produire. Le concept ne se limite pas à une description spécifique (sortale) de l'objet à produire. Il en suppose une description *adjectivale* (caractères du concept).

> Quand un agent fait un artefact, il ne cause pas (ou n'occasionne pas) seulement son existence [en tant qu'artefact de telle sorte], mais il « forme » aussi ses propriétés. Nous pouvons dire que si un objet est un artefact, certaines de ses propriétés sont contrefactuellement dépendantes du contenu de l'intention du producteur[2].

Étant donné le concept d'œuvre d'art sous la description duquel a lieu l'action de production par l'auteur, alors ce n'est pas seulement ce concept qui entre dans l'intention de l'auteur, mais des caractéristiques du concept. Autrement dit, c'est une description d'une description par laquelle certaines caractéristiques sont données au concept sous lequel s'effectue la production.

Soit le concept d'œuvre d'art, les caractéristiques qui individualisent l'intention artistique sont certaines propriétés déterminées spécifiquement, c'est-à-dire des propriétés qui constituent l'objet qui les possède comme œuvre d'art. Les propriétés en question doivent être *fonctionnelles*, c'est-à-dire qu'elles entrent dans la fonction spécifique de l'objet produit, dans son appartenance à l'espèce des œuvres d'art. Par exemple, si c'est un texte, ce texte doit posséder un fonctionnement *esthétique*. Le texte d'un rapport de police, en tant que tel, n'est pas une œuvre d'art. Son auteur n'est pas un artiste. Le texte du même rapport, fait par la même personne, intégré à un roman policier, devient une partie d'une œuvre d'art parce qu'il fonctionne esthétiquement.

1. Certains pensent qu'on doit aller plus loin, et que chaque objet possède une essence individuelle.

2. R. Hilpinen, « Authors and Artifacts », p. 159.

l'artiste

Un artiste est un système intentionnel visant la production d'une œuvre d'art aux caractéristiques déterminées, et efficace dans cette production. Pourquoi parler de l'artiste en termes de *système*? C'est que l'auteur-artiste n'est pas nécessairement une seule personne; il peut s'agir aussi d'un groupe de personnes. Distinguons deux cas : l'auteur (l'artiste) est collectif; l'œuvre est agrégative ou collective.

Quand l'auteur est collectif, le système intentionnel de production artistique est constitué d'un groupe de personnes dont les actions individuelles finalisées sont intégrées à une finalité générale, souvent sous la direction d'une personne déterminée. Il y a ainsi un auteur *général* et des sous-auteurs. Les intentions des sous-auteurs dépendent de celles de l'auteur général, mais la converse n'est pas vraie[1]. Il en résulte une seule œuvre dont l'auteur est multiple, même s'il peut y avoir une hiérarchisation, à partir de l'auteur *général*, dans la multiplicité des auteurs. (On peut penser à la taille des noms sur une affiche de cinéma ou de théâtre qui, généralement, et sauf raisons commerciales, reflète la hiérarchie des auteurs.) L'œuvre est considérée comme une totalité insécable. Chacun ne peut réclamer sa part de production dans l'œuvre, indépendamment des autres. Quand l'œuvre est agrégative ou collective, de multiples systèmes intentionnels individuels intègrent aux finalités propres des individus une dimension d'appartenance à un groupe dont il résulte la notion d'une œuvre intégrante. La dimension d'appartenance admet alors des degrés. Si l'appartenance est minimale, on a une collection d'œuvres à considérer comme une œuvre *agrégative*. Si elle est maximale, mais sans aller jusqu'au cas de l'artiste collectif, on a une œuvre *collective*.

Par « efficace », dans la définition de l'artiste qui vient d'être proposée, il faut entendre que l'œuvre ne dépend pas seulement des intentions de l'auteur, mais qu'il doit *réussir*, à un certain degré, à réaliser ses intentions dans l'artefact produit. La dépendance à l'égard de l'intention ne peut simplement consister en des intentions comme sources de l'œuvre produite. Il faut tenir compte du succès dans la réalisation de l'intention.

1. R. Hilpinen, « Authors and Artifacts », p. 169.

La condition de réussite est manifestement remplie dans le cas du ready-made. Si l'intention de l'artiste est qu'un objet (déjà fait) devienne l'objet d'un type d'intérêt qu'on ne lui portait pas auparavant, les ready-mades duchampiens sont des réussites. Dans les « performances » réalisées par Chris Burden (se faire déposer dans un sac sur une autoroute californienne, s'enfermer plusieurs jours dans un casier de consigne automatique ou se faire tirer une balle dans le bras), la réussite est tout aussi manifeste puisque c'est son propre corps et ce que vit l'artiste lui-même dans ces situations limites qui constituent l'œuvre. L'œuvre est l'expérience elle-même. L'intention étant alors de ramener l'attention sur l'artiste lui-même faisant une expérience, la réussite ne fait pas de doute. Ces exemples du ready-made et de performances montrent que la condition de réussite ne joue nullement une fonction limitative et si conservatrice que cela. Elle ne doit pas être confondue avec une condition de reconnaissance universelle ou même simplement académique. On en dirait autant pour les œuvres de *land art* comme la *Spiral Jetty* de Robert Smithson (qui disparaît avec la montée des eaux et reparaît à la décrue) ou *Le rideau dans la vallée* de Christo et Jeanne-Claude (démonté après 28 heures à cause des vents). La réussite est alors celle du projet d'imbrication de l'art et de la nature, l'intégration du paysage à l'œuvre. La nature devient elle-même œuvre de l'artiste. Également, on va pouvoir parcourir l'œuvre, la pénétrer, varier les points de vue sur elle puisqu'elle ne suppose plus un point de vue précis. Il ne s'agit pas ici de multiplier les bizarreries empruntées à l'art contemporain, mais bien d'insister sur l'idée que la condition de réussite n'a rien à voir avec une limitation *a priori* de ce qui pourra être considéré comme témoignant d'une activité artistique.

Maintenant, si l'auteur a l'intention de faire une œuvre comique et qu'elle soit triste, en est-il encore l'auteur ? L'œuvre dépend bien de son intention (de produire une œuvre), mais il n'a pas réussi dans sa production. Cependant il reste l'auteur *malheureux* de l'œuvre dans la mesure où l'objet satisfait la condition d'appartenance spécifique : c'est une œuvre d'art ! Il est donc discutable de dire que l'œuvre ne possède que les propriétés que l'auteur accepte d'assumer, ce que l'on pourrait appeler la *condition d'acceptabilité*. L'œuvre ne serait celle d'un artiste que si et seulement si l'artiste accepte de reconnaître l'œuvre comme la réalisation de l'ensemble des propriétés qu'il détermine. Le problème se pose pourtant pour les propriétés qu'une œuvre possède sans que son auteur ait jamais pu le savoir. Par exemple, qu'une certaine œuvre d'un artiste A ait influencé tel ou tel artiste B postérieur à l'artiste A, n'est pas quelque chose que A peut avoir eu l'intention de réussir par son œuvre. Il ne peut non plus l'avoir accepté.

Il n'y a pas une condition d'acceptation *complète* faisant de quelqu'un (ou d'un groupe) l'auteur d'une œuvre. En revanche, il y a vraisemblablement une condition d'acceptation *partielle.* Elle porte sur la nature de l'objet produit, mais non pas sur ses caractéristiques déterminantes. Cependant, certaines propriétés jouent un rôle tel dans l'appartenance spécifique qu'elles aussi entrent dans la condition de réussite. Par exemple, un peintre peut avoir l'intention de produire une œuvre qui devra être contemplée dans des conditions spatiales déterminées. C'est bien sûr le cas des peintres d'anamorphoses. C'est aussi le cas des sculpteurs qui, sachant où sera placée leur œuvre, ont prévu des déformations perspectives qui permettent à l'œuvre de paraître posséder des proportions naturelles à partir du lieu où on la contemple et qui ne les possède pas si on la contemple d'un autre endroit[1]. C'est encore le cas d'un musicien qui prévoit certains instruments, possédant une couleur sonore déterminée, pour l'exécution de son œuvre[2]. La condition d'acceptabilité limitée porte ainsi sur un sous-ensemble des caractéristiques du concept d'œuvre d'art qui constituent l'intention artistique de l'artiste.

l'identité de l'œuvre

Dans quelle mesure l'identité de l'œuvre est-elle tributaire des caractéristiques de l'intention de l'artiste, c'est-à-dire de son intention artistique ? Pourquoi ne peut-on pas affirmer que les propriétés esthétiques de l'œuvre sont complètement indépendantes de ces propriétés intentionnelles ? Des propriétés intentionnelles pourraient *guider* la

1. Les *Esclaves* que Michel-Ange sculpta pour le tombeau de Jules II de Médicis, et qui se trouvent maintenant au Louvre, sont dans ce cas, semble-t-il. Leurs proportions sont fonction de l'emplacement que devait avoir le tombeau.

2. On ne peut entrer ici dans la querelle des instruments « d'époque ». La réponse ne peut être générale. Certaines œuvres pour clavier de Bach ne requièrent vraisemblablement pas une interprétation sur un clavecin (d'époque ou non). En revanche, l'interprétation de la musique de Lully par un orchestre symphonique est très discutable. Le problème est *musicologique*, et non pas (seulement) ontologique. La philosophie ne peut avoir la prétention de lui donner une solution générale. En revanche, le problème est lié à cette question de la condition d'acceptabilité. Pour que O puisse être dite l'œuvre de A, certaines intentions de A (acceptabilité limitée) doivent être respectées dans l'exécution de O (musique) ou dans son exposition (peinture, sculpture).

production d'une œuvre d'art sans qu'elle les *manifeste*. Le *principe d'exprimabilité*, selon lequel les propriétés esthétiques d'un objet sont les propriétés intentionnelles qui ont prévalu à sa production est faux? Ce qu'une œuvre exprime, ce sont ses propriétés et pas les propriétés intentionnelles qui ont guidé sa production[1].

Faut-il en conclure que les *intentions*, comme telles, ne jouent aucun rôle dans la *reconnaissance* des propriétés esthétiques de l'œuvre? Vraisemblablement oui, cela ne joue *aucun* rôle. Mais il convient de distinguer l'identification des propriétés esthétiques de l'œuvre et l'identité de l'œuvre. Même si les propriétés esthétiques de l'œuvre ne sont pas fonction des propriétés intentionnelles qui guident la production de l'œuvre, les propriétés intentionnelles (croyances) sur lesquelles surviennent les propriétés esthétiques intègrent nécessairement notre croyance d'avoir affaire à l'œuvre d'un artiste particulier (même s'il est anonyme) et la croyance que cet artiste et ses intentions jouent un rôle dans l'identité de l'œuvre. On emploie ici l'expression « identité de l'œuvre » comme on parle de l'identité d'une personne : nom, prénom, date et lieu de naissance, nationalité, ascendance. Des considérations d'*identité* entrent en ligne de compte dans les croyances sur lesquelles peuvent émerger les propriétés esthétiques de l'œuvre; nous ne croyons mais avoir affaire à une œuvre d'art si nous ne croyons pas qu'elle a un auteur.

Les propriétés esthétiques de l'œuvre ne sont pas fonction des intentions de l'artiste. Mais les propriétés esthétiques surviennent sur des croyances qui concernent un objet. L'identification de cet objet suppose qu'on sache que c'est une œuvre d'art. Savoir que c'en est une suppose que l'identification de cet objet se fasse en termes d'intentions de son auteur comme artiste. Ces intentions comprennent non seulement l'intention de faire *une* œuvre d'art, mais aussi d'autres intentions particularisantes (faire *cette* œuvre d'art), correspondant à *certaines* propriétés dc l'objet. Tout en évitant la thèse de l'exprimabilité, on peut ainsi rendre compte de notre intuition selon laquelle les propriétés esthétiques d'une œuvre ont bien *à voir* avec les propriétés intentionnelles qui guident sa production.

La survenance des propriétés esthétiques sur les croyances que nous avons intègre ainsi notre identification de l'œuvre comme faite par un

1. R. Pouivet, *Esthétique et logique*, p. 111-113.

certain artiste en fonction d'intentions qui lui sont propres et qui déterminent ce qu'est l'œuvre. Cette œuvre dépend causalement de certaines caractéristiques choisies par l'artiste, c'est-à-dire du contenu de son intention. On tient compte de cette dépendance dans l'ensemble des croyances sur lesquelles surviennent les propriétés esthétiques. Dès lors, les caractéristiques choisies par l'artiste jouent un rôle dans la survenance des propriétés esthétiques. Toutefois, ce rôle n'intègre pas toutes les caractéristiques choisies par l'artiste. Certaines d'entre elles ne jouent en réalité aucun rôle dans l'identification d'un objet fonctionnant esthétiquement comme œuvre d'art. Par exemple, des propriétés que l'artiste a eu l'intention de conférer à l'œuvre à des fins strictement privées (plaire à telle personne, parvenir grâce à cette œuvre à obtenir telle récompense institutionnelle, etc.) n'entrent pas nécessairement dans l'identité de l'œuvre. Le sous-ensemble des propriétés ou des caractéristiques jouant un rôle dans l'émergence des propriétés esthétiques de l'œuvre doit correspondre, *grosso modo*, au sous-ensemble des propriétés ou caractéristiques identifiable dans la condition d'acceptabilité partielle dont il a été question précédemment. Il s'agit de ces caractéristiques indispensables au fonctionnement correct de l'œuvre, celui qui est manifestement recherché par l'artiste. Pour plus de détails, il conviendrait de parler d'une œuvre précise, et de recourir à l'histoire de l'art. Par exemple, s'il s'agit de la *Messe en si mineur* de Bach, que Bach soit protestant, et qu'il ait pourtant eu l'intention de composer une messe catholique, joue un rôle important. Les intentions jansénistes de Philippe de Champaigne jouent également un rôle important dans sa peinture. La constitution du sous-ensemble des caractéristiques intentionnelles dont on doit alors tenir compte est l'affaire des historiens de l'art, voire des critiques. Une propriété qui avait pu paraître extérieure à ce sous-ensemble peut finalement y être intégrée à partir d'une nouvelle enquête historique qui montre l'importance d'en tenir compte et d'une nouvelle interprétation qui esthétiquement la justifie. À l'inverse, un spécialiste pourra montrer qu'une propriété intentionnelle jusqu'alors tenue pour décisive ne l'était pas. La lecture d'ouvrages d'histoire de l'art et de critique d'art a certainement beaucoup à voir avec notre effort pour constituer ce sous-ensemble de caractéristiques intentionnelles importantes dans la compréhension et l'appréciation de l'œuvre.

Résumons. Parmi les croyances nécessaires à l'émergence des propriétés esthétiques d'une œuvre, celle selon laquelle nous avons affaire à une œuvre est absolument nécessaire. Cette croyance en suppose une autre : l'œuvre a un auteur. Et si l'œuvre a un auteur, il a des intentions. Nos croyances concernant ses intentions, et la reconnaissance de certaines d'entre elles, jouent ainsi un rôle important dans l'émergence des propriétés esthétiques. On peut considérer qu'une œuvre possède une *carte d'identité* dont la connaissance, dans de nombreux cas, est indispensable au fonctionnement esthétique de l'œuvre. L'établissement de cette carte d'identité est le travail de l'historien de l'art et du critique.

auteur réel et auteur impliqué

L'auteur *impliqué* ou *hypothétique* est l'auteur correspondant aux intentions de l'auteur que nous inférons de notre fréquentation de l'œuvre. Dans la version qu'en a donnée W. Tolhurst, l'intention hypothétique est attribuée à l'auteur par un public, pour autant que l'œuvre le justifie[1]. Levinson suppose que l'intention hypothétique est celle qu'un public *approprié*, en fonction de la meilleure interprétation qu'il peut faire de l'œuvre, considérera comme l'intention de l'auteur de l'œuvre[2]. La meilleure interprétation possible se justifie par toutes les données disponibles, artistiques mais aussi historiques (justification épistémologique de l'intention attribuée). L'interprétation suppose aussi un principe de charité critique, selon lequel on cherche toujours à considérer l'œuvre de la façon la plus positive possible (justification évaluative de l'intention).

L'auteur impliqué est-il l'auteur réel? Tolhurst et Levinson auraient plutôt tendance à répondre positivement[3]. Nehamas répond négativement[4]. Pour lui l'auteur est *postulé.* Dire que l'auteur n'est pas impliqué (Levinson) mais postulé (Nehamas) peut encourager le laxisme : quel sera le critère d'attribution d'une intention à un auteur si l'on n'a pas à tenir compte de sa réalité. Quand on parle d'auteur impliqué, il est inféré à partir des données historiques disponibles; l'idée de postulation ne suppose pas une relation inférentielle entre les données disponibles et l'intention attribuée. Currie parle pour sa part d'auteur *fictionnel* :

1. W. Tolhurst, « On what a text Is and How It means », *British Journal of Aesthetics*, vol. 19, 1979.
2. J. Levison, *The Pleasures of Aesthetic*, Ithaca, Cornell UP, 1996.
3. R. Stecker, *Artworks, Definition, Meaning and Value*, University Park, The Pennsylvania State UP, 1997.
4. A. Nehamas, « The Postulated Author : Critical Monism as a Regulative Ideal », *Critical Inquiry*, 8, 1981.

l'auteur fictionnel n'a pas de croyances privées, il n'a « pas de croyances qui ne pourraient raisonnablement être inférées à partir du texte et d'un arrière-plan »[1].

La théorie de l'auteur impliqué est compatible avec une critique de l'intentionnalisme radical, selon lequel les significations de l'œuvre et les intentions de son auteur sont logiquement équivalentes. Comme les intentions de l'auteur ne sont pas nécessairement réalisées dans son œuvre, cet intentionnalisme radical semble difficilement défendable. Il est critiqué dans un article célèbre de W.K. Wimsatt et M.C. Beardsley, « L'erreur intentionnelle »[2]. Mais si l'on dit que l'intention de l'auteur est liée à l'étude de l'œuvre dans l'explication la meilleure possible dont nous soyons épistémologiquement et évaluativement capables, nous sommes loin d'adopter un intentionnalisme radical. L'enquête interprétative ne va plus de l'intention supposée à l'œuvre, mais de l'œuvre à l'intention supposée. L'identité de l'œuvre est celle à laquelle nous parvenons dans la meilleure interprétation possible faite par des personnes disposant des croyances indispensables[3]. Les propriétés esthétiques, dont l'auteur impliqué avait l'intention que nous les découvrions dans l'œuvre, suivent de notre meilleure interprétation de l'œuvre. Il reste indispensable de tenir compte de certaines caractéristiques intentionnelles qui guideraient la production de l'œuvre, sans toutefois oublier la condition d'acceptabilité partielle dont il a été question précédemment. Dans de nombreux cas, nous ne savons rien de l'auteur biographique, mais c'est à lui cependant que nous devons attribuer certaines des intentions décelées dans le texte. L'auteur impliqué n'est donc pas un auteur *fictionnel*; il vise l'auteur réel. Même si nous doutons de l'existence de l'auteur réel auquel l'œuvre est attribuée (Et si Homère était un auteur collectif?), nous ne doutons pas de l'existence d'un *système intentionnel réel* auquel attribuer les intentions décelées dans le texte (dans un tableau, une œuvre musicale, une chorégraphie, etc.). Pour les auteurs réels vivants, ce n'est en rien différent. L'auteur est lui aussi *impliqué*. Mais cela n'empêche pas que certains renseignements pris à la source de l'auteur réel puissent avoir un intérêt tout

1. G. Currie *The Nature of Fiction*, Cambridge, Cambridge UP, 1990, p. 80.
2. W.K. Wimsatt et M.C. Beardsley, traduction sous le titre « L'illusion de l'intention » (1946), dans D. Lories, *Philosophie analytique et esthétique*, Paris, Méridiens-Klincksieck, 1988.
3. Ici un réalisme extrême consisterait à penser que l'identité de l'œuvre transcende notre meilleure interprétation.

particulier pour l'interprétation d'une œuvre. Dans ce cas, on aura tendance à passer de l'auteur réel à l'auteur impliqué[1]. On visera l'auteur réel à travers l'auteur impliqué (par l'examen de l'œuvre), tout en tenant compte d'informations données par l'auteur réel ou son environnement. Remarquons que c'est le lecteur, s'il s'agit par exemple d'un roman, qui décide de tenir compte de ces données fournies par l'auteur réel. Il lui est possible d'en contester la pertinence.

En fait la distinction entre l'auteur impliqué et l'auteur réel permet surtout d'éviter le *biographisme*, cette tendance latente à remplacer l'examen de l'œuvre (littéraire, picturale, musicale) par un discours sur des motivations psychologiques qui sont supposées expliquer sa production. Savoir qu'un artiste vient de vivre un chagrin d'amour ne constitue pas en soi une raison valable d'en inférer la tristesse de son œuvre. Nous n'avons pas à concevoir les intentions comme des réalités mentales dans l'esprit de l'auteur réel et leur rôle causal direct. Un auteur impliqué n'a évidemment pas d'états mentaux jouant de rôle causal dans la détermination des propriétés de son œuvre puisque cet auteur est une hypothèse dans notre meilleure compréhension de l'œuvre, et non une personne psychologique. Cela semble être un des mérites de la notion d'auteur impliqué. Elle nous permet d'éviter la confusion malheureuse entre l'interprétation des œuvres et la psychologie des artistes.

Le passage de l'auteur impliqué à l'auteur réel, la redécouverte du second par l'implication d'un auteur hypothétique auquel on est parvenu par une inférence à la meilleure interprétation possible, est un phénomène particulièrement intéressant. Il est possible en effet qu'on ait oublié l'existence d'un auteur réel. Cela vaut pour Georges de La Tour durant le XIXe siècle, alors que toutes ses œuvres étaient attribuées à d'autres que lui. Redécouvrir son existence suppose que l'interprétation d'une ou de plusieurs œuvres attribuées jusqu'alors à d'autres peintres paraisse beaucoup plus vraisemblable par l'attribution à un auteur hypothétique, impliqué par l'interprétation. Quand on passe de l'auteur impliqué à l'auteur réel, on a une confirmation de la pertinence de l'hypothèse intentionnelle. En reconstituant une classe d'œuvres de Georges de La Tour les œuvres ont été réinterprétées les unes en fonction des autres, et en fonction d'une intention hypothétique correspondant à la meilleure

1. Voir P. Livingston, *Art and Intention*, oxford, Oxford University Press, 2005 ; P. Lamarque, *Philosophy of literature*, Oxford, Blackwell, 2009, surtout le chap. 3.

interprétation possible de ses œuvres. Chaque nouveau tableau inclus dans l'ensemble de son œuvre (pour des raisons qui peuvent être aussi bien historiques qu'interprétatives) conduit à une reconsidération de l'auteur impliqué et de ses intentions. En retour, notre interprétation des œuvres déjà reconnues s'affine par l'adjonction de nouvelles œuvres à l'ensemble de celles déjà attribuées. Ce qui conduit à une réinterprétation générale modifiant à nouveau l'auteur impliqué. Dans le cas de La Tour, au terme de cette reconstitution, on a soupçonné derrière l'auteur impliqué un auteur réel. Ce qui justifie la notion d'auteur impliqué : c'est à partir de lui qu'on a inféré l'existence probable d'un auteur réel.

La distinction entre réussite et échec dans la manifestation par l'œuvre des intentions de l'auteur réel n'est pas décisive, au moins s'il s'agit d'ontologie des œuvres d'art et non de psychologie de l'art. On peut certes citer des cas dans lesquels le jugement porté sur l'œuvre dépendra de notre connaissance de ce qu'il a voulu faire. Par exemple, on pourra dire que si un certain film est un pastiche de film policier, il est excellent, mais si c'est un film policier au premier degré, c'est raté. Le problème est cependant quelque peu différent, évaluatif et non ontologique. Les œuvres sont en un sens constituées par des intentions : nous ne comprenons pas l'œuvre si nous ne lui supposons pas un auteur ayant des intentions, et l'œuvre comme le résultat de son intention artistique. Mais l'auteur reste impliqué et l'auteur réel est toujours visé à travers lui. Si l'on soupçonne qu'il n'est pas vraiment parvenu à « faire passer ses intentions », c'est par une interprétation de l'œuvre et non en fonction d'une interprétation de ses intentions indépendamment de l'œuvre. Sachant que nous avons affaire à une œuvre d'art, nous l'appréhendons en termes d'intentions d'un auteur impliqué. Mais nous n'identifions jamais, pour elles-mêmes, indépendamment d'une œuvre, des intentions esthétiques ou artistiques d'un auteur. Esthétiquement, à quoi cette identification nous serait-elle utile si ce sont bien les œuvres qui nous intéressent ?

identité et interprétation

identité numérique et identité sémantique

Il n'est pas possible de présenter la signification d'une œuvre d'art sous la forme d'une liste d'énoncés supposés dire ce que l'œuvre signifie. Mais pourtant, nous ne doutons que les œuvres d'art aient *une*

signification. C'est même en partie l'impossibilité de cette liste indiscutable énonçant le signification de l'œuvre qui fait pour nous l'intérêt des œuvres d'art. Nous savons que l'œuvre veut dire quelque chose, même si nous ne pouvons pas vraiment dire quoi. Quand on décide de lire un poème ou d'écouter une œuvre plutôt qu'une autre, c'est pour sa signification, que d'autres n'ont pas ou pas comme cette œuvre l'a. Dans des circonstances où nous sommes dans un certain état d'esprit (tristesse, mélancolie, espoir, etc.), nous ressentons le besoin de lire un certain poème, d'écouter telle œuvre, parce que le poème, ou le morceau, veut dire quelque chose (même si nous ne pouvons aisément dire quoi). Quel rapport entretiennent alors l'interprétation d'une œuvre et son statut ontologique, particulièrement son identité singulière (être *cette* œuvre) ?
Un premier problème est que la même œuvre peut être interprétée de multiples façons. On peut alors se demander si, à la pluralité des interprétations, ne correspond pas une pluralité d'œuvres ? Si X appréhende l'œuvre O comme ayant la signification S_1 et Y (ou X a un autre moment) appréhende O comme ayant la signification S_2, ne convient-il pas de dire que nous avons *deux œuvres*, O_1 et O_2 ? C'est ce que Danto n'hésite pas à dire.

> Dans le domaine de l'art, chaque nouvelle interprétation est une révolution copernicienne, au sens où elle constitue une œuvre nouvelle, même si l'objet, comme le ciel, reste le même lorsque l'interprétation change[1].

Ne serait-on pas dans le cas du fameux lapin-canard ? Est-ce un lapin ou un canard ? Ce n'est semble-t-il jamais un lapin-canard, car celui qui voit le lapin ne voit pas le canard et réciproquement. Et finalement, personne ne voit jamais le lapin-canard !
Que doivent partager deux interprétations différentes acceptables, qu'elles soient compatibles ou incompatibles ? Deux interprétations distinctes d'un tableau partagent nécessairement des énoncés descriptifs du tableau lui-même : il est à tel endroit, il a telles dimensions. Partagent-elles plus qu'une description du même objet, et non de la même œuvre ? Deux interprétations différentes d'une œuvre musicale partagent nécessairement des énoncés descriptifs, mais ne s'agit-il pas

1. A. Danto, *La transfiguration du banal*, trad. fr. C. Hary-Schaeffer, Paris, Seuil, 1989, p. 203.

simplement de ce qui correspond à une partition? On pourrait être tenté de dire que les énoncés descriptifs n'assurent qu'une identité *numérique* de l'œuvre et non son identité *sémantique* (ce qu'elle est en termes de ce qu'elle veut dire). L'identité numérique d'une chose est la relation qu'elle entretient avec elle-même, tout au long de son existence (carrière) : elle est *cette* chose. Du point de vue artistique, l'identité numérique est-elle importante? Elle ne semble pas concerner l'objet en tant qu'œuvre d'art, mais en tant qu'objet physique. Si nous prenons le parti de considérer l'identité numérique comme sans valeur pour l'identification d'une œuvre d'art, la question est de savoir jusqu'à quel point nous sommes alors privés de tout critère fiable d'identification. N'y a-t-il pas un critère d'*identité sémantique*, et non pas simplement physique, des œuvres?

la notion de contenu sémantique

Parmi ceux qui sont tentés de critiquer la possibilité d'un critère sémantique d'identité des œuvres d'art se trouvent certains relativistes. Ils affirment qu'une interprétation est relative à des croyances et à des

conventions de compréhension. Toutefois, ce relativisme n'implique nullement qu'il n'y ait aucune interprétation correcte d'une œuvre. Car le relativiste peut soutenir simplement que toutes les interprétations correctes ne sont pas compatibles entre elles, qu'elles ne sont pas correctes ensemble. En revanche, la thèse selon laquelle *aucune* interprétation n'est jamais correcte, parce que toutes sont relatives à une interprétation identifiante, est l'*anti-descriptivisme.*

Le relativiste peut accepter l'idée selon laquelle toutes les interprétations acceptables (ou correctes) ont quelque chose en commun qui tient à la façon dont l'œuvre doit être sémantiquement décrite. Il peut accepter l'idée de *bien commun sémantique* de toute interprétation. Cela ne suffirait pas pour assurer la compatibilité des interprétations entre elles, mais garantirait qu'il s'agit bien de la même œuvre avec des interprétations divergentes. Une thèse anti-relativiste consiste en revanche à soutenir que toutes les interprétations correctes d'une œuvre *doivent* être compatibles. Cette thèse peut prendre deux formes : il n'y a qu'une seule interprétation correcte et il convient de l'identifier; il y a plusieurs interprétations correctes, vraiment différentes, mais elles mettent chacune en évidence un aspect de l'individualité sémantique de l'œuvre et toutes permettent ainsi son identification. Proposons alors le schéma suivant :

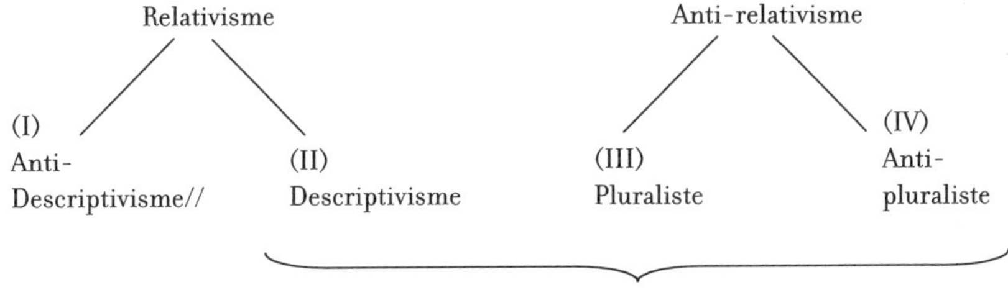

La différence essentielle, pour la question de l'identité des œuvres, passe alors entre la thèse (I) et les autres. Le bien commun sémantique correspond à l'idée d'un contenu sémantique déterminable, ne serait-ce que sur une base très étroite, comme dans le cas du relativisme modéré. Pour être entre eux en désaccord sur ce que signifie une œuvre, les relativistes doivent s'entendre sur un bien commun sémantique minimal. Sinon, leur désaccord n'aurait même plus de sens puisqu'ils parleraient de choses différentes. L'anti-descriptiviste va jusqu'à affirmer que les interprétations font l'œuvre. Ne serait-ce pas la thèse soutenue par Rorty dans le passage qui suit ?

> Lire des textes, c'est les lire à la lumière d'autres textes, de personnes, d'obsessions, de pans d'informations, de ce que vous avez, et voir ensuite ce qui se produit. [...] Il se peut [...] que le résultat soit excitant et convaincant, comme lorsque Derrida confronte Freud et Heidegger, ou lorsque Kermode confronte Empson et Heidegger. Il se peut même que cela soit si excitant que l'on ait alors l'illusion de voir quel est réellement l'enjeu d'un texte donné. Mais ce qui produit cette excitation et cette conviction dépend des besoins et des fins de ceux qui sont excités et convaincus. C'est pourquoi il me paraît plus simple de mettre de côté la distinction entre usage et interprétation, et de distinguer seulement les usages auxquels se livrent différentes personnes à différentes fins[1].

1. R. Rorty, « Le parcours du pragmatisme », trad. fr. J.-P. Cometti, dans U. Eco, *Interprétation et surinterprétation*, Paris, PUF, 1996, p. 96-97. Le déconstructionnisme de Derrida consiste également à défendre une position de cet ordre. C'est au moins ce que suggère S. Sim : « Les textes, comme le langage, sont marqués par une instabilité et une indétermination de signification; étant donné cette

Seule la thèse (I) rejette l'idée d'un bien commun sémantique. Rien dans une œuvre ne constituerait un contenu sémantique qu'une interprétation devrait nécessairement identifier pour en constituer une interprétation. Autrement dit, pour l'anti-descriptiviste, le contenu sémantique d'une œuvre n'est celui de cette œuvre qu'en termes de son interprétation. Dès lors aucune compatibilité des interprétations n'est requise, ni même possible, au moins si cette compatibilité doit manifester qu'il s'agit de la même œuvre. Pour que plusieurs interprétations correctes incompatibles soient celles de la même œuvre, il suffirait qu'on identifie un objet concret (un texte constitué d'une suite de signes, la classe de correspondance d'une partition, un objet physique comme une peinture ou une statue) dont on affirme qu'il s'agit de l'objet interprété. Mais cela ne suppose rien au sujet du contenu sémantique de l'œuvre, ne serait-ce que l'identification d'un bien commun sémantique tout à fait minimal. Le contenu sémantique de l'œuvre n'entre pas dans ses conditions d'identification. Elles sont totalement indépendantes des interprétations qu'on en propose. Elles sont strictement physiques.

Les thèses (II), (III) et (IV) supposent toutes les trois un bien commun sémantique, c'est-à-dire elles supposent qu'une interprétation identifie un contenu sémantique de l'œuvre. En quoi consiste-t-il? Il assure l'identité sémantique des œuvres indépendamment des multiples interprétations correctes qui en sont possibles.

S'agit-il alors d'une *essence individuelle* de l'œuvre?[1] Une telle essence consisterait en une propriété ou un ensemble de propriétés que l'œuvre instancie nécessairement, et rien d'autre que cette œuvre n'instancie cette propriété ou cet ensemble de propriétés. Interpréter une œuvre reviendrait toujours à appréhender l'essence individuelle. On peut penser que cette solution n'est pas sans difficultés, dont trois principales. Les deux premières ont des solutions, même si elles ne sont pas examinées ici. La troisième paraît rhédibitoire.

instabilité et cette indétermination, ni la philosophie ni la critique ne peuvent garantir leur autorité quant à l'interprétation textuelle : l'interprétation textuelle est une activité qui se développe librement, plus apparentée au jeu qu'à l'analyse traditionnelle » (S. Sim, « Deconstruction », *in* D. Cooper (ed.), *A Companion to Aesthetics*, p. 106-107). La déconstruction reviendrait ainsi à dissiper « l'illusion » d'une signification stable des textes. Mais chacun se doute que la déconstruction signifie cela tout en signifiant autre chose.

1. Certains appellent l'essence individuelle l'*haeccéité* (*thisness* en anglais, *occiïté* en mauvais français), en se recommandant de Duns Scot.

1) Si cette essence individuelle constitue elle-même une entité distincte de ce qui l'instancie, on ne comprend pas bien ce qui assure le caractère unique de l'œuvre. Plusieurs œuvres doivent alors pouvoir partager la même essence, qui n'est donc plus individuelle mais spécifique.
2) Pour éviter cette objection, on est conduit à adjoindre à la propriété individualisante, ou à intégrer à l'ensemble individualisant de propriétés, des caractéristiques historiques non réitérables et l'intention de l'auteur impliqué. On en vient à la solution levinsonienne d'une structure-indiquée-par-X-à-t[1]. Cette solution n'est plausible que pour certaines œuvres, celles dont on peut considérer qu'elles supposent une structure abstraite, les œuvres musicales tout particulièrement. On peut aussi avoir la réaction de D. Davies et se demander « quelle sorte d'entité métaphysique » est une structure indiquée, et tout particulièrement un "texte-tel-qu'il-est-indiqué-par-X-à-t" »[2]? Ne peut-on pas craindre que l'invention d'une telle sorte d'entité soit moins une solution qu'une façon de baptiser la difficulté. Comment saura-t-on jamais qu'une telle sorte d'entité existe ? Comme le fait aussi remarquer Currie :

> Colomb a découvert l'Amérique (supposons-le). Ce faisant, a-t-il porté à l'être une nouvelle entité : l'Amérique-en-tant-que-découverte-par-Colomb ? [...] Il est difficile de résister à la conclusion que Levinson a simplement postulé une espèce d'entité afin de résoudre son problème, sans être à même de nous donner quelque information que ce soit sur sa nature[3].

3) Dans la solution précédente, historico-intentionnaliste, certains éléments identifiants de l'œuvre sont tributaires de l'interprétation elle-même. L'interprétation comprend une hypothèse au sujet de *ce qu'a voulu dire l'auteur.* Il paraît donc curieux de dire ensuite que l'interprétation de l'œuvre peut être justifiée par l'appréhension d'un élément individuant, l'intention de l'auteur, puisque cet élément est lui-même issu de l'interprétation. La condition pour que l'interprétation puisse

1. J. Levinson, *L'art, la musique et l'histoire*, p. 62-67.
2. D. Davis, « Interpretation, Pluralism and the Ontology of Art », *Revue internationale de philosophie*, n° 4, 1996, p. 588.
3. G. Currie, *An Ontology of Art*, London, Macmillan, 1989, p. 58. Ce genre d'impression n'est évidemment pas rare quand on examine des théories philosophiques. L'Amérique ayant été aussi découverte par le fier viking Leifur Eriksson, dès le Xe siècle, il conviendrait de s'assurer que l'Amérique-en-tant-que-découverte-par-Leifur Eriksson n'est pas une autre entité que celle dont il s'agit quand on attribue la découverte de l'Amérique à Christophe Colomb !

être testée, c'est plutôt que les conditions d'individuation de l'œuvre ne supposent rien qui soit issu de l'interprétation elle-même.

l'interdépendance de l'interprétation et de l'identification

La thèse anti-descriptiviste (I) conduit à donner un critère strictement physique de l'identité individuelle d'une œuvre. La signification de l'œuvre ne jouerait aucun rôle dans son identité. Les thèses (II), (III) et (IV) supposent un critère sémantique de l'identité. Mais la notion d'une essence individuelle de l'œuvre qu'elles semblent supposer n'est pas sans difficultés. On souhaiterait ne pas laisser l'individuation des œuvres au seul critère physique puisqu'il s'agit de l'individuation d'objets signifiants, d'objets qui veulent dire quelque chose pour nous. Mais renoncer au critère physique conduit aux difficultés précédentes, et tout particulièrement au problème de l'interdépendance de l'interprétation et de l'individuation. Avec cette interdépendance, les œuvres ne sont pas individuées à part des interprétations que nous en donnons.

Précédemment, nous avons dit que nous n'identifions pas les œuvres en termes de leurs seules caractéristiques physiques particularisantes. L'identité d'une œuvre est aussi fonction de l'identification de certaines intentions de son auteur impliqué. Dès lors, une interprétation d'une œuvre doit correspondre à un ensemble de caractéristiques sémantiques, et non seulement physiques, de l'œuvre. Les œuvres seraient ainsi des entités sémantiquement identifiables, en termes de leurs significations particulières, de leurs contenus sémantiques.

Malgré les difficultés qu'elles recèlent, cette conception s'impose. Quand nous identifions une chose en tant qu'œuvre d'art, comme possédant une signification, nous interprétons cette œuvre, nous faisons une hypothèse sur son contenu sémantique. Dès lors, son identité est toujours fonction d'une interprétation fixant son identité. Il y a un cercle entre identité et interprétation. Il est indispensable à la reconnaissance de l'identité d'une chose comme étant *la même* œuvre d'art. Ce cercle peut être compris comme une forme d'équilibre réfléchi. Nous amendons notre interprétation quand elle ne permet plus d'assurer l'identité de l'œuvre et nous déterminons l'identité de l'œuvre en fonction d'une interprétation qui nous paraît particulièrement identifiante. Par exemple, si une interprétation supposée manifester le contenu sémantique particulier d'une œuvre O_1 vaudrait aussi bien pour une œuvre O_2, alors nous amendons notre interprétation en considérant qu'elle ne fait pas justice à la particularité de cette œuvre O_1. Quand, par exemple, une critique de film ne dit rien qui ne puisse être dit de beaucoup d'autres films, cette interprétation ne nous semble pas être celle du film lui-même ; elle ne fait pas justice à sa particularité. Mais l'identité de l'œuvre O_1 n'est pas elle-même complètement indépendante de l'élaboration d'une interprétation déterminant le contenu sémantique de O_1. Ainsi, la particularité du film suppose une interprétation, et il n'y aura pas de recours complètement extérieur à l'interprétation pour s'assurer de l'identité de l'œuvre.

Du strict point de vue ontologique, que le critère d'identité de l'œuvre d'art soit imprégné d'interprétation semble peu satisfaisant. L'identité d'une œuvre n'est reconnue qu'en termes de son contenu sémantique. Nous n'avons pas de critère d'identité des œuvres d'art ontologiquement pur. Mais certains peuvent considérer que cette dernière remarque témoigne d'un préjugé à l'encontre d'une *ontologie des significations* (ou *intensionnelle*). Une œuvre d'art n'est identifiable qu'en termes de son contenu sémantique parce que, d'une certaine façon, elle est un contenu sémantique, une entité intensionnelle. C'est uniquement une forme de nominalisme ontologique (plus précisément d'*extensionnalisme*) rampant qui empêche de reconnaître cette évidence. Que le critère ontologique d'identité des œuvres soit imprégné d'interprétation correspondrait à la nature même des œuvres d'art comme objets signifiants. Identifier une œuvre d'art revient à saisir la signification particulière d'une œuvre.

On peut toutefois se demander, dans cette analyse, ce qui est la cause et ce qui est l'effet. Est-ce parce que nous nous posons la question de l'identité en termes d'interprétation que nous aboutissons à une des thèses (II), (III) et (IV), selon lesquelles l'identité d'une œuvre est celle de sa signification ? Ou bien est-ce parce que cette identité est réellement intensionnelle, constituée par la signification de l'œuvre, que nous ne pouvons accepter la thèse (I) du critère *physique* de l'identité des œuvres ? Les thèses (II), (III) et (IV) préupposent que l'identité des œuvres d'art est tributaire de leur statut d'œuvres d'art.

Ne serait-il pas possible que le critère définitif de l'identité des œuvres d'art n'ait finalement rien à voir avec le fait qu'elles sont des œuvres d'art, avec le fait que nous les interprétons, avec le fait qu'elles veuillent dire quelque chose pour nous ? Il est temps d'examiner cette autre possibilité, celle qu'identité et interprétation des œuvres d'art soient deux questions tout à fait distinctes.

deux modèles d'authenticité : réalisme et constructionnisme

identité historique et identité notationnelle

La question de l'authenticité est la suivante : une œuvre est-elle celle qu'elle est supposée être ? Une œuvre est authentique si et seulement si elle est réellement celle qu'on la croit être. Le faussaire est celui qui présente comme ayant une certaine identité une œuvre qui en réalité ne l'a pas[1]. Modifier une attribution consiste à détromper le public sur l'identité d'une œuvre. Une nouvelle attribution prétend donner la véritable identité d'une œuvre.

Goodman détache complètement la question de l'authenticité des œuvres d'art de celle de leur *nature* d'œuvre d'art. Ce qui fait d'une œuvre d'art *cette* œuvre d'art n'aurait rien à voir avec le fait qu'elle soit *une* œuvre d'art. Dans les cas des *arts autographes*, le critère d'identité est historique. Une œuvre est bien l'œuvre qu'on affirme si et seulement si on peut s'assurer d'une ligne historique ininterrompue depuis sa production par son auteur réel jusqu'au moment de son identification comme cette œuvre faite par X.

On remarque que cela s'applique aux œuvres d'art, mais aussi à toutes les choses dont l'identité suppose de s'assurer de l'origine. Savoir si la mèche de cheveux trouvée dans un tiroir est celle de ma fille ou de mon fils quand ils étaient petits suppose de reconstituer l'histoire de cette mèche de cheveux. Pour savoir si le *Linceul de Turin* est bien la toile qui a enveloppé le Christ enseveli, il faut remonter jusqu'à ce moment et de son histoire jusqu'à aujourd'hui, en écartant à chaque étape la possibilité d'une supercherie ou d'un prosélytisme encourageant la production d'un faux. Pour s'assurer qu'une personne possède bien l'identité supposée, il faut s'assurer qu'elle l'avait à la naissance, ou que si elle en avait une autre, ce changement d'identité s'est effectué en toute légitimité, et

1. L. Stéphan, « Le vrai, l'authentique et le faux », *Les cahiers du musée national d'art moderne*, n° 36, 1991.

qu'elle possède alors bien l'identité qu'elle affirme posséder[1]. Bref, le critère d'identité historique serait totalement indépendant de l'espèce d'objets dont on s'assure de l'identité.

Dans le cas des arts allographes, le critère d'identité est notationnel. Une œuvre est celle qu'on prétend si et seulement si son exécution (musique) ou son impression (littérature) respecte ce que prescrit une partition ou un texte original.

Ce critère suppose un *système notationnel* grâce auquel on peut assurer d'exécution en exécution, ou d'édition en édition, qu'il s'agit bien de la même œuvre. Vous entendez la *Petite musique de nuit* si et seulement si l'exécutant respecte la partition de l'œuvre de Mozart. Mais cette partition n'a nullement à être l'autographe. Le système notationnel musical permet de reproduire sans difficulté la partition de l'œuvre de Mozart. Toute exécution entrant dans la classe de correspondance de cette partition est la *Petite musique de nuit.* Vous lisez *Madame Bovary* si et seulement si l'éditeur a imprimé un texte dont les caractères, en l'occurrence des lettres de l'alphabet français, sont exactement dans le même agencement que les caractères du texte écrit par Flaubert, même si les marques diffèrent. Les marques du manuscrit de Flaubert, faites de sa main, ne sont évidemment pas les mêmes que celles de votre exemplaire de l'œuvre. Mais vous possédez l'œuvre de Flaubert si vous avez le texte intitulé *Madame Bovary.* L'œuvre de Flaubert *est* une séquence de signes. Tout autre séquence qui s'épelle de la même façon *est* l'œuvre de Flaubert.

S'il existe un moyen de différencier systématiquement les caractères de telle façon qu'on soit toujours capable de déterminer si une marque appartient ou non à un caractère, on se situe alors dans un système notationnel. Dès lors, l'authenticité consistera simplement en une identité d'épellation orthographique. L'identité d'une œuvre est préservée par l'identité d'une suite discrète de signes. Dans le cas du roman, toute inscription syntaxiquement similaire est l'œuvre elle-même ; dans le cas de la musique, on peut restituer l'œuvre par une exécution fidèle de la partition. Dans les deux cas du roman et de l'œuvre musicale écrite, la plus exacte duplication a la même identité que l'original. Elle est authentique.

1. Cependant, la question de savoir si elle est bien la personne qu'*elle* croit être est bien sûr différente.

En revanche, s'il n'existe pas de moyen de différencier systématiquement les caractères, c'est-à-dire s'il est impossible de déterminer pour une marque donnée si elle appartient ou non à un caractère, alors nous sommes dans un *système analogique.* L'authenticité des œuvres appartenant à un système analogique ne peut être garantie de façon notationnelle, comme pour le roman ou la musique écrite. La seule garantie de l'authenticité est l'identité matérielle de l'œuvre à travers le temps. Dans ce cas, il y a une distinction absolue entre l'original et une copie ou une reproduction. Seule l'œuvre originale est authentique. Même la duplication la plus exacte, voire une duplication impossible à distinguer de l'original, *n'est pas* l'œuvre.

Les deux critères historique et notationnel sont transspécifiques. N'importe quelle entité dont on peut montrer qu'elle est pensable en termes de système notationnel pourra satisfaire le critère notationnel. Cela ne suppose nullement qu'il s'agisse d'une œuvre d'art. Un code barre apposé au départ sur une valise dans un aéroport assure qu'il s'agit bien de la même valise à l'arrivée. Le critère n'est nullement l'identité historique de la valise. C'est le système notationnel du code barre, l'épellation identique des marques de certains caractères à Paris, Varsovie ou Honolulu, qui garantit l'identité de la *même* valise. Par cette procédure, la valise s'inscrit dans un système notationnel[1]. En un sens, elle devient elle-même une inscription. Le numéro que chaque français possède a exactement la même fonction identifiante. La personne peut bien changer, autant qu'il est possible, le numéro continue à s'épeler exactement de la même façon et donc à l'identifier.

Que le critère d'identité soit historique ou notationnel, la question de l'interprétation des œuvres, de leur contenu sémantique, n'entre pas en ligne de compte pour définir ce critère. Si de tels critères supposaient la prise en compte de significations, ils ne pourraient évidemment pas être transspécifiques. Il semble ainsi que la méthode de Goodman pour résoudre la difficile question de l'authenticité des œuvres d'art consiste à se détourner de leur statut d'œuvres d'art. Pour lui, mieux vaut tenir compte d'un système dans lequel elles sont identifiables et réidenti-

1. La récupération de sa valise par le propriétaire ne se fait pas selon le critère de l'identité notationnelle, mais selon le critère de l'identité historique, même si le convoyage s'est fait selon le premier critère. Cela accentue encore le caractère transspécifique de ces critères dont l'usage semble surtout résulter de motivations pratiques.

fiables indépendamment de leur statut. Dans certains cas où l'identité n'est pas simplement historique, le système suppose que toutes les œuvres peuvent être considérées comme des ensembles de marques appartenant à des caractères. Mais bien d'autres choses que des œuvres d'art sont dans le même cas. Ce critère ne s'intéresse qu'à la possibilité d'entrer ou non dans un système notationnel. Tout autre élément est superfétatoire. En allant au-delà de ce que Goodman dit explicitement, ne pourrait-on pas résumer sa méthode par le slogan suivant : Ignorez la signification et vous aurez l'identité ! Le slogan vaut à coup sûr pour le critère d'identité notationnelle, mais il vaut aussi pour le critère d'identité historique. L'appellation d'origine contrôlée n'est pas propre aux œuvres d'art, ni même à des objets possédant une signification.

Ce qui est donc frappant dans le projet de Goodman, c'est que l'authenticité d'une œuvre n'est nullement liée à son statut d'œuvre d'art et à signification. Tout le problème est de savoir si l'on accepte ou non de considérer que les œuvres d'art soient traitées en termes d'entités relevant d'un système notationnel, auquel correspond un critère d'identité notationnel, et si elles ne le peuvent pas, que cela suffise à définir le critère d'identité historique dont alors elles relèvent.

Levinson contre Goodman

Le principe de la critique que Levinson fait de Goodman consiste à contester qu'on puisse traiter la question de l'authenticité des œuvres d'art en termes strictement constructionnels. Si une œuvre musicale n'est pas du tout une structure *pure*, mais une structure *indiquée* – une structure pure de sons et de moyens d'exécution en tant-qu'indiqués-par-une-personne-à-un-moment-particulier[1], alors le projet de Goodman ne peut qu'échouer. Si un poème n'est pas simplement une séquence donnée de mots, dont n'importe quelle séquence textuellement identique pourra être considérée comme un équivalent, l'échec est le même.

Que refuse Levinson ? Il récuse un critère d'authenticité ne retenant pas les propriétés relationnelles que les œuvres possèdent en tant qu'elles ont un auteur. Le critère d'identité ne peut être complètement indifférent au fait que l'auteur, en produisant ses œuvres, a eu certaines intentions. Levinson critique ainsi un critère d'authenticité ne tenant pas

1. J. Levinson, *L'Art, la musique et l'histoire*.

compte du contenu sémantique des œuvres. Il distingue cependant intentions catégoriales (faire un poème, un roman, une symphonie, une marine, etc.) et intentions sémantiques[1]. On pourrait ainsi soutenir que le critère d'identité pourrait être indifférent aux secondes sans pouvoir l'être aux premières. Mais, cela supposerait que cette distinction soit tenable. Or, parfois, et même aujourd'hui souvent, il est beaucoup plus difficile de fixer l'intention catégoriale d'un auteur que son intention sémantique : on comprend qu'il a voulu signifier la tristesse, mais on ne sait pas si son texte, par exemple, est un poème en prose ou s'il n'est pas du tout un poème, tout en étant poétique. Surtout, la plupart du temps les intentions catégoriales et sémantiques sont intrinsèquement mêlées. On ne peut penser que l'auteur ait voulu faire un poème, puis qu'il a choisi que le poème ait tel contenu. Le critère d'identité historique de Goodman ne fait nullement appel à l'idée d'intention. Il suppose simplement que l'on puisse justifier d'une relation causale physique de producteur à produit entre l'auteur et l'objet identifié. En revanche, dès qu'on tient compte d'intentions, même si elles sont catégoriales, elles seront certainement sémantiques. Or, ce contenu sémantique dépend de la formation même d'une interprétation. Goodman ne croit pas qu'on ait à prendre en compte l'interprétation pour fixer des critères d'identité.

Autre différence de taille : Levinson rejette un critère d'authenticité qui fait complètement l'impasse sur les propriétés esthétiques des œuvres d'art. Il dit ainsi :

> Un poème est le produit d'un individu particulier à un moment particulier et à un endroit particulier, avec une signification raisonnablement définie et *un caractère esthétique qui est en partie fonction de ce moment et de cet endroit*[2].

Cela revient à nuancer sérieusement la distinction goodmanienne entre arts autographiques et arts allographiques. Correctement considérés, les poèmes et les œuvres musicales seraient aussi historiquement déterminés que les peintures, les gravures ou les sculptures. On aurait tout à fait tort de considérer que les questions d'origine – et pourrait-on dire

1. J. Levinson, *The Pleasures of Aesthetic*, p. 188-189.

2. J. Levinson, *Music, Art and Metaphysics*, p. 97, nos italiques. Dans le même esprit, Sagoff dit ainsi : « Une peinture doit être respectée pour ce qu'elle est – la création d'un artiste particulier travaillant à un certain endroit à un certain moment » (« On Restoring and Reproducing Art », p. 453).

d'origine intentionnelle – n'ont plus d'importance parce qu'on dispose d'un moyen de duplication fiable, la notationalité. Ce moyen facilite la reconnaissance de l'identité d'une œuvre d'un certain type (musical, littéraire) d'exécution en exécution ou d'édition en édition, mais rien de plus. Si dans les arts autographiques, on ne dispose pas du tout de ce moyen, cela ne signifie pas qu'il ne suffise pas pour assurer l'identité des œuvres dans les arts allographiques. Comme le dit Levinson, « *à strictement parler*, des faux littéraires ou musicaux sont après tout possibles »[1].

Il est intéressant que Levinson dise justement que c'est *à strictement parler* que des faux sont possibles dans les arts allographiques. Ce que Goodman, dans sa théorie, tiendrait simplement pour impossible *à strictement parler*[2]. Parler strictement, pour Levinson, cela ne revient pas à invoquer une reconstruction théorique des arts en termes de systèmes symboliques, comme le fait Goodman quand il s'agit de fixer une norme de l'identité. Levinson part des œuvres elles-mêmes, en tant qu'entités possédant, comme œuvres d'art et *réellement*, un mode d'existence propre. Levinson et Goodman parlent-ils finalement de la *même chose* ?

Levinson s'interroge sur l'authenticité d'objets d'une nature particulière, les œuvres d'art. Goodman s'interroge sur des caractéristiques de systèmes symboliques : des systèmes notationnels (arts allographiques) et des systèmes non notationnels (arts allographiques). Goodman ne se pose pas préalablement la question de la nature des œuvres d'art, afin d'en tirer un critère d'identité. Il se demande comment élaborer, en termes des systèmes qu'il propose, ces objets pré-systématiques que sont les œuvres d'art. Levinson traite la question de l'authenticité à partir d'une conception de la nature des œuvres d'art. Dans sa conception, l'intention de l'auteur dans un contexte historique déterminé entre *nécessairement* en ligne de compte. Goodman cherche un moyen efficace d'assurer l'identité de quelque chose, qui se trouve être une œuvre d'art, mais pourrait aussi bien être tout autre chose, une valise ou un assuré social. Ce moyen, c'est de traiter cette chose en termes d'ensemble de caractères dans un système notationnel (critère notationnel), ou de montrer que c'est impossible (critère historique).

1. J. Levinson, *Music, Art and Metaphysics*, p. 102.
2. C'est net dans Goodman, *Problems and Projects*, Indianapolis, Hackett, 1972, p. 135.

Le problème est alors moins de savoir qui de Goodman ou de Levinson a raison. Mieux vaut s'interroger sur l'enjeu métaphysique de leur divergence sur la question de l'identité des œuvres d'art.

constructionnisme ou réalisme

Goodman est constructionniste. Les entités auxquelles nous avons affaire n'ont pas une nature indépendante des systèmes symboliques grâce auxquels nous les pensons. Selon J. Morizot, commentant Goodman :

> Symboliser est à comprendre comme un acte de schématisation permettant d'opérer sur l'objet au moyen d'un système formel qui en retient les qualités significatives pour un usage donné (pas nécessairement conceptuel)[1].

Goodman disait dans *Problems and Project* que « la fonction d'un système constructionnel n'est pas de recréer l'expérience mais plutôt d'en dresser une carte »[2]. La notion de réalité est douteuse pour Goodman. Le réel n'est pas ready-made, se plaît-il à dire, mais construit par les systèmes cognitifs que nous mettons en œuvre pour le comprendre. L'identité d'une chose, quelle qu'elle soit, n'a pas de sens indépendamment d'un système grâce auquel on peut déterminer le critère de cette identité. Il n'y a pas de critère d'identité indépendant d'un tel système. Dès lors, les critères historique et notationnel sont opératoires pour l'identité et la réidentification des œuvres. Que cherche-t-on? Un moyen de savoir si une œuvre donnée est bien authentique. Le critère historique est ce moyen pour les œuvres autographiques. Le critère notationnel l'est pour les œuvres allographiques. L'identité qui finalement nous intéresse est *numérique*, non pas qualitative et moins encore sémantique[3]. On veut savoir si tel tableau est celui qu'a peint Untel en

1. J. Morizot, *La philosophie de l'art de Nelson Goodman*, Nîmes, J. Chambon, 1996, p. 20.

2. N. Goodman, *Problems and Projects*, p. 15. Sur le constructionnisme de Goodman, voir J. Morizot, « Éloge de la construction »; *La philosophie de l'art de Nelson Goodman*, chap. I; Pouivet, *Esthétique et logique*, chap. II; « L'irréalisme : deux réticences », *Philosophia Scientiae*, vol. 2, 3/4, 1997.

3. Levinson conteste ce point en disant que lui aussi s'intéresse à l'identité numérique (communication personnelle). Mais il s'y intéresse, semble-t-il, *à travers* le recours aux qualités esthétiques et aux contenus sémantiques (ou, au moins, aux intentions catégoriales). Goodman, tel qu'il est compris ici, tente d'exclure de l'identité numérique tout élément qui ne serait pas totalement indifférent à la nature même de l'objet (être une œuvre d'art, être une œuvre d'art d'une certaine catégorie, vouloir dire telle ou

telle année. On veut savoir si telle œuvre musicale entendue au concert est celle écrite par tel compositeur. Le constructionnisme de Goodman est articulé à la recherche d'un critère *efficace* d'identité. Un critère qualitatif ou sémantique n'aurait aucune efficacité puisqu'il supposerait que l'on ait fixé au préalable la liste des qualités essentielles d'une œuvre d'art ou sa signification propre. Un critère numérique, historique ou notationnel, serait lui pleinement efficace.

Goodman cherche simplement à déterminer ce qui permet de s'assurer qu'une chose Y est bien la même qu'une chose X. Pour cela, il propose de faire la différence entre « propriétés constitutives » et « propriétés contingentes » de l'œuvre. Il est très important qu'il ne parle pas de propriétés *nécessaires*, mais de propriétés *constitutives*. Il s'agit d'éliminer toute connotation essentialiste du critère d'identité. L'identité est assurée par les propriétés constitutives de la chose dans le système symbolique, notationnel ou non, auquel elle appartient. Il n'y a pas de propriétés constitutives en soi, mais relativement au système constructionnel dans lequel on situe la recherche de l'identité. L'identité numérique n'a rien à voir avec les propriétés qualitatives ou sémantiques de l'œuvre d'art en tant qu'œuvre d'art.

> Le fait qu'une œuvre littéraire existe dans une notation définie, consistant en certains signes ou caractères qui sont à combiner par concaténation, fournit [...] le moyen de distinguer les propriétés constitutives de l'œuvre de toutes les propriétés, c'est-à-dire de fixer les traits requis et les limites de la variation tolérable pour chacun. Simplement en déterminant que la copie devant nous est correctement orthographiée nous pouvons déterminer qu'elle satisfait à tous les réquisits pour l'œuvre en question. En peinture, au contraire, où il n'existe pas un tel alphabet de caractères, aucune des propriétés d'image – aucune des propriétés que l'image possède en tant que telle – n'est distinguée comme constitutive ; aucun trait de ce type ne peut être écarté comme contingent, et aucune déviation comme non significative. La seule manière de nous assurer que la *Lucrèce* qui se trouve devant nous est authentique est donc d'établir le fait historique qu'elle est le véritable objet qu'a produit Rembrandt[1].

telle chose, etc.). Autrement dit, il tente d'avoir une conception de l'identité numérique en termes de marques et de caractères.

1. N. Goodman, *Langages de l'art*, p. 150.

Dès lors, la différence entre Levinson et Goodman passe entre deux options métaphysiques radicalement incompatibles. Levinson est réaliste. Il croit qu'il y a des entités qui *sont* des œuvres d'art. Le critère d'identité d'une œuvre d'art doit refléter le fait qu'elle en est une. Ainsi, ce critère doit tenir compte, dans le cas de l'œuvre musicale, du fait qu'elle est, selon Levinson, une structure pure en-tant-qu'indiquée-par-X-à-t.

> Il y a des différences cruciales : dans les arts allographiques, l'identité est partiellement déterminée de façon notationnelle et des duplicata directement transcrits peuvent être authentiques. Mais d'un autre côté, il y a une similarité sous-jacente : l'authenticité dans tous les arts comporte une relation à un acte créatif unique, historique, déterminant, et donc, à des degrés variables, tous les arts sont sujets à contrefaçon[1].

Pour Goodman, rien n'existe indépendamment du système de sa reconnaissance, rien n'est *per se*, essentiellement ou par nature. L'identité d'une chose comme une œuvre d'art est simplement la préservation de propriétés constitutives. Ces propriétés sont repérables en termes d'un système notationnel, lorsqu'il s'agit d'arts allographiques. S'il s'agit d'un art autographique, il ne reste que la lignée historique.

Cette différence entre Goodman et Levinson recouvre celle qui avait déjà été remarquée par Carnap dans *La construction logique du monde*[2].

> Si nous demandons quelle est l'essence constructionnelle d'un objet, nous souhaitons savoir quel est le contexte constructionnel de cet objet dans le système, tout spécialement comment cet objet peut être dérivé des objets de base. D'un autre côté, si quelqu'un demande quelle est l'essence métaphysique d'un objet, il souhaite savoir ce qu'est l'objet en lui-même. Une telle question présuppose que l'objet n'existe pas seulement en tant qu'il est une certaine forme constructionnelle, mais aussi comme un « objet en soi », et c'est ce qui caractérise la question comme métaphysique[3].

1. J. Levinson, *Music, Art and Metaphysics*, p. 106.
2. Rappelons que ce livre a été une source d'inspiration fondamentale pour Goodman. Voir N. Goodman, *Problems and Projects*, I, 1 ; R. Pouivet, « Goodman dans les années 30 : reconstruire l'*Aufbau* » est un examen du rapport entre Carnap et Goodman.
3. Carnap, *La construction logique du monde* (1928), trad. fr. Th Rivain, Paris Vrin, 2002, § 161 (ma traduction du passsage).

Pour reprendre le vocabulaire de Carnap, la question pourrait donc être : est-il possible et avons-nous intérêt à traiter la question de l'identité des artefacts et des œuvres d'art en particulier comme portant sur leur *essence constructionnelle* (Goodman) ou sur leur *essence métaphysique* (Levinson) ?

sens commun ou efficacité

Un avantage du réalisme est qu'il correspond à notre intuition commune sur la nature de l'authenticité d'une œuvre d'art. a) Cette authenticité a un rapport avec le fait qu'elle *est* une œuvre d'art. b) Elle a un rapport avec les conditions effectives de sa production, un auteur à un moment historique, et avec l'idée de création (et qui n'est pas une simple relation causale comme celle entre le tampon et la trace sur la feuille). c) Elle a un rapport avec la signification de l'œuvre et donc avec son interprétation. La thèse levinsonienne est celle du sens commun. Elle traite l'œuvre d'art musicale comme une entité culturelle interprétée, et non comme un élément dans une classe de correspondance définie par une séquence de signes sur une portée.

Le désavantage de la thèse réaliste est qu'elle reconduit aux difficultés déjà examinées dans la section précédente. À partir du moment où l'interprétation joue un rôle dans l'identité d'une œuvre, cette identité ne peut plus être *formellement* garantie. Elle n'est plus assurée par des procédés strictement objectifs, voire mécaniques, comme ceux qui nous assurent en logique élémentaire que la formule « si p, alors q » est équivalente et strictement substituable à la formule « non (p et non q) ». Il entre dans la détermination de l'identité levinsonienne toute la part d'indétermination de l'identité intensionnelle. Nous devons nous fier au critère de l'identité sémantique et non pas seulement à celui de l'identité numérique, elle-même comprise comme une identité inscriptionnelle dans des systèmes. Mais nous devons aussi alors affronter le problème d'un désaccord irréductible toujours possible, s'il n'est pas inévitable, sur le contenu sémantique d'une œuvre.

Certes, nous pourrions insister sur la recherche de l'objectivité dans l'interprétation, c'est-à-dire la détermination du contenu sémantique d'une œuvre. Nous avons déjà dit que les interprétations ne font pas les œuvres. Mais cela ne fait que reculer le problème; il devient celui des critères permettant de s'assurer de la pertinence d'une interprétation, ou même d'un ensemble d'interprétations. Faire dépendre l'identité de l'interprétation correcte ne revient-il pas à l'affaiblir ?

L'avantage fondamental du constructionnisme, c'est de proposer un critère d'identité totalement indépendant de ce que nous comprenons de l'œuvre d'art. Nous savons exactement ce qui fait l'authenticité d'un tableau : sa lignée historique, et d'une œuvre musicale : son appartenance à la classe de correspondance d'une partition.

Certes, la plupart du temps, la lignée historique d'un tableau ancien n'est pas aussi irréprochable qu'on pourrait le souhaiter. On perd la trace d'un tableau, on la retrouve. Allant au-delà de ce que dit Goodman, on peut proposer d'adjoindre au critère d'identité historique un aspect probabiliste[1]. Une ligne historique irréprochable d'une œuvre d'art autographique permettrait de dire que l'objet en question est bien l'œuvre qu'on la croit être avec une probabilité avoisinant les 100 %. Une lignée historique incomplète, avec de longues périodes au cours desquelles une contrefaçon a été possible, fait chuter cette probabilité. Les critères précis de ce calcul devraient être laissés à des historiens de l'art. Vraisemblablement, ils pourraient n'être pas si précis que cela. Néanmoins, ils fixeraient le modèle dans lequel peut s'effectuer le calcul déterminant les paramètres à prendre en compte. Une œuvre très ancienne mais bien documentée, qu'on peut pour ainsi dire suivre à la trace, aurait un haut degré d'authenticité. Une œuvre même récente, mais dont l'histoire serait « douteuse » pourrait avoir un faible degré d'authenticité.

La thèse de Goodman selon laquelle une exécution doit respecter scrupuleusement la partition peut sembler peu crédible. Une seule fausse note fait qu'il ne s'agit plus de l'exécution de l'œuvre. (Et alors quoi d'autre ? une variation involontaire ?) N'est-il pas fort discutable qu'une exécution médiocre sans fausse note soit l'exécution de l'œuvre, alors qu'une superbe exécution, avec quelques fausses notes, ne le serait pas ? Certaines caractéristiques identifiantes de l'œuvre, son *tempo* par exemple, même si elles ne sont pas indiquées dans une partition standard, ne relèvent-elles pas justement de cette part d'interprétation présente dans toute exécution ? Cette part d'interprétation ne se réduit pas à une exécution, au sens d'une lecture correcte de la partition, mais suppose une compréhension de l'intention de l'auteur. Elle suppose

1. Voir R. Pouivet, « Peut-on faire échec aux faussaires ? », *Les cahiers du musée national d'art moderne*, n°41, 1992.

ainsi une connaissance du compositeur, du contexte musico-historique, un jugement plausible sur ce qu'il a pu vouloir que l'on joue[1].

Toutes ces critiques sont recevables si on accepte le modèle réaliste. Mais, dans le modèle constructionniste, elles passent à côté de ce qui importe. Goodman reconnaît que sa conception du lien entre la partition et sa classe de correspondance constitue une idéalisation en fait rarement réalisée[2]. Ce qui semble importer, c'est l'instrument que constitue la partition, s'il s'agit de s'assurer qu'on a bien la même œuvre. Le respect de la partition est un idéal si on ne veut pas aboutir à ce que Urmson reproche à Goodman quand il dit que personne n'a jamais été acculé à se demander s'il écoutait la *Cinquième symphonie* de Beethoven ou *Trois souris aveugles*[3]. Cela n'arrive jamais. Pourquoi ? Parce que l'idéal est le respect de la partition, et donc que l'exécution entre dans sa classe de correspondance. Pour cette question d'identité, l'important n'est pas qu'on tienne compte d'éléments non constitutifs. Ces éléments contingents peuvent avoir une importance irréductible pour la signification de l'œuvre, pour ce qu'elle donne à penser, pour tout ce que nous ressentons quand on la lit, la regarde ou la joue. Mais ils n'en ont aucune dans le cadre d'une reconstruction de l'œuvre musicale en termes du système notationnel grâce auquel, justement, on s'assure de son identité, ou pour son identité historique. Goodman omet délibérément tous les aspects de contenu sémantique de l'œuvre. C'est à ce contenu sémantique que les caractéristiques musico-historiques sont attachées. On peut bien être choqués : on traite comme éléments non constitutifs ce qui nous semble être de la nature même de l'œuvre d'art, ce pour quoi elle en est une. Mais c'est justement que, dans le constructionnisme, la question de son identité est séparée de la question de sa nature.

Dans l'expression « identité d'une œuvre d'art », le modèle constructionniste insiste sur identité, et trouve deux critères efficaces pour la garantir. Le modèle réaliste insiste sur œuvre d'art. Le critère d'identité sera alors sémantique. Personne n'aime être traité par une administration comme un numéro. Et pourtant, notre numéro identificateur

1. La critique la plus virulente des thèses de Goodman au sujet de la musique se trouvent dans N. Wolterstorff, *Works and Worlds of Art*, Oxford, Oxford UP, 1980, p. 98-105. Voir aussi la discussion nuancée de la critique de Goodman par J. Morizot, *La philosophie de l'art de Nelson Goodman*, p. 148-154.

2. N. Goodman, *Problems and Projects*,p. 135.

3. J.O. Urmson, « The Methods of Aesthetics », *in* R. Shusterman (ed.), *Analytic Aesthetics*, Oxford, Blackwell, 1989, p. 25.

nous assure l'attribution de ce que l'on nous doit et qu'on ne l'attribuera pas à quelqu'un d'autre. C'est notre garantie d'identité administrative, même si personne ne pense *être* un numéro et si chacun pense que son identité personnelle est toute autre chose. C'est la même chose pour les œuvres d'art. Un critère efficace faisant l'impasse sur les aspects sémantiques et intentionnels des œuvres nous semble passer à côté de l'essentiel. Les œuvres d'art possèdent des propriétés relationnelles qui en font des objets culturels, liés à l'histoire; elles sont l'œuvre d'un auteur. Goodman y semble indifférent, au moins quand il s'agit de questions d'identité. Mais on ne peut non plus nier que Goodman propose quelque chose d'efficace. Les faussaires en matière de peinture ont toujours eu tendance à suggérer que notre critère d'authentification devrait être autre chose que la simple évidence historique. Ils font appel au sentiment que nous avons d'être en présence d'un Rembrandt. Ils font appel à l'interprétation de l'œuvre, au regard que nous portons sur elle, au sens que les connaisseurs pourraient avoir de ce qu'a voulu dire un auteur. Ils font appel au contenu sémantique et disent : « Qui d'autre que X aurait pu avoir peint cette œuvre ? »[1]. Les faussaires sont certainement défavorables au modèle constructionniste. Évidemment, cela ne signifie pas qu'il soit le bon ou que le modèle réaliste soit à rejeter.

cas épineux d'identité des œuvres d'art

question d'identité

L'ontologie de l'œuvre d'art relève de l'ontologie appliquée, c'est-à-dire d'une ontologie qui ne porte pas seulement sur des notions métaphy-

1. On pourrait penser que tout historien considérera d'un œil sévère notre méfiance à l'égard des attributions fondées sur la saisie d'une intention dans l'œuvre. Pourtant, un historien de l'art tout à fait sérieux semble la partager, Ernst Gombrich. Dans « La rhétorique de l'attribution – un conte édifiant » (*Réflexions sur l'histoire de l'art*, Nîmes, J. Chambon, 1992), il n'hésite pas à mettre tout son talent au service d'une réattribution sidérante : l'*Ézéchiel* du plafond de la chapelle Sixtine serait l'œuvre de... Raphaël (influencé par Léonard). Gombrich précise que « cet essai ne doit pas être pris trop au sérieux; il vise seulement à souligner une nécessité trop souvent éludée : celle d'adopter des critères plus objectifs qu'une rhétorique spécieuse » (p. 152). L'appel à l'intention n'est pas toujours de l'ordre de la rhétorique spécieuse, bien évidemment, mais le critère d'identité historique de Goodman sera plus difficilement encore de cet ordre. À cet égard, le texte de Gombrich met en évidence les risques d'une certaine rhétorique de l'attribution.

siques (substance, propriété, partie, tout, essence, nature, particulier, universel, etc.), mais sur des objets qui jouent un rôle immédiat dans notre existence (choses naturelles, artefacts, œuvres d'art, institutions, etc.). L'ontologie appliquée est elle-même applicable. On se posera alors la question de savoir ce qui distingue différentes sortes d'artefacts ou d'institutions. Quelle différence ontologique y a-t-il entre un train constitué d'éléments séparables (locomotive, wagons) et un train qui n'est pas sécable (comme une rame de TGV)? Quelle différence ontologique y a-t-il entre une institution d'État, une entreprise privée et une association? Ici, il s'agira plutôt d'expliciter des problèmes qui se posent effectivement dans notre rapport aux œuvres d'art. C'est le cas des problèmes posés par la restauration des œuvres d'art, leur reproduction, l'enregistrement des œuvres musicales, la traduction des œuvres littéraires, le doublage des films.

D'une façon générale, restauration, reproduction, enregistrement, traduction et doublage posent la question de savoir jusqu'à quel point deux choses qui n'ont pas toutes leurs propriétés en commun peuvent avoir la même identité numérique. La loi de l'identité des indiscernables, attribuée à Leibniz, dit que deux individus ne peuvent pas être indiscernables l'un de l'autre. Si un individu x est distinct d'un individu y, alors il y a une propriété F que x possède et que y n'a pas. Dès lors, si x est distinct de y, il y a une propriété F, intrinsèque, c'est-à-dire non relationnelle, que x possède et que y n'a pas. Métaphysiquement, cela implique que les choses possèdent des propriétés intrinsèques, ce qui ne veut pas dire essentielles. Mais la question de l'essentialisme ne va pas nous préoccuper pour le moment[1]. En revanche, c'est le problème suivant qui arrêtera : si nous pouvons discerner l'œuvre restaurée de l'œuvre non restaurée, la reproduction de l'œuvre reproduite, l'enregistrement de l'œuvre enregistrée, la traduction de l'œuvre traduite, le film doublé du film en version originale, alors restauration, reproduction, enregistrement, traduction et film doublé ne sont pas l'œuvre elle-même. Que sont-ils donc? Il s'agit maintenant d'examiner leur statut ontologique.

1. Sur la question de l'identité en général, voir S. Ferret, *Le bateau de Thésée. Le problème de l'identité à travers le temps*, Paris, Minuit, 1996. Sur la question des propriétés intrinsèques, voir R. Pouivet, *Qu'est-ce qu'une œuvre d'art ?*, p. 33-37.

restauration

Pourquoi restaure-t-on? Vraisemblablement, parce qu'on pense que les propriétés qui font d'une œuvre ce qu'elle est ont disparu ou presque. Paradoxalement, ce serait toujours une œuvre qui n'est plus vraiment elle-même qu'on devrait restaurer. Autre paradoxe, le résultat de la restauration est qu'à coup sûr l'identité de l'œuvre est à jamais perdue. « Une peinture restaurée a cessé d'être, puisqu'elle a cessé d'être ce qu'elle était »[1], dit Gilson. Cela pose le problème de savoir si quelque chose peut perdre ses propriétés essentielles. En droit, certainement pas puisqu'on définit les propriétés essentielles d'une chose comme celles qu'elle ne peut justement ni acquérir ni perdre. Dans le célèbre texte de Descartes (*Méditations métaphysiques*, IIe méditation), la cire possède essentiellement la propriété d'être étendue. Si elle n'est plus étendue, elle n'existe plus. En revanche, elle peut perdre sa dureté et sa forme, et acquérir d'autres propriétés accidentelles (mollesse et une autre forme). Si une œuvre d'art existe, alors nécessairement elle est l'œuvre qu'elle est. Ce qui en fait *cette* œuvre serait une propriété qu'elle ne pourrait pas plus perdre que, selon Descartes, la cire ne peut perdre celle d'être étendue.

Cela explique-t-il que Gilson soit si sévère à l'égard de la restauration?

> Un vieux tableau fatigué reste la même œuvre d'art, vieillie il est vrai, mais telle qu'elle est devenue d'elle-même; la moindre retouche faite par une main étrangère contribue à en faire une autre œuvre[2].

La restauration est-elle à ce point une pratique condamnable? Tendrait-elle à nous faire croire que nous avons une chose alors qu'en réalité nous en avons une autre? Elle n'est pas toujours moralement condamnable, car à la différence du mensonge elle ne suppose pas nécessairement une intention de tromper – en l'occurrence au sujet de l'authenticité de l'objet. Mais elle serait au moins coupable d'une sorte de naïveté. L'enfer de l'authenticité serait pavé des bonnes intentions des restaurateurs. On peut craindre que leur activité soit irrationnelle : ils suppriment l'authenticité en croyant la préserver, comme on peut salir en nettoyant ou s'empoisonner en prenant des médicaments.

1. É. Gilson, *Peinture et réalité*, p. 103.
2. *Ibid.*, p. 104.

La thèse anti-restauratrice s'appuie manifestement sur l'idée que les tableaux ou les sculptures possèdent une identité singulière. Cette identité pourrait être perdue par une intervention extérieure. Sagoff dit ainsi :

> Les œuvres d'art (...) sont créées une fois pour toutes par un artiste particulier à un moment particulier. Michel-Ange a créé la *Pietà* à la fin du quinzième siècle ; est-ce que de Campos[1] peut en faire des parties aujourd'hui ? Non. Il peut seulement remplacer une partie d'une chose, la *Pietà*, par une partie d'une autre, une copie. Si on continue à endommager la statue, quoi qu'il en soit des réparations parfaites de chacune des parties endommagées, la statue que Michel-Ange a créée est détruite, aussi vrai que s'il n'y avait aucune réparation ; finalement, la statue peut être réduite à un fragment, alors qu'une reproduction, lentement construite autour d'elle, prendra sa place. Les prothèses sont des choses de cet ordre, qu'il s'agisse d'une personne ou d'une œuvre d'art. Elles sauvent les apparences de l'œuvre d'art – mais elles changent sa substance. Elles la transforment, morceau par morceau, en autre chose. En un sens, la *Pietà* ne peut être intégralement réparée. Nous pouvons créer une nouvelle pièce, nous pouvons l'attacher, mais nous ne pouvons faire de cette pièce une partie de cette œuvre d'art[2].

On pourrait objecter que rien n'empêche de prendre en compte le rôle déterminant de l'auteur sans pour autant verser dans un culte de l'original. L'auteur impliqué[3] possède une intention. Une part non négligeable de cette intention pourrait être prise en compte dans les croyances que nous avons concernant les œuvres d'art. On pourrait ainsi restaurer une œuvre en préservant son identité non pas physique mais sémantique. En préservant son contenu sémantique, ce que l'auteur impliqué voulait dire, on préserverait l'œuvre elle-même. Le restaurateur pourrait ainsi enquêter sur l'intention de l'auteur impliqué et ensuite rétablir ce que l'outrage des ans petit à petit, ou un accident brusquement, a éliminé.

Pourtant, cet argument est contestable. On peut certes considérer que l'identité d'une œuvre tient à la particularité de son contenu sémantique. Cependant, ce contenu sémantique correspond à une interprétation. Or,

1. Il s'agit du responsable de la restauration de la *Pietà* sérieusement endommagée par des coups de marteau en 1973.

2. M. Sagoff, « On Restoring and Reproducing Art », p. 459.

3. Sur la notion d'auteur impliqué, voir p. 211-214 de ce chapitre.

il n'est pas impossible qu'il y ait de multiples interprétations, différentes et correctes de la même œuvre. À partir de l'une d'entre elles, comment rétablir l'œuvre dans son identité physique ? À supposer même qu'il n'y ait qu'une seule interprétation correcte de l'œuvre, comment inférer de l'œuvre les propriétés physiques qu'elle doit avoir ? N'est-il pas possible qu'à un même contenu sémantique correspondent deux objets dont les propriétés physiques diffèrent ? Les trois énoncés suivants sont sémantiquement identiques et physiquement différents :

Le chat est noir
The cat is black
Kot jest czarny

De la même façon, l'argument de l'identité sémantique de l'œuvre originale et de l'œuvre restaurée ne semble pas vraiment tentant.

Peut-être y a-t-il une autre possibilité. Parfois, nous disons d'une personne qu'« elle n'est plus elle-même ». Elle ne semble plus alors posséder les propriétés grâce auxquelles on la reconnaît comme la personne qu'elle est. Mais ce sont les propriétés grâce auxquelles *on la reconnaissait* qu'elle a perdues, c'est-à-dire ses propriétés relationnelles. Car on ne peut pas imaginer qu'une personne cesse d'être identique à elle-même. Simplement, pour nous, c'est comme si elle était différente. Dans le cas des artefacts, ces propriétés relationnelles par lesquelles ils sont liés à des activités humaines sont essentielles dans la mesure où les artefacts sont ce qu'ils sont en fonctionnant d'une certaine façon. Un artefact peut perdre ces propriétés fonctionnelles. Pourtant, on continue à le désigner comme ce qu'il a été. Il ne l'est plus parce qu'il ne fonctionne plus comme l'objet qu'il était. Tout comme un cadavre n'est plus que pour ainsi dire un être humain, un tableau recouvert d'une couche de crasse qui ne permet plus de rien voir n'est plus que l'ombre de ce qu'il fut. Alors, on restaure, parfois un peu, parfois beaucoup. On tente de rétablir le fonctionnement de l'œuvre, de lui faire recouvrer ses propriétés fonctionnelles hélas disparues.

Gilson n'hésite pas à parler de la vie et de la mort des tableaux[1]. La métaphore de la vie, qui n'est pas sans mérite esthétique, pourrait être trompeuse. L'analogie entre le vivant et un artefact sous-estime la différence essentielle de ce qui a en soi son propre principe d'existence

1. É. Gilson, *Peinture et réalité*, p. 96-112.

et ce qui résulte de la production fonctionnelle. Cela peut conduire à nous faire parler de substance artefactuelle, parce que certains objets persévèrent dans ce qu'ils sont en continuant à exercer la fonction qui détermine leur nature spécifique. Mieux vaut alors partir du statut artefactuel de l'œuvre d'art. Prenons une bicyclette. S'assurer de sa fonctionnalité revient à l'entretenir ou à la réparer afin qu'elle continue ou recommence à fonctionner comme la bicyclette qu'elle est. Un tableau serait dans le même cas. Il posséderait des propriétés esthétiques particulières. Son fonctionnement esthétique propre, c'est-à-dire l'ensemble des propriétés esthétiques qu'on peut lui attribuer, devrait être préservé et, le cas échéant, rétabli.

Si la fumée des candélabres a totalement obscurci une peinture d'autel, à tel point qu'on n'y distingue pratiquement plus rien, le nettoyage vise à rétablir un fonctionnement esthétique avec l'espoir de ne pas modifier l'œuvre. C'est ce que dit Goodman :

> Une œuvre ne peut agir que si elle est en état de fonctionner. Par exemple, la peinture a besoin de lumière pour agir, mais une œuvre trop sale ne peut agir sous le seul effet de la lumière. Dans ce cas, l'éclairage et le nettoyage s'associent pour en assurer l'activation[1].

Que cela échoue parfois, voire souvent, n'invalide pas le projet qui préside au rétablissement du fonctionnement spécifique d'un artefact. À tel point qu'une restauration peut même avoir pour fin d'éliminer les fautes commises dans une restauration précédente. Défaire les mauvaises restaurations, c'est aussi restaurer.

La restauration d'une œuvre, dans sa singularité, est la finalité de l'action du restaurateur de l'œuvre. Mais le moyen de cette restauration singulière est le rétablissement du fonctionnement générique de l'œuvre. Certes, c'est un moyen nécessaire et non suffisant. Le médecin veut guérir *ce* malade et non l'être humain générique. Mais pour le guérir, il doit rétablir des fonctionnalités organiques qui sont celles d'un être humain en général. Dès lors, l'argument selon lequel les œuvres d'art auraient une identité singulière irréductible ne permet certainement pas de mettre systématiquement en question la restauration comme refonctionnalisation.

1. N. Goodman, « L'art en action », p. 148.

Les œuvres d'art autographiques ne peuvent pas être instanciées. En ce sens, elles sont uniques parce qu'elles ne sont pas des types. Il ne saurait y en avoir de multiples occurrences. Leur dégradation progressive est inévitable, comme celui de n'importe quel objet. Elles perdent petit à petit leurs propriétés fonctionnelles. Elles ne sont plus que l'ombre d'elles-mêmes. *Time waits for no one.* La restauration est le seul remède contre le temps destructeur.

Le restaurateur tente de faire que l'œuvre retrouve son fonctionnement esthétique. Mais, comme le médecin ou le chirurgien, il doit parfois se demander si s'abstenir de toute intervention ne serait pas préférable. Ne rien faire est parfois le meilleur moyen de préserver ce qui peut encore l'être.

> Il n'est pas jusqu'à une maxime aussi convenue que celle de préserver, dans toute la mesure du possible, l'état originel d'une œuvre, et éventuellement de le lui restituer, qui ne tombe en disgrâce devant un bronze Shang ancien, patiné de ce vert chatoyant que lui ont légué des siècles d'inhumation; si l'on devait ôter une telle patine, il ne resterait plus qu'un fantôme grisonnant et lugubre[1].

Le temps n'est pas *toujours* destructeur et une part de ce qu'est l'œuvre peut bien aussi être postérieur à sa production. Les problèmes de restauration sont d'ordre pratique, même si c'est un détour théorique qui permet justement de s'en rendre compte. Qu'y a-t-il lieu de faire dans tel cas pour préserver l'identité? Même si on accepte la thèse fonctionnaliste, la réponse n'est pas donnée. La décision de restaurer, de s'abstenir de toute restauration, ou de restaurer modérément, ne peut se prendre que sur des cas particuliers à partir de bases historiques et techniques. L'histoire nous permet de savoir si nous disposons réellement des connaissances grâce auxquelles on peut espérer savoir ce que fut vraiment l'original. Comme toujours en matière d'histoire, la réponse ne peut guère être plus que probable. Elle peut aussi se modifier. Cela encourage à la prudence voire à la circonspection. Les techniques de restauration permettent de mettre en œuvre ce que l'historien nous apprend. Mais comme le dit Goodman :

> On ne peut pas attendre de nous autres philosophes que nous prenions les décisions qu'exigent les cas particuliers ; il nous appartient seulement

1. N. Goodman, « L'art en action », p. 148-149.

> de nous intéresser au problème général sous-jacent, à la façon de l'aborder, et aux considérations qui peuvent être tenues pour pertinentes lorsque de telles décisions particulières doivent être prises[1].

Ainsi, la conception fonctionnaliste en ontologie de l'œuvre d'art ne peut qu'être favorable à la restauration, et même la justifie en principe. Le reste est affaire de prudence, une vertu que le restaurateur doit cultiver.

Il existe un autre argument en faveur de la restauration prudente. Elle exige un effort de connaissance historique et physique de l'objet. Le projet de restauration, quand bien même il n'aboutirait qu'à finalement y renoncer, élargit nos connaissances, c'est-à-dire nos croyances vraies justifiées, au sujet de l'objet[2]. Le chœur de la cathédrale de Quimper, restauré avec un effort pour retrouver la polychromie originale, offre aujourd'hui une qualité de luminosité, une clarté, qu'il ne possédait pas avant la restauration. La meilleure connaissance des couleurs, particulièrement de l'importances des ocres, donne aussi des perspectives inédites sur la signification de l'architecture d'intérieur gothique et sur ce qu'expriment les nervures des colonnes des cathédrales. Si, comme nous le pensons, le jugement esthétique est fondamentalement cognitif, alors le travail du restaurateur joue un rôle important pour l'activation esthétique des objets[3].

reproduction

La question de la reproduction des œuvres d'art (plastiques) voit s'affronter deux doctrines radicalement opposées : celle selon laquelle la reproduction n'est pas l'œuvre et celle, provocante, selon laquelle, sous certaines conditions, la reproduction et l'œuvre reproduite sont une seule et même chose. Commençons par cette seconde doctrine[4].

Zemach adopte une ontologie dans laquelle les types sont des entités physiques particulières dont les occurrences sont multiples.

> Chien (le type) est présent dans son entièreté partout où un chien est présent. Le chien dort en ce moment sur mon tapis au moment même où

1. N. Goodman, « L'art en action », p. 147.

2. Or, nous avons proposé la thèse selon laquelle les propriétés esthétiques des objets surviennent sur les croyances que nous entretenons à l'égard de ces objets. Ainsi, il est plausible, si on accepte la thèse de la double survenance, exposée dans le chapitre 6, que l'effort cognitif en quoi consiste le projet de restauration permette de reconnaître des propriétés esthétiques encore non remarquées.

3. R. Pouivet, *Esthétique et logique*, Liège, Mardaga, 1996.

4. Il en a déjà été question, d'un autre point de vue, dans le chapitre 4.

> il chasse un lapin. [...] *Mona Lisa* est complètement présente à différents moments au même endroit (*i.e.*, la toile originale à différents moments) et en différents endroits au même moment (*i.e.*, des reproductions de *Mona Lisa*)[1].

L'original de 1510 et celui qu'on voit au Louvre sont évidemment différents. À suivre Zemach, peut-être le sont-ils plus que certaines reproductions actuelles et la toile actuelle[2].

> Si une occurrence donnée a suffisamment de caractéristiques essentielles de *Mona Lisa*, c'est une occurrence (bonne ou mauvaise) de *Mona Lisa*[3].

À cette thèse s'ajoute une autre, fondamentale :

> L'identité à soi-même d'une chose revient à la préservation de son essence, et ce qui est essentiel est affaire d'évaluation[4].

Ce qui possède une valeur esthétique dans une œuvre, c'est ce qui lui est essentiel à *cette* œuvre. « Préserver l'identité d'une œuvre d'art revient à préserver la contribution esthétique de *cette* œuvre »[5], affirme Zemach. L'identité d'une œuvre d'art n'est ni physique ni sémantique, mais évaluative. Dès lors, une reproduction peut être aussi authentique que l'original si elle possède les caractéristiques esthétiques essentielles de cette œuvre. L'attachement à l'original est du « fétichisme »[6], dit Zemach.

L'erreur de Zemach consiste à croire qu'une œuvre d'art plastique est un ensemble de propriétés qu'une interprétation détermine. Tout autre chose ayant les mêmes propriétés serait l'œuvre. Or, une peinture ou une sculpture n'est pas un ensemble de propriétés. C'est quelque chose qui possède des propriétés, et non pas une agrégation de propriétés[7].

Il existe une analogie pertinente entre une œuvre d'art et une personne aimée[8]. Si vous aimez une personne et qu'elle possède des qualités,

1. E. Zemach, *La beauté réelle. Une défense du réalisme esthétique*, p. 184.
2. Voir R. Pouivet, *Esthétique et logique*, p. 181.
3. E. Zemach, *La beauté réelle. Une défense du réalisme esthétique*, p. 184.
4. *Ibid.*, p. 189.
5. *Ibid.*, p. 190.
6. E. Zemach, *Types, Essays in Metaphysics*, chap. 9.
7. Pour un exposé et une discussion des théories qui font des entités des agrégats de propriétés, voir D. Armstrong, *Universals*, Boulder, Westview Press, 1989, chap. VI.
8. Elle est signalée par Sagoff, « On Restoring and Reproducing Art », p. 453.

contrairement à ce que suggère Pascal vous n'aimez pas toute personne possédant les mêmes qualités. Si l'ensemble des propriétés dont vous jugez qu'elles composent la personne est limité à une seule, être de sexe féminin par exemple, vous aimeriez alors toutes les femmes. On aime quelqu'un qui a des propriétés, mais non pas les propriétés elles-mêmes indépendamment de la personne qui les possède. Au sujet de la *philia* (amitié), Aristote insiste sur le fait que ce qu'on aime est bien la personne pour elle-même, en tant qu'elle possède certaines propriétés; on ne l'aime pas pour des propriétés qui composeraient la personne, laquelle dès lors deviendrait interchangeable[1]. Zemach n'a pas de mots trop durs pour le platonisme[2]; cependant, il adopte finalement une thèse platoniste, au moins quand il s'agit d'art. La matérialité des œuvres d'art plastique ne compte pour rien. Elles ne sont que des occurrences de propriétés. Leur identité tient aux propriétés qu'elles manifestent.

Sagoff fait remarquer que « vous devez savoir ce qu'est une chose pour reconnaître ses qualités »[3]. On pourrait le contester de certaines qualités. Pour savoir que quelque chose est rectangulaire, je n'ai pas besoin de savoir ce que c'est. Mais c'est sans doute vrai de certaines propriétés. Socrate ne possède pas seulement la propriété d'être sage, il possède aussi cette sagesse qui lui est propre. Pour pouvoir reconnaître cette sagesse de Socrate, vous devez auparavant savoir que vous avez affaire à Socrate. Une telle propriété adhère à ce point à Socrate qu'Aristote a considéré qu'elle est *dans* Socrate, même si elle n'est pas *dite* de Socrate[4]. Homme n'est pas dans Socrate, mais est dit de Socrate (Socrate est un homme), mais sa sagesse propre ne peut être dite de Socrate, même si elle est en lui. Elle y est non pas comme le mouchoir est *dans* la poche, mais plutôt au sens où Socrate l'incarne. Dès lors, la sagesse-de-Socrate n'est pas reconnue sans que Socrate, une substance individuelle, le soit. De la même façon, certaines propriétés des œuvres d'art leur sont adhérentes. Rien ne saurait les reproduire, parce que ce ne sont pas des propriétés libres qui pourraient être obtenues avec un autre support ou s'agréger ailleurs. Ce sont des propriétés *adhérentes* qui supposent l'entité originale et qui sont liées à cette chose, et à aucune

1. *Éthique à Nicomaque*, 1156a 17-18.
2. E. Zemach, *Types, Essays in Metaphysics*, p. 1-4; *La beauté réelle. Une défense du réalisme esthétique*, 7.1.
3. M. Sagoff, « On Restoring and Reproducing Art », p. 464.
4. Voir *Catégories*, 2. Il est clair que nous ne prétendons nullement ici commenter ce chapitre aussi célèbre que complexe.

autre. Les personnes que nous aimons sont ainsi. Elles ont des propriétés (qualités et défauts) que d'autres vraisemblablement possèdent. Mais nous aimons *ces* personnes avec *leurs* propriétés. Nous n'aimons pas les propriétés indépendamment des personnes, ou les personnes comme de simples agrégats de propriétés.

On sait qu'Alcmène, la femme très fidèle d'Amphitryon, fut séduite par Zeus qui avait pris la forme de son mari et toutes ses propriétés. Lors de cette fatale nuit, dira-t-on que l'homme qu'elle aima était Amphitryon puisqu'il en possédait toutes les propriétés ? (Amphitryon sans nul doute ne serait pas d'accord pour répondre par l'affirmative ; il aurait métaphysiquement raison.)

Une peinture est reproduite. Nous apprécions certaines propriétés de la reproduction comme celles de la peinture elle-même. C'est pourtant à la reproduction que ces propriétés adhérent. Nous nous servons de la reproduction comme d'un symbole, quelque chose qui tient lieu de la peinture et fait référence aux propriétés qui sont celles de la peinture originale. La reproduction n'est pas l'œuvre reproduite parce que les propriétés de cette œuvre adhèrent à l'œuvre ; ces propriétés sont en ce

sens signalées et non pas possédées par la reproduction. On pourrait objecter que les progrès de la reproduction, et ils sont indéniables, conduiront à mettre un jour à notre disposition des reproductions indiscernables des originaux. Mais elles continueront à être des reproductions. Leur statut ontologique n'aura pas changé. Elles ne seront ce qu'elles sont qu'à la seule condition de faire référence à l'original et non en s'y substituant.

Imaginons cependant que des chimistes mettent au point une pilule grâce à laquelle nous verrions exactement ce que nous voyons face à *La Joconde*. Aucune des propriétés visuelles de l'œuvre ne ferait défaut. S'agirait-il d'une sorte de reproduction de *La Joconde* ? Pourrions-nous considérer que parmi les occurrences de *La Joconde* il y a des pilules ? Vraisemblablement non. Car, les propriétés visuelles ne seraient pas celles de *La Joconde*, mais celles de la pilule. L'auteur ne serait pas Léonard de Vinci, mais le ou les chimistes ayant mis au point cette pilule. Nous n'aurions pas affaire à une œuvre qui a une certaine signification historique, une place dans l'histoire de l'art italien, une influence sur la peinture postérieure, dont une reproduction a fait l'objet d'un traitement particulier par Duchamp. Nous aurions affaire à un stupéfiant. *La*

Joconde est un tableau particulier; pour être stupéfiant, il n'en est pas pour autant une drogue.
Cependant, tout comme l'effort de restauration, celui de reproduction possède une fonction cognitive qui élargit nos croyances vraies sur les œuvres et permet ainsi d'appréhender des propriétés esthétiques des œuvres que nous n'avions pas auparavant remarquées. À propos de la reproduction des détails, l'historien de l'art Daniel Arasse dit que « le rapport de détails renouvelle toute une part de la problématique historique établie »[1]. Commentant le travail d'un autre historien de l'art, Kenneth Clark (en 1938), Arasse précise que « mieux voir les tableaux, les regarder avec plus d'attention : c'est à quoi veulent encourager les "détails photographiques" »[2]. En termes goodmaniens : la reproduction fait référence à une œuvre en exemplifiant certaines de ses caractéristiques. Malraux l'avait suggéré : le musée imaginaire que constitue la photographie des œuvres permet des comparaisons, des aperçus synoptiques, des rapprochements, etc.

> Aujourd'hui, un étudiant dispose de la reproduction en couleurs de la plupart des œuvres magistrales, découvre nombre de peintures secondaires, les arts archaïques, les sculptures indienne, chinoise, japonaise et précolombienne des hautes époques, une partie de l'art byzantin, les fresques romanes, les arts sauvages et populaires. [...] On connaissait le Louvre (et quelques-unes de ses dépendances), dont on se souvenait comme on pouvait; nous disposons aujourd'hui de plus d'œuvres significatives, pour suppléer aux défaillances de notre mémoire, que n'en pourrait contenir le plus grand musée.
> Car un Musée Imaginaire s'est ouvert, qui va pousser à l'extrême l'incomplète confrontation imposée par les vrais musées : répondant à l'appel de ceux-ci, les arts plastiques ont inventé leur imprimerie[3].

Malraux se trompe. Les arts plastiques n'ont pas inventé leur imprimerie car ils restent autographes, ils ne connaissent aucun système notationnel. Cependant, Malraux a cependant raison sur un point essentiel : la reproduction joue un rôle aujourd'hui fondamental dans notre rapport aux œuvres plastiques.

1. D. Arasse, *Le Détail, Pour une histoire rapprochée de la peinture*, Paris, Flammarion, 1992, p. 7.
2. *Ibid.*
3. A. Malraux, *Le musée imaginaire*, Paris, Gallimard, 1965, p. 11-12.

On reproduit par la gravure, comme on l'a fait pendant des siècles, la photographie ou, aujourd'hui, avec des moyens informatiques. La reproduction constitue un travail d'analyse, voire en un sens un travail d'exégèse, de la peinture et de la sculpture. Les choix que l'on fait dans cette activité, l'intelligence et la sensibilité qu'on y met, constituent une interprétation implicite des œuvres reproduites. Par exemple, le choix de la monochromie dans la reproduction de la sculpture est significatif d'une conception fort discutable de la sculpture, une conception excluant la couleur de l'essence de la sculpture. C'est un héritage de Kant et de Hegel[1]. Les accrochages, dans les expositions ou les musées, constituent un parti pris sur les œuvres; ils les interprètent en les montrant; de même, les reproductions exemplifient certaines caractéristiques des œuvres aux dépens de certains autres. Si les œuvres d'art fonctionnent esthétiquement, les exposer et les reproduire constituent deux moyens de les activer.

Le statut ontologique de la reproduction est donc essentiellement celui d'un symbole, c'est-à-dire d'une chose qui tient lieu d'une autre. Les reproductions réfèrent aux œuvres en manifestant, en exemplifiant, certaines de leurs propriétés. Les reproductions nous permettent ainsi de nous reconnaître et d'apprécier des propriétés que les œuvres reproduites possèdent et qui sans elles pourraient nous échapper. Le mérite d'une reproduction est donc moins la fidélité que la manifestation de propriétés que l'œuvre possède et qui apparaissent plus nettement dans leurs reproductions. Elles s'entremettent entre nous et les œuvres et doivent favoriser des relations riches et fécondes. Elles ne se substituent pas aux œuvres. Souvent, il nous faut même de multiples reproductions, comme autant de perspectives instructives, car toutes les propriétés importantes ne sont pas manifestées dans une seule reproduction.

On voit aussi que l'espoir placé dans des « Super-Xerox », des reproductions parfaites, indiscernables, est illusoire. Le statut ontologique de telles reproductions indiscernables resterait celui de reproductions; elles seraient simplement plus trompeuses par leur prétention de se substituer à l'œuvre et, surtout, il n'est pas sûr qu'elles manifesteraient adéquatement des propriétés importantes de l'œuvre, comme peut le faire la photographie d'un détail. Comme le remarque Goodman,

1. Sur cette question, voir L. Stéphan, « Couleurs des sculptures noires », *in* C. Falgayrettes-Leveau et L. Stéphan, *Formes et couleurs*, Paris, Musée Dapper, 1993, p. 122-139.

« le fait que je puisse plus tard être capable de faire dans ma perception des deux images [l'original et la reproduction] une distinction que je ne peux pas faire maintenant constitue une différence esthétique entre elles qui est importante pour moi maintenant »[1].

Paradoxalement, ces reproductions indiscernables seraient de très mauvaises reproductions, justement en prétendant se substituer aux œuvres au lieu d'exemplifier certaines propriétés des œuvres reproduites. Dans *Formes de l'intention*[2], le livre de Michael Baxandall, on trouve plusieurs reproductions du *Baptême du Christ* de Pierro della Francesca. L'une d'elle est une honnête reproduction en couleurs. Une autre est en noir et blanc et contient des lignes verticales et horizontales surimposées qui indiquent des moitiés, des tiers et des quarts. Dans son commentaire, Baxandall explique toute l'importance de la proportion 3 par 2 : la perception de cette relation, soulignée ou exemplifiée par la reproduction en noir et blanc, permet de mettre l'accent sur le chœur des trois anges, sur la ligne de leurs regards à la moitié du tableau, exprimant vraisemblablement « les trois mystères de la Trinité, de la Purification et de l'Humilité de saint Antonin récapitulés dans la section privilégiée du tableau qui va de la colombe à la face du Christ »[3]. Bref, la « médiocre » reproduction en noir et blanc sur laquelle Baxandall a surimposé une grille est bien plus utile à l'appréciation du tableau que l'honnête reproduction en couleurs. D'autres reproductions du même tableau figurent dans le livre : celles de détails des plantes et du paysage. Gageons que passer par de ces reproductions est un détour préalable fort utile au visiteur de la National Gallery de Londres. Les reproductions sont des symboles, ce sont aussi des clés de la compréhension et des embrayeurs de plaisir esthétique.

enregistrement[4]

Quand on écoute un CD, est-ce l'œuvre qu'on entend? La réponse semble être à la fois oui et non.

L'écoute d'un enregistrement d'une œuvre est celle de cette œuvre dans la mesure où ce que l'on entend entre dans la classe de correspondance

1. N. Goodman, *Langages de l'art*, p. 139.
2. M. Baxandall, *Formes de l'intention*, trad. fr. C. Fraixe, Nîmes, J. Chambon, 1991.
3. *Ibid.*, p. 216.
4. Je reviens longuement sur la question de l'enregistrement dans un livre qui lui est tout entier consacré : R. Pouivet, *Philosophie du rock : une ontologie des artefacts et des enregistrements*.

de la partition de l'œuvre. Si l'œuvre entendue satisfait le critère de l'identité notationnelle, il n'y a aucune raison de considérer que ce n'est pas l'œuvre elle-même. Une œuvre enregistrée appartient à la classe de correspondance de la partition au même titre qu'une exécution non enregistrée. La musique est un art à deux étapes, celle de son écriture, puis celle de l'exécution. L'enregistrement restitue une exécution. On pourrait ainsi considérer qu'il n'y a pas une étape supplémentaire produite par l'enregistrement[1].

Cependant, il y a une différence manifeste entre une exécution vivante et une exécution enregistrée. L'exécution enregistrée suppose elle-même un système de codage de la séquence sonore enregistrée – un système qui peut lui-même être notationnel dans le cas d'un enregistrement numérique. Dès lors, quand on entend un CD, on entend certes une séquence sonore appartenant à la classe de correspondance d'une partition, mais aussi une séquence sonore appartenant à une autre classe de correspondance, celle du CD lui-même. Or, ces deux classes ne coïncident pas. La notation musicale est un moyen *sémiotique* grâce auquel on peut s'assurer de l'identité d'une œuvre à travers ses multiples exécutions.

L'enregistrement est un moyen *technique* pour conserver une exécution *unique*[2]. La notation musicale vise l'identité de ce qui est multiple. L'enregistrement vise la multiplicité de l'identique.

L'enregistrement est du même ordre que la photographie, le film ou la bande vidéo. Il préserve la singularité d'une séquence sonore. La photographie est elle aussi de cet ordre, au moins dans le cas commun du cliché qui fixe un événement, et en laissant de côté les pratiques de certains photographes qui interviennent sur le négatif ou à d'autres moments pour transformer le résultat final. La photographie enregistre un moment singulier et pas une séquence sonore, mais le principe est le même.

Dès lors, même si on emploie un système de codage, un système qui peut être notationnel au sens strict, il reste que l'enregistrement semble autographique. Écouter à nouveau le même CD, ce n'est pas écouter une instance d'une œuvre authentifiée par l'identité notationnelle. C'est écouter la même exécution, la même séquence sonore, une séquence

1. Voir P. Hernadi, « Reconceiving Notation and Performance », *The Journal of Aesthetic Education*, vol. 25, 1, 1991, p. 52.

2. Voir P. Hernadi, « Reconceiving Notation and Performance », p. 53.

sonore autographe, jouée par Untel à tel moment et restituée comme telle.

Le jazz est souvent une musique improvisée et donc elle-même autographe. Si on écrit la partition d'une improvisation, on ne peut pas du tout dire que cette partition est le morceau de musique entendu lors de l'improvisation. Celle-ci comporte de nombreuses caractéristiques qui ne sont pas identifiables dans la partition obtenue. Que la partition soit rédigée par l'auteur de l'improvisation ne change rien à l'affaire. La partition est une œuvre musicale dont l'improvisation peut bien constituer une instance correcte, mais l'improvisation elle-même ne pourra jamais être restituée notationnellement[1]. Elle est définitivement autographe, comme un tableau ou une sculpture. L'enregistrement a été la bénédiction de l'improvisation musicale. Il a assuré la préservation et la multiplication de la séquence sonore autographe.

Mais ne pourrait-on pas proposer alors que le statut de l'enregistrement soit similaire à celui de la reproduction ? C'est acceptable dans de nombreux cas. L'enregistrement d'un concert pourrait être compris comme une reproduction audible, de même qu'une image dans un livre est une reproduction visuelle d'un tableau. On dirait alors que l'enregistrement fait référence à un événement sonore initial. Ce qu'on entend quand on écoute un CD restitue partiellement ce qui s'est passé. Il le restitue partiellement, car le *medium* a des caractéristiques propres que l'exécution ne possède pas, toutes celles qui sont spécifiques à l'enregistrement lui-même et dont l'auteur est l'ingénieur du son. Ce dernier a le même rôle que celui du photographe pour la reproduction. À quoi s'ajoutent les caractéristiques propres du système de lecture du CD. Généralement, elles permettent même à l'auditeur d'intervenir dans le choix de ce qu'il écoute par une modification des basses, des aigus, l'ajout de filtres, etc.[2].

Il convient aussi de tenir compte de possibilités qu'offre l'enregistrement. Une seule séquence musicale peut aussi avoir été faite en plusieurs prises qui sont ensuite mixées. L'exécution qu'on entend peut avoir été jouée par des musiciens qui ne se sont jamais rencontrés. Les survivants

1. De nombreux aspects de cette séquence musicale que constitue une improvisation ne peuvent vraisemblablement pas être notés.

2. Certains logiciels permettent aujourd'hui une intervention encore plus importante, quasiment un remixage complet (par exemple, celui de P. Gabriel, *Xplora* 1 pour Macintosh).

des Beatles ont ainsi pu enregistrer une nouvelle chanson, tout récemment (1996), avec John Lennon, mort en 1981. Toutes ces possibilités font acquérir à l'enregistrement une sorte d'autonomie artistique. À tel point que certaines œuvres ne peuvent pas, au sens strict, être jouées. L'enregistrement *est* l'œuvre, comme dans le cas de *Gesang der Jünglinge* de Stockhausen ou de *A Day in Life* des Beatles. Dans le domaine de la musique de masse (rock sous ses multiples formes[1], disco, rap, hip-hop, techno, etc.) les œuvres sont constituées en studio, sans partition préalable la plupart du temps, et par mixage d'enregistrements. L'œuvre est alors très exactement ce qui est entendu quand on écoute le CD, à tel point qu'elle est jouée *live* par référence à ce qu'on entend sur le disque[2]. Dans le rap, comme dans certaines œuvres avant-gardistes des années soixante-dix, des enregistrements plus anciens sont eux-mêmes des éléments de l'œuvre, grâce à la technique du *sampling*. Le jeu de références à d'autres œuvres enregistrées ou à d'autres enregistrements est fondamental. Les enregistrements subissent de nombreuses transformations et sont traités non comme des instruments mais comme des matériaux sonores.

Il est clair que l'enregistrement a complètement modifié notre rapport à l'œuvre musicale[3]. D'abord, comme la reproduction, l'enregistrement nous offre un musée imaginaire de la musique mondiale. Un homme de la fin du XXe siècle peut écouter à la suite une symphonie de Mozart, un morceau des Rolling Stones, un disque de musique balinaise. Surtout, la majeure partie de la musique qu'il écoute n'est pas jouée par des instruments dont il entend directement les sons, mais par des objets technologiques, chaînes stéréophoniques, tuners, ordinateurs, lecteurs en tout genre. Ontologiquement, la notion d'œuvre musicale est devenue beaucoup plus indéterminée. Le modèle de l'œuvre composée par un auteur et jouée par des instrumentistes qui suivent les indications de la partition – ce modèle qui constitue la base du travail des philosophes de la musique – est pour le moins, non pas dépassé, mais aujourd'hui marginal. Qu'est-ce exactement qu'une œuvre musicale constituée de

1. Voir T. Gracyk, *Rhythm and Noise, An Aesthetics of Rock*, Durham, Duke UP, 1996.

2. Un groupe comme Supertramp joue en concert « comme sur le disque ». Certains groupes (Police, à une époque, au moins), pour éviter la différence entre le disque et le concert font jouer les parties qui manqueraient (par défaut de musicien) par une bande correspondant à ces parties sur l'enregistrement.

3. T. Gracyk, (« Listening to Music : Performance and Recordings », *The Journal of Aesthetics and Art Criticism*, vol. 55, nr 2, 1997) défend fermement cette affirmation.

séquences sonores non écrites préalablement et ne provenant pas nécessairement d'instruments de musique au sens traditionnel, mixées avec d'autres et faites en vue de la diffusion par des disques ou des radios et non l'exécution en concert? Autre interrogation : qui en est l'auteur? N'est-on pas ici plus proche du cinéma, avec sa cohorte de scénaristes, d'acteurs, de techniciens, de metteurs en scène, de réalisateurs et (surtout) de producteurs, que du travail solitaire traditionnel du compositeur et de celui des musiciens. La plupart des œuvres relevant de l'art musical de masse sont des *constructions* dont l'auteur multiple comprend d'autres personnes que compositeur et musiciens. Dans leur constitution même, elles intègrent des éléments comme leur diffusion par la disque ou le radio[1].

Avec les œuvres musicales contemporaines, aussi bien savantes que de diffusion massive, il y a un chantier passionnant d'*ontologie de l'œuvre d'art appliquée*, portant sur des cas particuliers, relativement nouveaux et particulièrement retors pour la détermination du statut ontologique exact de telle ou telle œuvre[2].

traduction

Un poème traduit ou un roman traduit est-il ce poème ou ce roman. Deux doctrines s'affrontent à nouveau. Pour la première, l'identité des œuvres littéraires est un contenu sémantique totalement indépendant de la langue dans laquelle elles sont rédigées. Pour la seconde, le poème ou le roman est l'œuvre *dans le texte*, et n'est donc pas, *stricto sensu*, traduisible. On verra que, telles qu'elles viennent d'être présentées, les deux thèses sont excessives.

Pour que la première thèse soit correcte, celle du contenu sémantique indifférent à la forme linguistique, il faudrait que le contenu sémantique puisse être isolé de toute forme linguistique. Il faudrait alors qu'on ait d'une part le contenu sémantique et deux langues L1 et L2. Le contenu sémantique isolé de L1 serait comparé au contenu sémantique isolé de

1. On trouve une importante discussion sur l'ontologie de l'art de masse dans N. Carroll, A Philosophy of Mass Art, Oxford UP, 1998 ; R. Pouivet, *L'œuvre d'art à l'âge de sa mondialisation : un essai d'ontologie de l'art de masse*, Bruxelles, La lettre volée, 2003, chap. 3.

2. Voir, par exemple, S. Davies (« So, You Want to Sing with the Beatles? Too Late! », *The Journal of Aesthetics and Art Criticism*, vol. 55, nr 2, 1997) s'interrogeant sur la question de savoir si l'on peut chanter aujourd'hui *avec* les *Beatles*. Il répond que non. De nouveau, voir R. Pouivet, *Philosophie du rock : une ontologie des artefacts et des enregistrements*.

L2. C'est parfois possible. Si la signification d'un énoncé est le vrai ou le faux, deux énoncés matériellement différents peuvent avoir la même signification. Par exemple « si p, alors q » a la même signification (la même valeur de vérité) que « non p ou q ». Ici, on est dans le même système, celui de la logique propositionnelle. Mais on peut imaginer deux axiomatiques distinctes pour lesquelles on possède des règles de transcription telles que la signification d'un énoncé dans un système trouve un équivalent dans l'autre système. Łukasiewicz[1] suggère ainsi que la logique stoïcienne et la logique aristotélicienne sont deux systèmes distincts dans lesquels le même principe d'identité (a = a) trouve deux expressions matériellement distinctes : « si p, alors p » pour la logique stoïcienne et « a se dit de tous les a » pour la logique aristotélicienne. Cependant, Łukasiewicz montre aussi que cette différence engage deux conceptions différentes de la logique, l'une est propositionnelle et l'autre prédicative (ou logique des termes). Bref, même dans un domaine formalisé, des différences d'écriture manifestent des différences plus fondamentales. N'est-il pas possible de considérer, étant connu le rôle joué par l'analyse en termes de sujet et de prédicat dans la métaphysique aristotélicienne, que cette différence soit aussi ontologique ?[2]

Si même un domaine formalisé comme la logique n'échappe pas à l'impossibilité de paraphraser *salva significatione*, ce sera d'autant plus le cas pour le poème ou le roman. On peut au moins le penser. Pourtant, il ne faudrait pas croire que l'impossibilité de paraphraser soit propre aux contextes esthétiques. Après tout, certaines phrases fort banales, comme « Passe-moi le sel, s'il te plaît » sont elles difficiles à paraphraser, autant qu'un poème. Si je dis « Auriez-vous l'obligeance de me passer le sel, s'il vous plaît », ce n'est déjà plus exactement la même chose. Seule la force illocutionnaire de l'énoncé a été modifiée, pas son contenu sémantique proprement dit. Mais c'est justement le genre de différence qui importe dans le cas d'un poème ou d'un roman. Quand on traduit, la paraphrase en langue étrangère, quand bien même elle préserve d'une certaine façon le contenu sémantique, ne peut préserver tout ce qui a trait à ce que Grice appelle *l'implicature conversationnelle*, l'ensemble du

1. J. Łukasiewicz, « Contribution à l'histoire de la logique des propositions », dans J. Largeault, *Logique mathématique*, textes, Paris, Colin, 1972.

2. On ne peut ici que suggérer cette thèse sans vraiment la justifier, ce qui nous éloignerait par trop de l'ontologie des œuvres d'art.

contexte d'usage d'une langue. Ce contexte adhère à la langue elle-même et constitue sa coloration propre. C'est ce qui fait que nous ne pouvons dire certaines choses que dans une langue donnée.

Dès lors, on pourrait être conduit à adopter la deuxième thèse, celle selon laquelle un poème ou un roman est un texte. À défaut de connaître la langue du texte, nous n'y aurons jamais accès. Le texte traduit est vraiment un autre texte parce qu'il est dans une autre langue. Goodman dit ainsi :

> Interprétations et traductions sont elles-mêmes des œuvres. Elles ne sont pas identiques aux œuvres qu'elles interprètent ou traduisent[1].

Cependant, cette thèse selon laquelle un texte est une série de symboles appartenant à un système déterminé et dans un certain ordre, ne conduit pas à mettre en question la traduction. Certes, comme le dit Goodman, le statut de texte exclusivement anglais de *Hamlet* ne fait pas de doute[2]. Mais en allant au-delà de ce que dit Goodman, ne peut-on pas considérer qu'une traduction de *Hamlet*, à défaut d'être l'œuvre même de Shakespeare, y fait référence. Nous pouvons faire référence à une personne en employant une expression particulièrement vague. C'est le cas si dans un amphithéâtre d'université, vous dites : « Vous, l'étudiant, écoutez un peu ! ». On peut aussi être ambigu. Par exemple, le professeur dit : « Je parle à l'étudiant qui a eu 14/20 », alors qu'il y en avait plusieurs. Le traducteur tente l'impossible : parvenir à offrir dans une autre langue un texte qui réfère de la façon la moins vague et la moins ambiguë possible au texte traduit.

> Le traducteur d'un poème doit habituellement décider s'il est plus important de préserver la dénotation (ce que dit le poème), l'exemplification (les propriétés rythmiques, mélodiques et d'autres propriétés formelles qu'il présente) ou l'expression (les sentiments et d'autres propriétés métaphoriques qu'il véhicule)[3].

Il est significatif que Goodman traite ensemble de *l'interprétation* et de la *traduction*. De même que plusieurs interprétations correctes différentes sont possibles, plusieurs traductions correctes différentes sont possi-

1. N. Goodman et C.Z. Elgin, *Reconceptions en philosophie*, trad. fr. J.-P. Cometti et R. Pouivet, Paris, P.U.F., 1994, p. 57.
2. *Ibid.*, p. 60.
3. *Ibid.*, p. 57.

bles. C'est pour cela que la thèse de l'intraduisibilité est trompeuse. C'est exactement le contraire : on a toujours trop de traductions correctes possibles, bien loin de n'en avoir aucune. Même si nous avons réussi à éliminer l'incorrection, le faux-sens, le contresens, ce qui n'est jamais sûr, nous avons plusieurs expressions possibles pour faire référence à la même chose; c'est ainsi quand nous faisons fait référence à Aristote en disant « Le disciple dissident de Platon », « Le précepteur d'Alexandre » ou « Le père de Nicomaque », « Le philosophe préféré de Mike ».

Parce qu'elle est elle-même une œuvre, la traduction de l'œuvre n'est pas l'œuvre qu'elle traduit[1]. Cependant, comme pour la restauration et la reproduction, mieux vaut connaître l'œuvre à travers sa traduction, surtout si elle est bonne, que de l'ignorer tout à fait. Traduire est souvent le moyen même de la connaissance d'une œuvre en langue étrangère et de bien des aspects de la culture à laquelle cette œuvre appartient[2]. C'est pour cela que les traductions ne sont pas évidemment condamnables, mais la plupart du temps une bonne chose.

1. Milan Kundera considère pourtant que la traduction française de ses œuvres, refaite par le traducteur de son choix, possède la même valeur d'authenticité que ses œuvres rédigées en tchèque. Mishima préférait la version anglaise de certaines de ses œuvres (sans être l'auteur de leur traduction).

2. On laisse de côté la question du doublage des films. Il a le même rôle que la traduction. Peut-être est-il plus contestable, car le sous-titrage, toujours possible, éradique moins férocement des aspects fondamentaux du film tenant à la sonorité des langues, à la corrélation entre une voix et une physionomie, à la corrélation entre les mouvements du visage et la langue qu'on prononce.

conclusion

l'incertitude métaphysique

En métaphysique, il ne semble pas y avoir d'arguments absolument décisifs mettant fin à toute discussion. Réalistes, nominalistes, anti-réalistes, platonistes, empiristes, rationalistes, ne sont jamais à cours de raisonnements, même s'ils sont rarement nouveaux. Cela signifie-t-il, comme le suggérait Kant, que la métaphysique soit un rocher de Sisyphe ? Chaque génération de métaphysiciens reformule les principaux arguments de la métaphysique. Ces reformulations permettent leur survie ; la compréhension que nous en avons n'est pas une simple commémoration, c'est une réappropriation.

Parfois, des arguments inédits apparaissent chez des métaphysiciens novateurs comme Platon, Aristote, saint Thomas, Ockham, Hobbes, Descartes, Locke, Leibniz, Hume, Reid, Kant, et d'autres. Le XXe siècle n'aura vraiment pas été avare en métaphysiciens de grand talent, parmi lesquels Russell, Wittgenstein, Carnap, Goodman, Quine, Strawson, Kripke, D. Lewis, van Inwagen. Parfois, la métaphysique investit un secteur dont l'exploration systématique n'avait pas encore été faite. L'ontologie de l'œuvre d'art est l'un de ces domaines relativement nouveau de la philosophie. Certains ont affirmé que la philosophie avait vu son territoire petit à petit grignoté et parfois goulûment avalé par des sciences (physique, biologie puis psychologie et sciences cognitives). On a trop peu remarqué qu'elle a aussi ces dernières années gagné de nouveaux espaces, par exemple dans les domaines de la logique philosophique, de la métaphysique des modalités et de l'ontologie de l'art.

On trouverait bien sûr chez Platon ou Aristote des remarques ontologiques sur l'art. Par exemple, on pourrait interpréter en ce sens ce qu'ils disent de la *mimésis*. Deux raisons m'ont pourtant dissuadé d'exposer ici pour elles-mêmes les thèses de Platon et d'Aristote sur la *mimésis*. Premièrement, il aurait été nécessaire de présenter les systèmes métaphysiques dans lesquels ces remarques ontologiques se trouvent introduites. Deuxièmement, ces remarques ontologiques, chez Platon et Aristote, ne visent pas à proposer une ontologie de l'art à proprement parler. Le problème traité par Platon, dans *La République*, est celui du statut métaphysique des choses sensibles et singulièrement de l'image; le problème d'Aristote dans la *Poétique* est celui de la narration tragique; dans certains passages de l'*Éthique à Nicomaque*, c'est celui d'une théorie de la production. Le projet d'une ontologie de l'œuvre d'art est récent. Il constitue un secteur de la métaphysique contemporaine de l'art, avec des philosophes comme Wollheim, Goodman, Levinson, Kivy, Zemach, Lamarque, Currie, Carroll, S. Davies, D. Davies, S. Darsel et d'autres.

S'il n'y a pas d'arguments décisifs en métaphysique et en ontologie, l'assurance complète à l'égard des thèses qu'on y défend n'est évidemment pas de mise. Contrairement à Descartes, ne faut-il pas dire que, moins que tout autre, le métaphysicien ne peut connaître la certitude. Les thèses adverses continuent de le hanter comme des possibilités à prendre au sérieux. C'est particulièrement vrai dans l'ontologie de l'œuvre d'art. C'est pourquoi ce livre présente les multiples thèses aujourd'hui débattues. Même en les critiquant, il faut tenter de montrer ce qui pouvait les rendre attirantes. C'est avec l'espoir de ne pas trop ne tromper que certaines thèses ont été ici défendues.

Dans *Esthétique et logique*, le nominalisme était dominant. Dans la lignée de Goodman, je cherchais surtout à montrer qu'une forme de sobriété logico-sémantique était payante pour le traitement de notions fondamentales de l'esthétique, comme celles de représentation, d'expression ou de fiction. Je continue à penser que la philosophie de Goodman est importante dans la philosophie du XXe siècle, sans toutefois en partager certaines thèses centrales, et que sa philosophie de l'art est absolument fondamentale, même quand Goodman a tort. Goodman a transformé l'esthétique et la philosophie de l'art en élevant radicalement le niveau d'exigence argumentative et conceptuelle qu'elles supposent. Dans *Esthétique et logique*, j'avais déjà été conduit à insister sur l'importance des problèmes ontologiques en philosophie de l'art[1] – ce qui n'était plus tout à fait goodmanien[2]. Je crois en effet que tout l'intérêt de la philosophie de l'art après Goodman, chez Levinson, Currie ou Carroll, et d'autres, est la réintroduction des questions ontologiques.

La notion de nature spécifique des œuvres d'art développée dans les pages précédentes, et particulièrement dans le chapitre 3, n'est pas nominaliste. Mais n'est-il pas possible de penser que les œuvres d'art ont bien une nature sans pour autant verser dans un réalisme radical ? La conception immanentiste de l'œuvre d'art ici défendue reste, me semble-t-il, d'une grande sobriété métaphysique. La notion d'intention à laquelle j'ai eu recours ne remet pas en cause le rejet du mentalisme et la méfiance à l'égard d'un réalisme intensionnel (dans lequel les intentions sont traitées comme des entités à part entière). Elle correspond plutôt à l'idée, héritée de Anscombe et de Kenny[3], que nous ne pouvons correctement décrire certains actes et certaines choses sans faire appel à des intentions que des personnes ont en agissant ou en utilisant ces choses. Mais les intentions sont des propriétés intentionnelles des personnes, non pas des réalités à part entière.

On peut maintenant proposer de présenter, de façon concentrée, un nouveau fil directeur des huit chapitres qui constituent cet ouvrage. Le lecteur aura ainsi un résumé (en sept points) et une nouvelle façon d'envisager les questions d'ontologie de l'œuvre d'art qui ont été examinées.

1. R. Pouivet, *Esthétique et logique*, p. 168.

2. Je me permets d'insister sur un autre point de divergence radicale avec Goodman : la question de nos manières de faire des mondes, c'est-à-dire de ce que Goodman appelle l'*irréalisme*. *Esthétique et logique* ne défendait pas une thèse irréaliste (*Esthétique et logique*, p. 81-82) ; j'ai critiqué l'irréalisme de Goodman dans « L'irréalisme : deux réticences » (« L'irréalisme : deux réticences », *Philosophia Scientiae*, vol. 2, 3/4, 1997). Sur cette question, voir aussi I. Scheffler, *Symbolic Worlds*, Cambridge, Cambridge UP, 1997, partie VI.

3. Voir R. Pouivet, *Après Wittgenstein, saint Thomas*, Paris, PUF, 1997.

l'art de l'humain

1) Les êtres humains produisent des artefacts. Ces artefacts leur servent à quelque chose ; ce sont des moyens en vue de fins comme survivre plus facilement, se déplacer, se protéger, etc. Parmi ces artefacts, certains possèdent une signification toute particulière. Même s'ils servent dans des activités quotidiennes ou dans des cultes, ils ont une fonction que les autres entités artefactuelles n'ont pas. Ils fonctionnent esthétiquement. Fonctionner esthétiquement consiste à signifier en décrivant, dépeignant, représentant, exemplifiant, exprimant, ou, en général, en faisant référence à quelque chose ou en voulant dire quelque chose.
Si je dis « Bonjour » cela veut dire quelque chose, mais ce n'est pas un artefact fonctionnant esthétiquement. Un pictogramme indiquant les toilettes pour hommes ou pour femmes est un artefact, mais sa signification est épuisée par la seule indication qu'il donne. La première caractéristique propre à l'œuvre d'art, c'est d'être sémantiquement insaturable. Dit simplement, cela signifie qu'on n'épuise pas leur signification, qu'on ne recense pas définitivement ce qu'elles veulent dire. Elles veulent toujours dire encore autre chose. Il y a une seconde caractéristique importante de l'œuvre d'art : le fonctionnement esthétique suppose l'attribution de propriétés esthétiques. Une théorie scientifique ou une théorie philosophique veulent dire quelque chose, et parfois nous aurons du mal à fixer définitivement leur signification, mais elles ne fonctionnent pas esthétiquement parce qu'elles n'ont pas de propriétés esthétiques *constitutives* de leur signification.
Les œuvres d'art sont donc des artefacts dont le fonctionnement esthétique détermine la nature spécifique et auxquels nous attribuons des propriétés esthétiques. Cette définition est circulaire puisque les notions de fonctionnement esthétique et de propriétés esthétiques ne sont vraiment explicables qu'en faisant référence à des œuvres d'art. C'est plus une explicitation qu'une définition en bonne et due forme.

2) Nous attribuons nécessairement aux œuvres d'art des propriétés esthétiques ; les œuvres d'art sont classiques ou romantiques, touchantes ou froides, belles, laides, etc. Nous ne parvenons que rarement à justifier pleinement nos attributions de propriétés esthétiques. Quand ces propriétés sont attribuées par d'autres et que nous ne sommes pas d'accord avec eux, nous sommes conduits à dire que les propriétés esthétiques ne concernent pas les œuvres elles-mêmes, mais seulement

l'appréhension que nous en avons. Cette affirmation est contestable. Si les propriétés esthétiques surviennent sur des propriétés physico-phénoménales (impressions reçues de l'objet et dont ses propriétés physiques sont immédiatement la cause) par l'intermédiaire de propriétés intentionnelles des personnes, de leurs croyances, elles sont réelles et non pas simplement subjectives. Elles co-varient et dépendent de propriétés de base, physico-phénoménales, même si elles ne s'y réduisent pas.

Les propriétés esthétiques ne sont pas flottantes. Elles sont bien des propriétés des objets auxquels on les attribue, même si rien ne peut avoir une propriété esthétique sans que des personnes aient certaines croyances, c'est-à-dire sans qu'elles possèdent une certaine culture. C'est aussi pourquoi les propriétés esthétiques ne sont pas de simples affects privés auxquels chacun aurait seul accès. Nous apprenons à attribuer correctement les propriétés esthétiques, comme nous apprenons à le faire pour toutes les autres propriétés. Les propriétés esthétiques sont des propriétés relationnelles que les entités possèdent parce qu'elles sont corrélatives d'autres choses : des personnes ayant certaines croyances, attitudes et comportements. Ce n'en sont pas moins des propriétés réelles, car une propriété relationnelle n'est pas moins réelle qu'une propriété intrinsèque. Ce qui dépend ontologiquement d'autre chose n'en devient pas pour autant moins réel.

3) Un fonctionnement esthétique suppose certaines croyances et certaines pratiques chez les personnes utilisant ces artefacts. Ces croyances sont des intentions d'art. Ces intentions sont constitutives des œuvres d'art puisque c'est seulement pour des personnes qu'un artefact fonctionne esthétiquement. Ces croyances, ces intentions, ces pratiques composent nos traditions culturelles.

4) Pour être une œuvre d'art, une entité doit avoir un auteur, mais pas nécessairement un auteur individuel. C'est par l'identification dans les œuvres des intentions de leurs auteurs que la majeure partie de ce qu'une œuvre signifie en fonctionnant esthétiquement nous est accessible. Nous n'allons pas des intentions des auteurs aux œuvres, mais des œuvres aux intentions. Certes, dans certains cas nous allons chercher dans notre connaissance de l'auteur indépendamment de l'œuvre, dans sa biographie principalement, de quoi nourrir la compréhension que nous avons d'une œuvre en tant qu'elle est la sienne. Mais l'auteur est

impliqué par la compréhension que nous avons de l'œuvre. Une des formes essentielles de la compréhension d'une œuvre d'art est l'établissement de son auteur hypothétique, c'est-à-dire des intentions impliquées dans l'œuvre.

5) L'art prend des formes variées parce que les pratiques qui sont constitutives d'une chose comme œuvre d'art sont multiples. Cette variété va par exemple des masques de l'Afrique traditionnelle jusqu'à l'opéra wagnérien, en passant par des retables du XVe siècle et le cubisme – ceci dit sans aucunement prétendre fixer des limites et moins encore établir une hiérarchie de valeur. Cette variété peut paraître ontologiquement désespérante. Une tentative de trouver un caractère commun pourrait sembler presque dénuée de sens.

Trois attitudes sont alors possibles. La première est de rejeter purement et simplement l'idée même d'un concept unifié d'œuvre d'art. On dira qu'il convient de renoncer à toute prétention ontologique qui conduit inévitablement à une forme d'assujettissement philosophique de l'art[1].

La deuxième attitude consiste à se rabattre sur l'idée d'un art pur, à fixer des normes philosophiques de ce que doit être quelque chose pour être une œuvre d'art. On obtient une « théorie spéculative de l'art »[2]. On est alors inévitablement conduit à introduire une hiérarchie entre les œuvres d'art, selon qu'elles satisfont bien ou mal les exigences du concept d'art que l'on a élaborées. La méthode est évidemment aussi peu empirique que possible; c'est seulement en ce sens qu'elle est spéculative. Elle est évaluative, mais sur des critères essentiellement philosophiques contestables, et non sur des critères esthétiques. Elle a conduit à établir des différences entre le Grand Art, l'art digne de ce nom, et des formes dévaluées, par exemple celles de l'art de masse (la chanson, le rock, le cinéma grand public, le roman policier, etc.). Toutefois, on ne voit pas à quel titre les philosophes pourraient décréter ce qu'est l'art en saisissant *a priori* la nature de l'œuvre d'art ou en déduisant son extension de son concept. À suivre une telle méthode, « l'art digne de ce nom » commence finalement tard et il finit tôt.

La troisième attitude est empirique. Elle revient à considérer que les œuvres d'art sont constituées par des croyances et des pratiques

1. A. Danto, *L'Assujettissement philosophique de l'art*.

2. J.-M. Schaeffer, *L'art de l'âge moderne*, Paris, Gallimard, 1992.

variables, et que les formes artistiques sont aussi variables que ces pratiques. On tente alors de trouver un concept de l'œuvre d'art qui ne soit pas inutilement mutilant, sans pour autant se dissoudre à ce point que tout serait de l'art. En ontologie fondamentale, il y a une exigence, celle de penser ce qui fait l'unité de tous les étants. C'est vraisemblablement ce que veut dire Aristote en se proposant une enquête sur l'étant en tant qu'étant. En ontologie de l'œuvre d'art, l'exigence est de penser l'unité de l'art en tant que production d'œuvres. L'idée d'une nature spécifique de l'œuvre d'art intégrant des croyances et des pratiques que les hommes, producteurs d'art, ont pu avoir, ont ou auront, permet peut-être d'éviter aussi bien un anti-essentialisme si sévère qu'il ne permet plus de penser quelque unité que ce soit et un essentialisme étriqué introduisant une hiérarchie *a priori* et incapable de penser toute modification des paradigmes artistiques.

6) Être une œuvre d'art est une fonction qui comprend (a) une entité concrète et particulière (x), (b) un ensemble de pratiques et de traditions que les œuvres d'art précédentes ont elles-mêmes contribué à constituer (P), (c) un fonctionnement esthétique (F).
Quelque chose est une œuvre d'art si et seulement s'il existe quelque chose (x) qui soit fonction de certaines pratiques et de certaines traditions (P) et que cette chose fonctionne esthétiquement (F).
Notons que P suppose lui-même (1) une pratique artistique de production d'artefacts d'une certaine sorte et (2) une forte dimension historique. Définir quelque chose comme œuvre d'art suppose que nous identifions dans le passé d'autres choses comme œuvre d'art. La notion même d'œuvre d'art est diachronique. Notons aussi que F suppose, chez les personnes qui apprécient les œuvres, des capacités intellectuelles, des compétences pour appréhender la signification complexe d'entités exemplifiant ou exprimant des propriétés, fonctionnant métaphoriquement ou comprises en termes de référence complexe et multiple.

7) Le fonctionnement esthétique d'une œuvre d'art témoigne chez l'homme : (A) de son appartenance à une communauté culturelle – ce qu'on entend dans la définition précédente par « traditions » et (B) de sa maîtrise de systèmes symboliques complexes – une maîtrise du fonctionnement esthétique de certains objets. Les animaux ne peuvent donc pas avoir d'art puisqu'ils n'ont ni culture ni systèmes symboliques complexes. L'ontologie de l'œuvre d'art témoigne ainsi d'une *spécificité*

humaine : l'homme produit et fait fonctionner des œuvres d'art. De l'effort philosophique pour comprendre ce que sont les œuvres d'art et ce en quoi elles consistent découle finalement une conséquence concernant la nature humaine. De l'ontologie de l'œuvre d'art à une certaine anthropologie la conséquence est bonne parce que dans l'ontologie de l'art nous sommes amenés à faire appel aux notions de pratiques, de traditions et de maîtrise de système symboliques. Vivant dans des sociétés supposant des pratiques communes et des traditions culturelles, maîtrisant des systèmes symboliques complexes, l'homme produit des œuvres d'art, c'est-à-dire des entités qui fonctionnent esthétiquement.

Une ontologie de l'œuvre d'art semble ainsi conduire à une anthropologie de l'art et même en constituer la raison d'être. Une telle anthropologie nous entraîne dans un autre domaine que celui de l'ontologie. Cela devrait être l'objet d'un autre livre[1].

1. C'est *Le réalisme esthétique*, qui montre le lien entre l'esthétique et certaines vertus proprement humaines.

bibliographie

ANSCOMBE G.E.M., *L'Intention*, trad. fr. M. Maurice, C. Michon, Paris Gallimard, 2004.

ARASSE D., *Le Détail, Pour une histoire rapprochée de la peinture*, Paris, Flammarion, 1992.

ARISTOTE, *Des Catégories*, trad. fr. Y. Pelletier sous le titre *Les Attributions*, Montréal, Bellarmin, 1983.

– *Métaphysique*, trad. fr. J. Tricot, Paris, Vrin, 1981.

– *Physique*, trad. fr. H. Carteron, Paris, Les Belles Lettres, 1932.

– *Seconds Analytiques*, trad. fr. J. Tricot, Paris, Vrin, 1979.

ARMSTRONG D., *Universals and Scientific Realism*, vol. I. *Nominalism and Realism*, vol. 2. *A Theory of Universals*, Cambridge, Cambridge UP, 1978.

– *Universals*, Boulder, Westview Press, 1989.

– *A World of State of Affairs*, Cambridge, Cambridge UP, 1997.

BAKER RUDDER L., *The Metaphysics of Everyday Life : An Essay in Practical Realism*, Cambridge, Cambridge UP, 2007.

BAUMGARTEN A.G., *Esthétique*, trad. fr. J-Y. Pranchère, Paris, L'Herne, 1988.

BAXANDALL M., *Formes de l'intention*, trad. fr. C. Fraixe, Nîmes, J. Chambon, 1991.

BEARDSLEY M.C., *Aesthetics, Problems in the Philosophy of Criticism* (1981), Indianapolis, Hackett, 2e éd., 1988, « Le discours critique et les problèmes de l'esthétique », dans D. Lories, *Philosophie analytique et esthétique*, textes rassemblés et traduits par D. Lories, Paris, Méridiens Klincksieck, 1988.

BLACKBURN S., *Essays in Quasi-Realism*, Oxford, Oxford UP, 1993.

BLOOM P., « Intention, History and Artifact Concepts », *Cognition*, 60, 1996.

BORGES J.L., *Fictions*, trad. fr. P. Ibarra Verdoye et R. Caillois, Paris, Gallimard, 1965.

BOUVERESSE J., *Wittgenstein, la rime et la raison*, Paris, Minuit, 1973.
BUDD M., *Aesthetic Essays*, Oxford, Oxford University Press, 2008.
CAMPBELL K., « The Metaphysic of Abstract Particulars », *in* D.H. Mellor and A. Oliver, *Properties*, Oxford, Oxford UP, 1997.
CAPLAN B. and MATHESON C., « Can a Musical Work be Created ? », *British Journal of Aesthetics*, vol. 44, n° 2, 2004.
CAROLL N., *A Philosophy of Mass Art*, Oxford, Oxford UP, 1998.
CASATI R. et VARZI A.C., *Holes and other Superficialities*, Cambridge, Mass., The MIT Press, 1995.
CASATI R. et DOKIC J., *La philosophie du son*, Nîmes, J. Chambon, 1994.
CARNAP R., *La construction logique du monde*, trad. fr. Th. Rivain, revue par É. Schwartz, Paris, Vrin, 2002.
CHISHOLM R., *A Realistic Theory of Categories, An Essay in Ontology*, Cambridge, Cambridge UP, 1997.
COLLINGWOOD R.G., *The Principles of Art*, Oxford, Oxford UP, 1938.
COMETTI J.-P., *Philosopher avec Wittgenstein*, Paris, P.U.F., 1996 ; Farrago, 2001.
COMETTI J.-P., J. Morizot, R. Pouvet (dir.), *Esthétique contemporaine*, Paris, Vrin, 2005.
COOPER D. (éd.), *A Companion to Aesthetics*, Oxford, Blackwell, 1992.
CROCE B., *Aesthetic : As Science of Expression and General Linguistic*, (1902), tr. D. Ainslie, New York, Noonday Press, 1956.
CURRIE G., *An Ontology of Art*, London, Macmillan, 1989.
– *The Nature of Fiction*, Cambridge, Cambridge UP, 1990.
DANTO A., « Le monde de l'art » (1964), dans D. Lories, 1988.
– *La transfiguration du banal*, trad. fr. C. Hary-Schaeffer, Paris, Seuil, 1989.
– *L'Assujettissement philosophique de l'art*, trad. fr. C. Hary-Schaeffer, Paris, Seuil, 1993.
DARSEL S., *De la musique aux émotions : une exploration philosophique*, Rennes, Presses Universitaires de Rennes, 2010.
DAVIDSON D., *Paradoxes de l'irrationalité*, trad. fr. P. Engel, Cambas, Éditions de l'Éclat, 1991.
– *Actions et événements*, trad. fr. P. Engel, Paris, P.U.F., 1993.
DAVIES B., *The Thought of Thomas Aquinas*, Oxford, Clarendon Press, 1992.
DAVIES D., « Interpretation, Pluralism and the Ontology of Art », *Revue internationale de philosophie*, n° 4 (L'esthétique/Aesthetetics), 1996.
– *Art as Performance*, Oxford, Blackwell, 2004.
DAVIES S., *Definitions of Art*, Ithaca, Cornell UP, 1991.
– « So, You Want to Sing with the Beatles ? Too Late ! », *The Journal of Aesthetics and Art Criticism*, vol. 55, nr 2, 1997.
DICKIE G., « Définir l'art », dans G. Genette (éd.), *Esthétique et poétique*, Paris, Scuil, 1992.
DODD J., *Works of Music : An Essay in Ontology*, Oxford, Clarendon Press, 2007.

DUMMETT M., *Frege, Philosophy of Language*, London, Duckworth, 2e éd., 1981.
DUTTON D., *The Art Instinct : Beauty, Pleasure, and Human Evolution*, New york, Bloomsbury Publishing, 2008.
ECO U., *Art and Beauty in the Middle Ages*, tr. by H. Bredin, New Haven, Yale UP, 1988, trad. fr. *Art et beauté dans l'esthétique médiéval*, Paris, Le Livre de Poche, 2002.
ELGIN C.Z., « Relocating Aesthetics, Goodman's Epistemic Turn », *Revue internationale de philosophie*, n° 2-3, 1993.
– *Considered Judgment*, Princeton UP, 1996.
FARRELLY-JACKSON S. « Fetishism and the Identity of Art », *British Journal of Aesthetics*, vol. 37, n° 2, 1997.
FERRET S., *Le bateau de Thésée, Le problème de l'identité à travers le temps*, Paris, Minuit, 1996.
FOUCAULT M., *Les mots et les choses*, Paris, Gallimard, 1966.
FREGE G., *Écrits logiques et philosophiques*, trad. fr. C. Imbert, Paris, Seuil, 1971.
GEACH P., *Reference and Generality*, Ithaca, Cornell UP, 1962.
– *Logic Matters*, Berkeley, University of California Press, 1972.
GENETTE G., « Peut-on boucher une fenêtre avec un Rembrandt ? », *Libération*, 6 sept., 1990.
— (éd.) *Esthétique et poétique*, Paris, Seuil, 1992.
– *L'Œuvre de l'art*, t. I : *Immanence et transcendance*, Paris, Seuil, 1994.
– *L'Œuvre de l'art*, t. II : *La relation esthétique*, Paris, Seuil, 1997.
GILSON É., *Peinture et réalité*, Paris, Vrin, 1972.
GOMBRICH E., *Réflexions sur l'histoire de l'art*, trad. fr. J. Morizot et A. Capet, Nîmes, J. Chambon, 1992.
GOODMAN N., *Problems and Projects*, Indianapolis, Hackett, 1972.
– *La structure de l'apparence*, (3e éd., 1977) trad. fr. J.-B. Rauzy, Paris, Vrin, 2005.
– *Faits, fictions et prédictions*, trad. fr. M. Abran *et alii*, Paris, Minuit, 1984.
– *Langages de l'art*, trad. fr. J. Morizot, Nîmes, J. Chambon, 1990.
– *Esthétique et connaissance*, trad. fr. R. Pouivet, Combas, Éditions de l'éclat, 1990.
– *Manières de faire des mondes*, trad. fr. M.-D. Popelard, Nîmes, J. Chambon, 1992.
– « L'art en action », dans J.-P. Cometti, J. Morizot, R. Pouvet (dir.), *Esthétique contemporaine*, Paris, Vrin, 2005.
– (avec C.Z. ELGIN), *Reconceptions en philosophie*, trad. fr. J.-P. Cometti et R. Pouivet, Paris, P.U.F., 1994.
GRACYK T., *Rhythm and Noise, An Aesthetics of Rock*, Durham, Duke UP, 1996.
– « Listening to Music : Performance and Recordings », *The Journal of Aesthetics and Art Criticism*, vol. 55, n°2, 1997.
GRANGER G.G., *Essai d'une philosophie du style*, Paris, Colin, 1968.
GRICE P., *Studies in the Way of Words*, Cambridge, Mass., Harvard UP, 1989.

HEGEL G.W.F., *Esthétique* (1835), trad. fr. S. Jankélévitch, Paris, Aubier-Montaigne, 1964.

HERNADI P., « Reconceiving Notation and Performance », *The Journal of Aesthetic Education*, vol. 25, 1, 1991.

HILPINEN R., « Authors and Artifacts », *Proceedings of the Aristotelian Society*, vol. XCIII, 1993.

HOFFMAN J. et ROSENKRANTZ G.S., *Substance, Its Nature and Existence*, Londres, Routledge, 1997.

HOWELL R., « Types, Initiated and Indicated », *British Journal of Aesthetics*, vol. 42, n° 2, 2002.

HUME D., *Traité de la nature humaine*, livre I, trad. fr. P. Baranger et P. Saltel, Paris, GF-Flammarion, 1995.

– *De la règle du goût*, in *Essais et traités sur plusieurs sujets* I, trad. fr. M. Malherbe, Paris, Vrin, 1999.

INGARDEN R., *Qu'est-ce qu'une œuvre musicale?*, trad. fr. D. Smoje, Paris, C. Bourgois, 1989.

– *Esthétique et ontologie de l'œuvre d'art*, trad. fr. P. Limido-Heulot, Paris, Vrin, 2010.

KANT E., *Critique de la faculté de juger*, dans *Œuvres philosophiques II*, trad. fr. J.-R. Ladmiral, M.B. de Launay et J.-M. Vaysse, Paris, Gallimard, 1985.

KENNY A., *The Metaphysics of Mind*, Oxford, Oxford UP, 1989.

KHATCHADOURIAN H., *Music, Film, and Art*, New York, Gordon and Breach, 1985.

KIM J., *Supervenience and Mind*, Cambridge, Cambridge UP, 1993.

KIVY P., « Platonism in Music : A Kind of Defense », *Grazer Philosophische Studien*, 19, 1983.

– « Platonism in music : Another Kind of Defense », *American Philosophical Quarterly*, 24, 1987.

KRIPKE, *La logique des noms propres (Naming and Necessity)*, trad. fr. P. Jacob et F. Récanati, Paris, Minuit, 1982.

KUHN T.S., *La structure des révolutions scientifiques*, trad. fr. L. Meyer, Paris, Flammarion, 1983.

LAMARQUE P., *Philosophy of literature*, Oxford, Blackwell, 2009.

LEBRUN G., *Kant et la fin de la métaphysique*, Paris, Colin, 1970.

LEVINSON J., « Properties and Related Entities », *Philosophy and Phenomenological Research*, vol. 39, sept., 1978.

– « Zemach on Paintings », *British Journal of Aesthetics*, vol. 27, n° 3, 1987.

– *Music, Art and Metaphysics*, Ithaca, Cornell UP, 1990.

– *The Pleasures of Aesthetic*, Ithaca, Cornell UP, 1996.

– *L'art, la musique et l'histoire*, trad. fr. J.-P. Cometti et R. Pouivet, Paris, Éditions de l'éclat, 1998.

LEWIS C.I., « A Pragmatic Conception of the A Priori » (1923), in *Collected Papers of Clarence Irving Lewis*, ed. by J.D. Goheen and J.L. Mothershead Jr., Stanford, Stanford UP, 1970.
– *Mind and the World-Order* (1929), New York, Dover, 1956.
LIVINGSTON P., *Art and Intention*, Oxford, Oxford UP, 2005.
LORIES D., *Philosophie analytique et esthétique*, textes rassemblés et traduits par D. Lories, Paris, Méridiens Klincksieck, 1988.
LOUX M.J., *Metaphysics, A Contemporary Introduction*, Londres, Routledge, 1998.
ŁUKASIEWICZ J., « Contribution à l'histoire de la logique des propositions » dans J. Largeault, *Logique mathématique*, Paris, Colin, 1972.
MALRAUX A., *Le musée imaginaire*, Paris, Gallimard, 1965.
MANDELBAUM M., « Family Resemblances and Generalization Concerning the Arts », *in* M. Weitz, *Problems in Aesthetics*, 2e éd., New York, Macmillan, 1970.
MARGOLIS J., « La spécificité ontologique des œuvres d'art », dans D. Lories, 1988.
MELLOR D.H. and OLIVER A., *Properties*, Oxford, Oxford UP, 1997.
MICHAUD Y., *Critères esthétiques et jugement de goût*, Nîmes, J. Chambon, 1988; Paris, Pluriel-Hachette, 2005.
MORIZOT J., « Éloge de la construction », dans R. Pouivet (dir.), 1992.
– *La philosophie de l'art de Nelson Goodman*, Nîmes, J. Chambon, 1996.
MÜLLER A.W., « Conceptual Surroundings of Absolute Identity », *in* H.A. Lewis, *Peter Geach : Philosophical Encounters*, Dordrecht, Kluwer, 1991.
NEF F., *L'objet quelconque*, Vrin, Paris, 1998.
– *Les propriétés des choses : expérience et logique*, Vrin, Paris, 2006.
NEHAMAS A., « The Postulated Author : Critical Monism as a Regulative Ideal », *Critical Inquiry*, 8, 1981.
PETTIT P., « The Possibility of Aesthetic Realism », *in* E. Schaper (éd.), *Pleasure, Preference and Value*, Cambridge, Cambridge UP, 1983.
PLATON, *Parménide*, trad. fr. L. Brisson, Paris, Garnier-Flammarion, 1994.
PLANTINGA A., *Warrant and Proper Function*, Oxford, Oxford UP, 1993.
POUIVET R., « Le beau et l'art, remarques sur leur rapport chez Plotin et chez Kant », *Revue de l'enseignement philosophique*, 36/6, août-sept., 1986.
– « Plaidoyer pour les signes », *Les Cahiers du musée national d'art moderne*, n° 38, 1991.
– (dir.), *Lire Goodman*, Combas, Éditions de l'éclat, 1992.
– « Peut-on faire échec aux faussaires? », *Les cahiers du musée national d'art moderne*, n° 41, 1992.
– « Survenances », *Critique*, n° 575, 1995.
– *Esthétique et logique*, Liège, Mardaga, 1996.
– *Après Wittgenstein, saint Thomas*, Paris, P.U.F., 1997.

– « La reconstruction du nominalisme chez Nelson Goodman », dans J.-M. Vienne (éd.), *Philosophie analytique et histoire de la philosophie*, Paris, Vrin, 1997.

– « L'irréalisme : deux réticences », *Philosophia Scientiae*, vol. 2, 3/4, 1997.

– « Goodman dans les années 30 : reconstruire l'*Aufbau* », dans F. Nef et D. Vernant (éd.), *Le formalisme dans les années trente*, Vrin, Paris, 1998.

– *L'Œuvre d'art à l'âge de sa mondialisation : un essai d'ontologie de l'art de masse*, Bruxelles, La lettre volée, 2003.

– « Manières d'être », *Cahiers de philosophie de l'Université de Caen*, n° 38/39 (Le réalisme des universaux), 2003.

– « Frank Sibley, Peter Geach et les adjectifs esthétiques », *Revue Francophone d'Esthétique*, n°1, 2003.

– http ://poincare.univnancy2.fr/digitalAssets/54986_franksibleypetergeach.pdf

– « Review : P. Lamarque & S. Haugom Olsen, *Aesthetics and the Philosophy of Art. The Analytic Tradition. An Anthology* », *British Journal of Aesthetics*, vol. 45, n° 1, 2005.

– « Le statut de l'œuvre d'art comme événement chez David Davies », *Philosophiques*, vol. 32, n°1, 2005.

– *Le réalisme esthétique*, Paris, P.U.F., 2006.

– *Qu'est-ce qu'une œuvre d'art ?*, Paris, Vrin, 2007.

– *Philosophie du rock : une ontologie des artefacts et des enregistrements*, Paris, P.U.F., 2010.

Putnam H., « La signification de "signification" », *in* D. Fisette, P. Poirier, *Philosophie de l'esprit*, t. II, Paris, Vrin, 2003.

Predelli S., « Against Musical Platonism », *British Journal of Aesthetics*, vol. 35, n° 4, 1995.

– « Musical Ontology and the Argument from Creation », *British Journal of Aesthetics*, vol. 41, n° 3, 2001.

– « Signification, référence et stéréotypes », trad. fr. J. Khalfa, *Philosophie*, n° 5, 1985.

Ridley A., *The Philosophy of Music, Edinburgh*, Edinburgh UP, 2004.

Quine W.V.O., *Relativité de l'ontologie et autres essais*, trad. fr. J. Largeault, Paris, Aubier-Montaigne, 1977.

Reid T., *Inquiry and Essays*, Indianapolis, Hackett, 1983.

Rochlitz R., *L'art au banc d'essai*, Paris, Gallimard, 1998.

Rorty R., « Le parcours du pragmatisme » dans Eco U., *Interprétation et surinterprétation*, trad. fr. J.-P. Cometti, Paris, P.U.F., 1996.

Ryle G., *La notion d'esprit*, trad. fr. S. Stern-Gillet, Paris, Payot, 1978.

Sagoff M., « On Restoring and Reproducing Art », *The Journal of Philosophy*, vol. LXV, n° 9, 1978.

Saint Thomas d'Aquin, *Somme théologique*, trad. fr. A.-M. Roguet, Paris, Cerf, 1984. (ST)

– *L'être et l'essence*, trad. fr. C. Michon, Paris, Seuil, 1996. (DEE)
– *Les principes de la réalité naturelle*, trad. fr. J. Madiran, Paris, Nouvelles Éditions Latines, 1963.
SARTRE J.-P., *L'imaginaire*, Paris, Gallimard, 1940.
SCHAEFFER J.-M., *L'art de l'âge moderne*, Paris, Gallimard, 1992.
– *Les célibataires de l'art*, Paris, Gallimard, 1996.
SCHEFFLER I., *Science and Subjectivity*, Indianapolis, Hackett, 2e éd., 1982
– *Symbolic Worlds*, Cambridge, Cambridge UP, 1997.
SCHLŒZER B. de, *Introduction à Jean-Sébastien Bach*, Paris, Gallimard, 1947; édition établie par P. Henry-Frangne, Rennes, Presses Universitaires de Rennes, 2009.
SCHULTE, J. « Aesthetic Correctness », *Revue internationale de philosophie*, 2, n° 169, 1989.
SEARLE J.R., *La construction de la réalité sociale*, trad. fr. C. Tiercelin, Paris, Gallimard, 1998.
SHELLEY J.R., « Hume and the Nature of Taste », *The Journal of Aesthetics and Art Criticism*, vol. 56, nr 1, 1998.
SHUSTERMAN R. (éd.), *Analytic Aesthetics*, Oxford, Blackwell, 1989.
SIBLEY F., « Aesthetic and Non aesthetic », *Philosophical Review*, 74, 1965.
SIDER T., *Four Dimensionalism : An Ontology of Persistence and Time*, Oxford, Oxford University Press, 2001.
SIM S., « Deconstruction », *in* D. Cooper, 1992.
SMITH B., « Practices of Art », *in* J.C. Nyiri et B. Smith (éd.), *Practical Knowledge*, Londres, Croom Helm, 1988.
STECKER R., *Artworks, Definition, Meaning and Value*, University Park, Penn., The Pennsylvania State UP, 1997.
STÉPHAN L., « Le vrai, l'authentique et le faux », *Les cahiers du musée national d'art moderne*, n° 36, 1991.
– « Couleurs des sculptures noires », *in* C. Falgayrettes Leveau et L. Stéphan, *Formes et couleurs*, Paris, Musée Dapper, 1993.
STRAWSON P.F., *Les individus, Essai de métaphysique descriptive*, trad. fr. A. Shalom et P. Drong, Paris, Seuil, 1973.
TOLLHURST W., « On What a Text Is and How It Means », *British Journal of Aesthetics*, vol. 19, 1979.
URMSON J.O., « What Makes a Situation Aesthetic ? », *Proceedings of the Aristotelian Society*, vol. supp. XXXI, 1957.
– « The Methods of Aesthetics », *in* R. Shusterman (éd.), 1989.
VAN INWAGEN P., *Material Beings*, Ithaca, Cornell University Press, 1990.
VOUILLOUX B., *Langages de l'art et relations transesthétiques*, Combas, Éditions de l'Éclat, 1997.
WEITZ M., « Le rôle de la théorie en esthétique » (1956), dans D. Lories, 1988.
WIGGINS D., *Sameness and Substance*, Oxford, Blackwell, 1980.

– « Substance », *in* A.C. Grealing ed., *Philosophy, A guide through the Subject*, Oxford, Oxford UP, 1995.

WILLIAMS D.C., « On the Elements of Being » (1953), *in* D.H. Mellor and A. Oliver, 1997.

WIMSATT W.K. et BEARDSLEY M.C., « L'illusion de l'intention », (1954), dans D. Lories, 1988.

WITTGENSTEIN L., *Leçons sur l'esthétique*, dans *Leçons et conversations*, trad. fr. J. Fauve, Paris, Gallimard, 1971.

– *Remarques sur la philosophie de la psychologie* (I), trad. fr. G. Granel, Mauvezin, Trans Europ Repress, 1989.

WOLLHEIM R., *L'Art et ses objets*, trad. fr. R. Crevier, Paris, Aubier, 1994.

WOLTERSTORFF N., *Works and Worlds of Art*, Oxford, Oxford UP, 1980.

– « Philosophy of Art after Analysis and Romanticism », *in* R. Shusterman (éd.), 1989.

– « Towards an Ontology of Art » (1975), *in* J.W. Bender and H.G. Glocker, *Contemporary Philosophy of Art, Readings in Analytic Aesthetics*, Englewood Cliff, Prentice Hall, 1993.

ZANGWILL N., *The Metaphysics of Beauty*, Ithaca, Cornell University Press, 2001.

ZEMACH E., « Putnam's Theory on the Reference of Substance Terms », *The Journal of Philosophy*, vol. LXXIII, n. 5, march, 1976.

– *Types, Essays in Metaphysics*, Leiden, E.J. Brill, 1992.

– *La beauté réelle. Une défense du réalisme esthétique*, trad. fr. S. Réhault, Rennes, Presses Universitaires de Rennes, 2005.

index rerum

index nominum

L'index ne contient que les noms des auteurs aux écrits desquels il est fait référence. Il ne contient pas ceux des auteurs, des artistes ou des œuvres simplement mentionnés.

table des matières

achevé d'imprimer en 2010
par Peeters s.a. B-3020 Herent